2020 年度海南热带海洋学院科研启动资助项目《基于区域……
聚落游憩资源调查与研究》（项目编号：RHDRC202014）

2021 年度海南省哲学社会科学规划课题《全域旅游发展背景下海南传统聚落游憩空间的田野调查及特征研究》（项目编号：HNSK（YB）21-59）

海南省传统聚落文化资源调查及游憩设计研究

李锦林◎著

吉林大学出版社

·长春·

图书在版编目（CIP）数据

海南省传统聚落文化资源调查及游憩设计研究 / 李
锦林著 . -- 长春 : 吉林大学出版社 , 2024. 11.
ISBN 978-7-5768-4389-7

Ⅰ . G127.66

中国国家版本馆 CIP 数据核字第 20241SG472 号

书　　名　海南省传统聚落文化资源调查及游憩设计研究

作　　者　李锦林　著
策划编辑　殷丽爽
责任编辑　张宏亮
责任校对　曲　楠
装帧设计　守正文化
出版发行　吉林大学出版社
社　　址　长春市人民大街 4059 号
邮政编码　130021
发行电话　0431-89580036/58
网　　址　http:// www. jlup. com. cn
电子邮箱　jldxcbs@ sina. com
印　　刷　天津和萱印刷有限公司
开　　本　787mm × 1092mm　1/16
印　　张　17.75
字　　数　280 千字
版　　次　2025 年　3 月　第 1 版
印　　次　2025 年　3 月　第 1 次
书　　号　ISBN 978-7-5768-4389-7
定　　价　72.00 元

前 言

中国传统聚落是中华民族先民由采集与渔猎的游弋生存生活方式，进化到农耕文明定居生存生活方式的重要标志，是各民族在历史演变中，由"聚族而居"这一基本族群聚居模式发展起来的相对稳定的社会单元，是中国农村广阔地域上和历史渐变中一种实际存在的、历史最为悠久的时空坐标。作为社会单元内在结构最为紧密的小群体，中国传统聚落的空间形态多样、文化成分多元，蕴含着丰富的历史文化信息。中国传统聚落在发展过程中通过相互关联、内在互动，不断传承内部文化、发挥社会功能，最终成为社会有机体的重要组成部分，是中国传统文化最根本的基础。

聚落不是单体的建筑，不是简单的物理空间，是人与人连接的方式，所有的聚落都关乎人，关乎人的观念。有些人，他们依着山，或者靠着水，学会了与山水相邻的技巧；有些人在天和地、太阳和月亮中间，建造了自己的房屋，眼前是明澈的星空，脚下是清碧的流水，土木石竹带来温暖，也营建了家的意义；当然，还有一些人遇见了另一些人，他们攀谈、交往、相互学习、取长补短，或者有小小的争执，最后，他们在相邻的地方安下心来，共同生活。近年来，海南省的青山绿水备受世人的瞩目，海南岛被称为"生态岛""健康岛"。清新的空气、优美的环境、和谐的人居环境，让人们深深地感受到这座岛屿独特的魅力。因此进行海南省传统聚落文化资源调查及游憩设计研究，是进一步发展海南旅游业，促进海南经济快速发展，保护海南传统文化资源的重要途径。

本书第一章为序言——传统聚落的调研，介绍了海南传统聚落游憩资源调查的对象以及调研的项目因子、传统聚落游憩资源调查的基本方法和调研成果；第二章为海南传统聚落文化资源调查实录和特征分析，对海南传统聚落的环境状况、自然资源、人文资源等情况进行了简要分析；第三章为从幸福论的视角看传统聚落文化游憩的社会意义，阐述了基本逻辑、传统聚落的文化内涵以及幸福论视角下的传统聚落文化游憩的社会意义；第四章为基于文化功能理论的传统聚落游憩规划设计研究,介绍了传统聚落的文化功能、居民游憩需求和动机分析以及基于文化功能理论的传统聚落游憩规划设计的实施方略。

　　在撰写本书的过程中,笔者参考了大量的学术文献,得到了许多专家学者的帮助,在此表示真诚的感谢。由于作者水平有限,书中难免有疏漏之处,希望广大同行及时指正。

李锦林

2024 年 5 月

目 录

第一章　序言——传统聚落的调研

对传统聚落进行游憩资源的全面调查，是进行游憩规划设计的前提条件，也是了解海南传统聚落游憩现状和研究海南地域传统文化的重要手段。调研以入选国家传统村落名录的传统聚落为主体样本，辅以其他乡村游憩目的地和传统文化资源较为集中的聚落进行实地调查研究，依据十三项与游憩规划关系紧密的调研指标体系展开，获取多元且真实的调研数据和资料，这些数据和资料是研究海南传统聚落文化和开展游憩设计的重要实践依据和客观材料。

第一节　海南传统聚落游憩资源调查的对象以及调研的项目因子

"传统"强调文化的延续性，"聚落"是人类因生产生活而聚居的地域，传统聚落在本书是一个较为广义的词汇，既包括乡村聚落也包含城市聚落，还包括人们常说的古村落，也包括国家政府部门评定的"传统村落"和"历史文化名城名镇名村"，一切拥有较为完整传统文化成分存在的地域均是本书界定的范畴，但主体还是政府评定的"传统村落"。

2012 年 4 月，由住房和城乡建设部、文化部、国家文物局、财政部联合启动了中国传统村落的调查。2012 年 12 月，住房城乡建设部、文化部、财政部三部门公示了中国传统村落第一批名录，一直到 2023 年 3 月 19 日公布第六批中国传统村落名录，中国共有 8155 个传统村落。海南省除第二批中国传统村落名录没有村落入选外，其他五批均有村落入选名录，一共入选 76 个传统村落，分布在 14 个市、县，其中海口市 16 个、三亚市 1 个、文昌市 12 个、琼海市 6 个、东方市 1 个、定安县 11 个、澄迈县 15 个、昌江黎族自治县 1 个、乐东黎族自治县 4 个、琼中黎族苗族自治县 1 个、临高县 4 个、陵水黎族自治县 1 个、五指山市 1 个、万宁市 2 个，如表 1-1-1 所示。

表 1-1-1　海南省入选国家名录的传统村落及调研时间

传统村落所属县市	第一批 7 个,2012 年 12 月	第三批 12 个,2014 年 11 月	第四批 28 个,2016 年 12 月	第五批 17 个,2019 年 6 月	第六批 12 个,2023 年 3 月
海口市(16 个)	上丹村(2016—2024)东谭村(20160718,20191027)文山村(20151009,20151225)	三卿村(20130421,20151024)	冯塘村(20180328)美社村(20160705,20161202,20171013,20180911)美孝村(20160706,20171106,20180724)包道村(20180413,20230430)昌文湖村(20180416)道郡村(20180325,20211031)罗梧村(20200903)美篆村(20210826)迈德村(20180411,20201213,20211003)	莲塘村(20211128,20221119)林市村(20200826)	金堆村(20231125)

续表

传统村落 所属县市	第一批 7 个， 2012 年 12 月	第三批 12 个， 2014 年 11 月	第四批 28 个， 2016 年 12 月	第五批 17 个， 2019 年 6 月	第六批 12 个， 2023 年 3 月
文昌市 （12 个）	十八行村 （20190503）	—	富宅村 （20180721， 20190613， 20220305， 20220312， 20240430） 松树下村 （20181019， 20190101， 20190613， 20220503， 20240430） 义门二村 （20181229， 20230226）	下山陈村 （20190406） 仕头村 （20191005， 20220618） 美宝村 （20190405， 20211205）	加美村 （20220503， 20230611） 冠南村 （20190503， 20230225） 美德村 （20230408） 沙港村 （20230712） 东群村 （20230610）
澄迈县 （15 个）	—	大美村 （20180801） 美榔村 （20180430， 20180731， 20180927， 20190506， 20230205） 扬坤村 （20211006） 龙吉村 （20180417） 罗驿村 （20180418， 20220710） 石石矍村 （20180420） 谭昌村 （20180420， 20231216） 道吉村 （20180801） 儒音村 （20180423）	美傲村 （20180424） 美墩村 （20180424） 美楠村 （20180423） 那雅村 （20180425） 南轩村 （20180430， 20180730， 20231111） 秀灵村 （20180730， 20231029）	—	—

传统村落所属县市	第一批 7 个，2012 年 12 月	第三批 12 个，2014 年 11 月	第四批 28 个，2016 年 12 月	第五批 17 个，2019 年 6 月	第六批 12 个，2023 年 3 月
临高县（4 个）	—	—	—	美巢村（20211211）透滩村（20220121）	昌拱村（20191119）居仁村
琼海市（6 个）	—	—	仙寨莲塘村（20180822，20230824）留客村（20180823，20200828，20211121，20230824）	石头岭村（20220719）南望沟村（20220604）双举岭村（20220604）	大礼村（20230622）
万宁市（2 个）	—	—	—	—	联光村（20240201）分洪村（20240504）
昌江黎族自治县（1 个）	—	洪水村（20180401，20230218）	—	—	—
陵水黎族自治县（1 个）	—	—	—	疍家渔村（海鹰村、海燕村、海鸥村）（20220716）	—
东方市（1 个）	白查村（20180821，20240406）	—	—	—	—
三亚市（1 个）	保平村（20180822，20211119）	—	—	—	—
乐东黎族自治县（4 个）	—	老丹村（20180821，20220712）	黄流村（20180822）	镜湖老村（20220704）佛罗老村（20220704）	—
琼中黎族苗族自治县（1 个）	—	—	金妙朗村（20240223，20181003）	—	—

续表

传统村落 所属县市	第一批 7 个， 2012 年 12 月	第三批 12 个， 2014 年 11 月	第四批 28 个， 2016 年 12 月	第五批 17 个， 2019 年 6 月	第六批 12 个， 2023 年 3 月
定安县 （11 个）	高林村 （20180323， 20210505）	—	春内村 （20180501） 三滩村 （20210805） 卜效村 （20210815） 龙梅村 （20180819） 仙坡村 （20210103， 202100921） 皇坡村 （20180819）	久温塘村 （20211218） 龙拔塘村 （20211212） 红花岭村 （20220123） 九锡山村 （20220612）	—
五指山市 （1 个）	—	—	—	—	牙合村 （20230501）

注：村落名称括号内为考察时间，如 20230501 代表 2023 年 05 月 01 日。

入选国家传统村落名录的海南传统聚落数量较多、分布面积较广，拥有丰富的物质文化遗存和非物质文化遗产，集中代表了海南本土传统文化的精髓，其文化意象亟待挖掘整理，也亟待开发利用和发扬光大，是讲好"海南故事"，推进海南文化软实力发展的重要载体。因此自笔者第一个海南省哲学社会科学课题立项研究开始，多年来不间断地调研着海南国家级传统村落，通过访谈、实地勘探和实况记录，不断地探索海南地域文化的奥秘，也体验着海南地域文化的魅力，并尝试通过传统聚落的游憩规划设计研究，探索传统文化在游憩设计中的应用之道。海南岛虽然自古交通闭塞，经济较为落后，客观上却为海南地域文化的保存创造了条件，除了入选传统村落的古村落，海南岛全域还有大量传统建筑遗存成片分布的传统聚落，它们同样蕴含着海南地域文化的密码，因此这部分传统聚落亦是本次调研的重要对象。"他山之石，可以攻玉"，对国内其他省份较为成功的传统聚落游憩地进行调研是了解国内传统聚落游憩现状，启发游憩设计研究灵感的重要手段，同时也是后期进行地域文化比较研究的肇始。

调研的目的是为后续的传统聚落游憩规划提供一手资料，因此确定调研提纲中的项目时，必须紧贴游憩规划的需要，确定影响游憩的因子。结合诸多学者的前期研究成果和海南乡村的具体情况，明确了此次调研的项目为：目的地辖区、可达性、环境（规划）状况、特色资源、自然资源、人文资源、目的地内部交通状况、政府重视及参与程度、当地居民意识（状态）或访谈情况、公共服务设施状况、目的地商业行为、民俗文化活动、已开展或可能开展的游憩活动，共计十三项，十三个项目的内容和释义如下。

"目的地辖区"和"可达性"两项为区域定位因素，明确样本地域与城市的距离，以及到达时间（以自驾为交通方式），由此可得知市民出行的时间成本和经济成本。市民的出行成本是影响环城游憩的一个重要因素，人们在周末或小长假选择环城乡村开展游憩活动时，必须对路程和时间进行考虑，以期有更多的时间来开展游憩活动。如果花费大量时间在路途上，显然会降低游憩的满意度。随着私家车的普及，市民出行越来越以自驾为主要出行方式，因此本次择取的是自驾的时间。海南省的省会海口市人口基数大（据海南省统计局发布的 2023 年末海口市常住人口主要数据，2023 年末，海口市常住人口为 300.16 万人），出行条件便利，是全岛乡村游憩的重要客源地，因此海口应作为出发地之一；另外乡村所在行政区划的市、县，也是单个乡村游憩的重要客源地，因此出发点选择两个地点。基于城市区域本身的庞大性和交通状况，出发地点必须是唯一的，这样测算出来的路程和用时才有可比性，海口市选择海南省图书馆作为唯一出发地（省图书馆位于海口的交通要道——国兴大道上，是海口市政治、文化中心，具有一定的地标价值），而其他市、县则选择市（县）政府所在地作为唯一出发点。通过出发地点的时间点、里程数和目的地的时间点、里程数之差得出相关数据，并以此来判断可达性。在此需要说明的是，实时交通状态会发生变化，不同出行主体对路径的选择有可能不同、对环境的熟悉程度有所不同，因此，不同的出行主体、不同的时间段，会导致数据存在一定的差异，这是不可避免的。

"环境（规划）状况"包括传统聚落外部环境状况，聚落内部环境状况两个方面，主要考察样本地域的基本环境状况是否符合游憩开发的要求。外部环境状况是游憩者到达一个游憩地之前所接触的环境，游憩者从居所出发，即进入游憩的初始状态，沿途的交通状况、景观状况等均对游憩者的游憩效果产生一定的影响。其中道路状况除了前述"可达性"的客观路程长度和用时外，还有道路的修筑规格，包括宽度、竖向和横向曲度、路面铺装状况等，也包括道路的维护状况、道路标识（特别是针对游憩目的地的指引路牌），这些道路功能性方面的因子，直接影响游憩者行程的畅通性和到达目的地的便捷性。游憩者在道路驾车时，良好的沿途乡村景观可让游憩者赏心悦目、心情舒畅，这也是一种游憩效益，因此道路状况也包括道路沿途的景观状况。外部环境是指游憩目的地附近的游憩资源，包括附近是否有风景名胜区。风景名胜区所带来的极化效应，在一定程度上可以为乡村游憩地的游憩活动的开展带来正态影响；乡村游憩地除村庄聚落本身外，聚落外围所拥有的农耕资源、自然地貌资源也是开展乡村游憩的重要资源；另外还需对目的地附近的类似游憩资源进行了解，为后续的规划研究避免同质化倾向提供依据。

　　内部环境状况是指乡村聚落内部的环境状况，聚落本身是游憩开发的主要载体，也是乡村游憩的核心地带，调查内容包括自然地形地貌、聚落规划布局、环境视觉效果、环境卫生等。自然地形地貌是开展游憩活动的先天条件和自然物质载体，如开展攀岩游憩活动需要山地地形，开展水上游憩活动需要水体等。一些特殊的地形地貌对于开展特色游憩活动有非常独到的游憩效应，如海口羊山地域的火山岩地貌是开展有别于他域的游憩活动的先天资源优势。聚落规划布局需要从功能区分布和建筑布局来调查，一个乡村聚落特别是历史悠久的传统村落在自然条件、中国传统风水思想和宗族文化等主客观条件的影响下，形成了特征显著、独具意蕴的布局状态，它们是乡村景观规划、游憩规划的重要依据，人们能从中感悟到传统村落"择吉而居""天人合一"的自然哲学思想。环境视觉效果主要是指游憩者身处游憩地所感受到的整体乡村景观状态，如传统建筑的古韵悠悠、田间地头的阡陌交通和农事繁忙、邻里之间的鸡犬相闻，还有自然山水的秀美或壮阔等乡村场景，这是市民游憩求异动机的重要载体，也是乡村风貌的主要体现。环境卫生指乡村的卫生状态，基于乡村和城市公共管理水平的差异，对于乡村的卫生状况也需要进行调查。

　　"特色资源""自然资源""人文资源"这三项旨在考察可以用于游憩开发的相关资源。特色资源是指游憩目的地特有而其他地域拥有较少或没有的一些自然和人文物产，这些资源能够引起游客较大的兴趣，并且是在游憩规划时能够形成游憩项目特异性的重要资源，可以借此打造出单个乡村游憩地的核心吸引物，从而形成乡村游憩产业的核心竞争力。自然资源是指在地质运动中形成的地形地貌、自然生长的植被或其他非人工干预的所有资源；人文资源与自然资源相对应，是指在长时间的人类生产生活历史进程中形成的诸如历史古迹、生产生活器具、传统建筑、各类工程遗址、风俗文化等。应注意的是，这三者的区分不是机械的，在一定情况之下存在交集，如一项自然资源，在长时间的人类活动中，人们赋予了其深厚的情愫，它便也可被称为"人文资源"，如被人们奉为神灵敬拜的古树、山体、河流等自然资源，而特色资源必然是来源于后两者的。

"目的地内部交通状况"是指样本地域内部的道路布局状况，其一是指道路的布局是否合理，游憩者在内部行走能否畅通，开展系列游憩项目时能否在交通上无阻碍地前进或在流程上是否能具有一气呵成的感受；其二是指道路的修筑状况，如路面宽度、铺装、曲度、整洁度，还有一些安全保障、无障碍设计等方面的考虑；其三是指道路的标识状态，如标识是否齐备，标识的引导是否简洁有效，易于理解，标识设计的艺术效果和与环境的相容度等方面的因素。此项会较直接地影响人们的游憩体验质量。

"政府重视及参与程度"是指在乡村基础条件和游憩开发项目建设过程中，政府所扮演的角色。基于游憩本身的社会公益属性，政府在乡村游憩开发方面承担一定的责任和义务。首先是在乡村基础条件建设方面，如道路的修筑、公共服务设施、环境卫生整治等，各级政府应该进行相应的投入。在新农村建设和生态文明村建设活动中，各级政府在上述方面作出了卓越贡献，极大地改善了乡村面貌，为乡村游憩开发创造了良好基础，另外，一些企事业单位为改善乡村基础条件也有所捐助。其次是在教育宣传方面，政府应通过官方媒体大力开展对具有游憩潜力乡村的宣传，开展针对市民的科学健康观和大力提倡户外游憩的宣传教育活动。最后是帮助乡村游憩地开展招商引资工作，协调开发商和乡村居民的合作关系，促进村民积极参与乡村游憩开发。上述三个方面对于营造良好的乡村游憩环境，促进乡村游憩项目开发，维护乡村游憩可持续发展等方面具有非常重要的作用，因此在考察中了解政府重视及参与程度非常有必要。

"当地居民意识（状态）或访谈情况"是指通过深度访谈和有目的的观察，了解居民对旅游开发的认知程度和对开发所持的态度，其中包括对居民的日常生活状态的了解。社区公众参与是乡村游憩的必由之路和重要手段，是促进乡村游憩良性发展的基础条件。因为当地村民才是乡村真正的主人，他们对游憩开发的了解和支持程度是游憩项目健康稳固地持续发展的关键。另外村民的生活状态也是开展乡村游憩的软性环境的一方面。村民人丁兴旺，安居乐业，能良好传承各类农事活动和文化传统，对各类游憩资源爱护有加，对外来游客热情友好，使游客有宾至如归的感受，可以大大提升游客的游憩满意度。因此在调研中，通过深度访谈，了解当地居民的意识状态是游憩地考察的因子之一，深入普通村民群体中，有针对性地聊天访谈，是掌握最真实情况的有效手段。

"公共服务设施状况"是指样本地域服务于游憩活动的基础设施状况，如停车场、标识系统、休憩设施、旅游公厕、环卫设施以及其他一些辅助性设施等。游憩活动的开展离不开一系列服务于游客基本生活便利需求的设施，如果游客在游憩活动过程中遇到了无洗手间方便，走累了无休憩座椅休息，在一个陌生的地点，迷茫不知方向位置等现象，那么在很大程度上会大大降低游客的游憩满意度。因此基础设施齐备、功能完整、分布合理、维护状态良好，均是一个地域开展游憩活动的基本保障和基础物质条件，能够在很大程度上使游客的身体和心理感受良好。

"目的地商业行为"包括两个方面：一方面指游客可以通过付费享受到的便利服务，如餐饮、住宿、小卖部等，这些商业行为是保证游憩活动正常开展的必要前提条件，可以解决游客在游憩地开展游憩活动时所产生的基本生活需求；另一方面指其他针对游憩活动开展的商业行为，如开发商或村民通过投资修筑场地和完善设备，形成单个或系列游憩场地和项目，游憩者可以付费体验和享用，这是乡村游憩的核心内容，也是开展乡村游憩过程中实现经济效益的重要载体。这些商业行为是乡村游憩开发的一个重要目的，对于投资者来说，这就是终极目的，在调研时应对此项因子进行充分了解，不仅要调查一个目的地有没有上述商业行为，更要对其规模、经营状况、所产生的效益进行深入了解。对于已经开展游憩商业开发的乡村来讲，要重点了解其现状；对于发展状态良好的乡村，要分析其成功的原因；对于发展欠佳的，要借此来了解缘由。

"民俗文化活动"是指乡村在长时间的历史演变中，遗存下来的地域色彩浓厚、表现形式多样的民俗艺术文化。具体表现在节庆活动、礼仪、风俗、习惯、饮食、服饰、婚丧嫁娶、生活方式等方面。这些民俗文化活动一方面反映了乡村的历史文化信息，是乡村社会发展的鲜活印记。另一方面，这些民俗文化活动也被视为具有"奇异"特征的有效文化游憩资源，通过原貌展示或提炼重塑，可以成为乡村游憩开发中可供游憩者消费的游憩产品，使游憩者能够通过观摩和参与民俗文化活动，感受和体验民间传统文化的魅力。在调研中可以通过文献记录和现场考察，了解乡村民俗文化活动的内容，为后续游憩规划中的文化体验项目收集素材，以作为游憩资源的一个因子。

"已开展或可能开展的游憩活动"是指通过考察样本地域已经开发的游憩项目，来对其运行的状况进行观察，并对样本地域潜在的游憩活动进行预开发的评估。这是通过田野调查后，对游憩地的主观评述，虽然是主观评述，但却是调查者基于实地调查得到的大量客观材料所作出的评述，因此具有很强的针对性和前瞻性，可为后续乡村游憩规划提供思路。田野调查的任务不仅是收集资料，同时也要对所收集的资料进行有效的分析和评价，对所调研的样本地域的游憩资源进行较为理性的判断。

第二节　传统聚落游憩资源调查的基本方法

调查的主要方法是前期收集资料、实地勘探、拍摄记录、深度访谈、亲身体验和资料整理等。

前期可以通过文献（包括历史文献和当下学者的研究成果）、网络信息（如政府网站的宣传文字、游客发布在网络的游记等资料）进行资料收集。在实地调研之前，要尽可能多地收集样本地域的相关资料，充分了解和掌握当地的全面信息，使实地调研活动有的放矢。当然这些资料不一定都是准确无误的，但均可作为参考，一些有误差的信息可以通过实地考察来进行纠错。

实地勘探需要对乡村游憩样本地域进行现场观摩、仔细观察，要将对现场场景的敏锐观察和切身感受记录下来，以眼见为实。实地勘探的目标性很强，主要是针对上述的十三个因子进行一一考察，要求全面和细致，每个方面都要观察到位，并尽可能地步行到乡村的每一个角落，深入了解细节，杜绝走马观花式和浮于表面的观看，这与普通游客身心放松式的观摩游览有质的差异，是需要付出巨大的体能和心力的。

　　拍摄记录是实地调研的重要手段，从某种意义上来说，纪实性的图片资料更能够反映现实情况，比文字更具说服力，图片既是对乡村游憩资源现实情况的真实全面记录，也是后期研究和进行游憩规划的主要依据，因此对现场场景的拍摄记录非常重要。拍摄是在对乡村游憩样本地域方方面面仔细观察过的前提下进行的，主要针对的是上述十三个考察因子，在拍摄过程中，不仅要记录赏心悦目的优质游憩资源，对一些可能不够美观却非常真实的场景也需要如实记录（如一些卫生死角、残损场景等），一些代表性很强的场景要记录，一些较为隐性的信息也需要记录，拍摄不一定要非常讲究艺术性，有些场景更需要赤裸裸的真实性，而且要尽可能多拍摄，力求现场记录的全面性。

　　深度访谈是使调查更为全面、真实的调查方法，深度访谈依据调查者拟定的访谈纲目，有目的地诱导受访者讲述所知道的信息。生硬的一问一答显然是不适合乡村调研的，过于严肃正规的访谈方式很容易被受访者拒绝。因此，一方面采访者要明确目的，所提问题要有针对性。另一方面需要对访谈方式进行斟酌，尽可能以拉家常的方式来进行，并表现出对本村的关心和对受访者的和善，从而拉近与受访者的心理距离，避免因受访者的防备心态而难以获知真实情况。对于受访者的选择，可以是乡村的干部，也可以是普通的村民，但二者在对待相同事物和现象的时候都会有一定的差异和偏颇。一般而言，干部对于乡村整体的情况了解较为全面，对宏观的状况掌握较好，但由于种种原因，干部的访谈一般谈成绩多，谈问题少。为互补，访谈普通村民也非常重要，普通村民长时间生活在乡村，是乡村生活真正的经历者，对于一些底层的情况和自身状况的表述明显比村干部更真实。从笔者的调研经验来看，较之村干部，在普通村民那里所获得的相关信息更为广泛。

　　亲身体验环节是调查者对于一些可能存在的游憩项目进行亲身体验，将调查者身份转化为游憩者身份，通过切身的体验来感受游憩项目的效应。一些观赏类的项目通过视觉观赏即可获得游憩经验，而一些需要参与的现时或潜在游憩项目仅依赖旁观还不能获得全面的了解，所以需要调查者以游憩者的身份参与其中，多感官的参与有助于调查者更真切地分析、评价游憩效益。如一些乡村民俗、农事生产活动或其他一些允许参与的游憩项目，深入其中，切实感受，由此可以判断一些游憩项目的优劣程度。当然从人口统计学特征的角度来讲，这种体验不一定具有很强的代表性，但仍具有一定的参考性，特别是与调查者身份类同的人群。

资料整理是指调查者在实地调查完毕后，结合前期收集的相关资料，依据十三项调研因子，采用表格化方式逐项如实地以陈述性文字进行记录，力求全面且简洁，尽可能采用定量的数据，对一些不能数据化的对象在描述时要避免过于主观的倾向，减少因个人喜好带来的信息偏差。这些信息整理一方面是对考察对象有一个全面的记录与现状的梳理，同时也是后期研究的重要依据和资料来源。

第三节　调研成果概述

本次调研活动从 2016 年开始（之前亦有零星考察），采用自驾方式，历时 8 年多。分别调研了 20 个海口市旅游名村，另外还调研了 9 个其他具有代表性的地点，海口地区样本总数为 29 个。调研了入选国家传统村落名录的海南传统村落一共 75 个，如表 1-1-1 所示，名录之外的传统聚落共 42 个，另外还调研了外省传统聚落或文化游憩地共 10 个，共 156 个地点、近 200 次调研活动，构成了本书的理论与实践基础。

调研范围基本覆盖海南全域，主体样本为传统村落，这些地域集中代表了海南传统聚落的文化面貌，也较为全面地展现了海南传统聚落文化游憩资源的特征，从多方面来看，具有代表性和科学性。调研中，需要关注的因素非常多，但在逐步的实践中，基于调研者的美术学的学科背景，对海南地域文化，特别是建筑文化以及建筑装饰艺术给予了更多的关注，因此在资料拍摄、文字资料方面，付出了更多精力，在此期间，共计拍摄现场图片资料（含航拍视频）37 213 件，较为全面地记录了海南传统聚落的风貌，也是本书第一章实录部分的资料来源。

依据调研前拟定的访谈提纲，深度访谈数百人次，访谈对象主要集中于当地村民、旅游公司管理员工、游客、村干部等。对游憩样本地域的原住居民的意识与状态，以及旅游开发公司的经营状况、游客对目的地的评价有了一个较为全面的认知，特别是对游客的游憩行为特征、游客人群特征、游憩需求特征等方面有了一定的了解，这对后期进行环城乡村游憩规划和游憩活动的创新设计有非常直接的指导作用。

通过大规模的调研，考察者基本掌握了海南全域传统聚落的游憩资源和游憩赋存环境的面貌，收集了大量有效资料，为后续的海南传统聚落游憩资源特征研究和游憩规划设计的理论研究和设计实践奠定了坚实基础。

第二章 海南传统聚落文化资源调查实录和特征分析

本章为海南传统聚落文化资源调查实录和特征分析，详细介绍了包括道郡村、莲塘村、高林村、龙拔塘村、久温塘村、红花岭村、富宅村等在内的 26 个村落的环境状况、特色资源、自然资源、人文资源等情况，并对其特征进行了详细分析。

第一节 道郡村

一、概况

道郡村隶属海口市美兰区灵山镇，距离海口市区 10 千米，驾车用时约 20 分钟。该村历史悠久，始祖可追溯至海南历史文化名人唐代尚书吴秀贤，吴秀贤于唐朝顺宗永贞乙酉年（805 年）秋从福建莆田迁来海南，落户在琼山张吴图都化村（今灵山大林村，后称旧市村），明嘉靖三十五年（1556 年）改为"大林壹官市"。道郡村始祖为吴贤秀公二十三世孙吴友端公的孙子吴登生，吴登生自明初从文昌携次子吴乾庇及三子吴乾佐定居此村，距今已近 700 年，相传已延续四十七代。道郡村和大林村本就紧挨着，可见吴氏子孙是在开枝散叶后重新迁回先祖定居地点的附近。该村历史人文厚重，人才辈出，如清代有嘉庆年间进士吴天授、道光年间正一品建威将军吴元猷、正二品武显将军吴世恩、光绪年间户部主事吴汉征、布政司吴必育等，以及还有庠生、监生、贡生、武生、国学生等 22 人。历史文物遗存丰富，有历史名人故居、祠堂、古井、传统民居等。2016 年道郡村被列入第四批中国传统村落名单。

二、环境（规划）状况

道郡村（见图 2-1-1、图 2-1-2）位于海口市交通干道白驹大道东侧约 1 千米处，是距离省会城市非常近的国家级传统村落，交通状态较好，但由于缺乏道路标识，进入乡村小道仍需慢慢寻找目的地。道郡村地势平坦，三面环绕农田和树林，东面为大林墟市，是较为密集且面积很大的民居聚集地，道郡村绝大部分民居已废弃，村民大多移居东侧大林村村委会新居。旧村里面主要是废弃建筑和生长茂密的热带植被，民居建筑朝向为西，布局不太规律。西部为水体和农田，北部有社庙、戏台、篮球场和破损较为严重的祠堂。

图 2-1-1　道郡村卫星图　　　　　　　　图 2-1-2　道郡村规划图（2018 年拍摄）

三、特色资源

吴氏家族自吴秀贤公迁琼以来，满门俊秀，在学界、政界人才辈出，在军事界亦是如此，其中以道光年间的正一品建威将军吴元猷、正二品武显将军吴世恩父子最为突出。吴元猷系吴贤秀公第三十七世孙，嘉庆八年（1803 年）出生于道郡村，相传为吴母梦白虎入堂所生。清道光年间，吴元猷因抗击广东、海南沿海外寇侵略有功，官任两广水师提督，海口得胜沙路的由来是因吴元猷"海口外沙一战"得胜而命名，吴元猷将军因劳累病逝任上，皇封"正一品建威将军""海疆镇将"，拨银万余两建墓于海口三江镇排市村。吴元猷将军的儿子吴世恩，自幼在水师风浪中成长，练得一身好武功，皇封正二品武显将军，官任海口水师参将，守备海南沿海。光绪十一年（1885 年）代理琼州总兵，与冯子材选址新建秀英炮台、镇海炮台，深得冯子材与张之洞赏识。吴世恩晚年酷爱琼戏八音，在海口兴建戏院，在村中组织八音戏班，传承至今。

据《清史稿》和《清朝通典·职官十八》记载，清朝武官分九品十八阶，正一品曰建威将军、从一品曰振威将军、正二品曰武显将军……由此可见吴氏父子的官职品级之高，同村一门两虎将，实属难得。始建于清咸丰初年的吴元猷故居，历经 170 多年的风风雨雨，保存至今，是道郡村钟灵毓秀之地的历史见证。

四、自然资源

道郡村地势平坦，除村前小面积的水塘外，村外围基本为种植水稻的农田，部分撂荒的农田芳草萋萋，黄牛和鹭鸶悠然处之，远方为较低矮的丛林。村内大部分民居建筑由于长时间无人居住，对叶榕、海芋等植被野蛮生长，掩没了建筑，甚至阻滞道路，吴氏祠堂也被大量草本藤蔓和榕树根系缠绕。曾经从大自然开垦出来的空间，在人类离去后，又重回大自然的怀抱。

五、人文资源

吴元猷故居位于道郡村西部，坐东朝西，背坡面水，屋前广袤田园。故居尚存七栋单列建筑，中部为三进的主体建筑，左侧为厢房、书房、账房、伙房和马房等，右侧为形制较大的拜祖厅。故居整体布局呈"丁"字形，据传吴家五代单传，此布局寓意发丁旺族。中部三进建筑分别为军门第（见图 2-1-3）、建威堂（见图 2-1-4）、余庆堂。外围围墙，右侧开两门，进入宅院一般从后门。前院围墙上饰"麒麟献瑞"灰塑照壁，麒麟是一品武将的补服图案，象征着吴家的突出身份。第一间正屋为"军门第"，门匾文字为清代知府、状元林鸿年所书，军门第为会客厅。第二进正屋为建威堂，屋内设中堂太师壁，置吴元猷画像，画像上为咸丰九年咸丰皇帝谥"海疆镇将"匾额，下为吴元猷简介，两旁书楹联。最后一进正屋为余庆堂，取义"积善之家，必有余庆"，是奉祀吴氏先祖牌位之处，地位尊贵，内设海南常见的主公阁，上设神龛，挂"余庆堂"折页木雕匾额，两层素面木板罩落递进，神龛两侧悬挂宫灯，中堂两侧开门，中设素面隔板，置翘头几、八仙桌等家具陈设。三进建筑以抬梁式大木作为主，在梁头、柁墩、梁托板等部位装饰了诸多形体庞大、技艺精美、内容丰富、寓意吉祥的木刻镂雕，主要意象包括龙、凤、狮、大象、鹿、仙鹤、蝙蝠、鹰等瑞兽，以及竹、佛手瓜、牡丹、石榴等花草佳果，亦有博古金石纹、钱币纹、石磬纹、拐子龙纹、汉字、典故场景等纹饰。木刻装饰部位节制、古朴、生动，低调地透露着吴家的显赫地位。

图 2-1-3　吴元猷故居军门第雕刻艺术图　　2-1-4　吴元猷故居建威堂

吴氏宗祠（见图 2-1-5）位于道郡村北面，与社庙、戏台、球场共同构成了北面面积开阔的场地。吴氏宗祠始建于明代，清光绪五年（1879 年）慈禧太后拨款重建，至今已 140 多年。相关资料显示，原有建筑为三进院落加横室围墙，祠中曾安放来琼始祖吴贤秀公、吴登生公、吴元猷将军等牌位，祠堂梁柱精雕细刻，图案精美，但如今遗存的两栋孤零零的建筑掩映于莽莽草丛中，且断壁残垣，不过从尺椽片瓦中仍能观摩到建筑曾经的华美。自西向东的第一栋建筑的西面已经被藤蔓掩盖，仅露出半截立面，立面女儿墙设五连券祥云线脚，女儿墙立面上部装饰蝙蝠，下部装饰折枝花草，中间装饰一颗五角星加圆形城垛纹和长短渐变的三横杆背纹。东立面可见此建筑为三开，明间为敞开空间，屋顶木构件大都腐朽坍塌。东面第二栋建筑开间和进深均较为宽大，内部为抬梁式大木作，三层步梁，两侧次间和明间中部屋顶均损毁坍塌，屋内已长杂草。在此栋建筑的檐廊抱头梁梁托板（见图 2-1-6）饰狮子和草尾龙镂雕，狮子形象张牙舞爪，生动活泼，草尾龙闪转腾挪，回环往复。屋内三层步梁梁托部位亦装饰精美木雕，中梁两侧饰拐子龙，拥拱中梁，各层梁头饰龙纹，各层梁托饰草纹龙和云纹。中梁上书"时龙飞光绪五年岁次乙卯孟冬月穀旦阖族重建"。各部件的木雕装饰雕工细腻，线条流畅，展现了较高的技艺水准，但可惜因屋顶的坍塌，在日晒雨淋中，这些构件均已腐朽。

图2-1-5　吴氏宗祠　　　　　　　　图2-1-6　吴氏宗祠抱头梁梁托板

道郡村民居亦有许多年代久远的古建筑（见图2-1-7），但因人员流失，久未居住，在莽莽植被中，处处断壁残垣，但在这些令人唏嘘的场景里，仍可看到极其精美的小木作构件（见图2-1-8）散落在草莽之中，默默述说着此地曾经热切的人间烟火。在这些民居中也有许多历史名人的故居，如吴天授故居、吴必育故居、吴振襄故居等。

图2-1-7　道郡村内废弃建筑图　　　　2-1-8　废弃建筑内的家具

六、目的地内部交通状况

道郡村外围为接近方形环村道路，双车道，水泥铺装。内部道路为不规则三横两纵小径，宽度1～2米，部分为火山石铺装，大部分为水泥硬化路面。因村落大部分区域已较长时间无人居住，各类植物生长茂盛，严重阻塞道路，部分道路通行困难。

七、政府重视及参与程度

道郡村历史悠久，人文遗址丰富，政府在一定程度上非常重视该地域的文化保护和环境规划。1998年，吴元猷故居列为琼山区重点文物保护单位，2011年列为市重点保护单位，2020年列为省重点保护单位。2016年道郡村被列入第四批中国传统村落名单。另外从公共设施以及西侧小广场展示的保护发展规划图纸来看，政府已经开始注重传统村落的保护和开发，但可惜多年来并没有真正执行起来。

八、当地居民意识（状态）或访谈情况

道郡村吴华保老人十分热心地接待我们的考察，通过交谈，可以感知道郡村群众对自身所拥有的深厚文化颇感自豪，对传统建筑的损毁深感痛惜，非常渴望政府采取保护措施。少部分居民仍居住在原旧村落，但以老年人为主。

九、公共服务设施状况

道郡东侧道路和广场上有较为齐备的公共设施，如标识牌、观景台、水体栈道、亭子等可以供外来游客使用的设施。村落环行道有标明"中国传统村落"字样的村名石以及道路标识牌，村北侧为村民活动区域，有面积较大的戏台、篮球场和排球场以及硬质铺装广场。

十、目的地商业行为与民俗活动

除道郡村外围的大林墟市有供本地居民消费的小商店和菜市场外，道郡村内部没有任何商业行为迹象。每年农历六月十二的军坡节，是当地的传统节日，该村届时会举办相应的民俗活动。

十一、已开展或可能开展的游憩活动

基于道郡村的人文资源，可开展文化考察、古迹寻踪、传统建筑文化研究、海南军事历史探究等活动。基于村落的自然资源，可开展乡村风光观赏、鹭鸟观赏、农事体验等活动。

十二、简要评述

道郡村是海南省距省会城市最近的国家级传统村落，有很大的地域优势，出行成本极低。乡村外围田园风光旖旎秀美，村落历史悠久，文化遗址众多，历史人物在海南有较高的知名度和唯一性，人文资源丰富，特色鲜明。政府层面较为重视，给予了各类保护政策，评定了保护等级。但因长期缺少人员维护，以及村民外迁，导致许多文物建筑破烂不堪，甚为可惜。总之，道郡村是开展环城游憩的优选之地，但村落原貌的维持、整体的修复仍任重道远。

第二节　莲塘村

一、概况

莲塘村隶属海口市琼山区三门坡镇晨光村村委会，距离海口市区 48 千米，驾车用时约 75 分钟。该村历史可追溯至元代延祐年间（1314—1320 年），古称"清水峒"莲塘，又称"官隆都"，据族谱记载，莲塘村入村始祖张士瑄，是元代举人张英佐次子，张氏迁琼始祖张有文之孙。张士瑄迁居莲塘后即在村子附近种莲，并将村名更为"莲塘"。2019 年 6 月，该村被列入第五批中国传统村落名录。

二、环境（规划）状况

莲塘村（见图 2-2-1、图 2-2-2）是晨光村村委会所在地。该村位于琼山区中南部，距海榆东线（G223）4.7 千米。海榆东线道路宽敞，沿途行道树大都为高大的木麻黄、马占相思树，绿荫掩映，景色优美。莲塘村附近村道约 5 米宽。村落为缓坡丘陵地带，村外围分布荔枝林、橡胶林、槟榔林地、水田、湖塘以及其他经济作物群落。东北角为村落主入口，立有村名石。村内分布椰树、槟榔、榕树等海南常见庭院植被。民居建筑主体呈面朝西南向的梳式布局，十数列，村东部另有十列左右东南朝向民居，新旧建筑交织。西南入口为晨光村村委会所在地，有一个 1 000 平方米左右的广场，在此分布着村委会、张氏宗祠、社庙、小卖部、牌坊遗址等，为村落核心。东南为面积约 70 亩（1 亩约为 666.67 平方米）的湖塘与湿地，碧波荡漾，鸥鹭翔集，老牛啮草，有着美丽的田园风光。

图 2-2-1　莲塘村卫星图　　　　　图 2-2-2　莲塘村航拍

三、特色资源

莲塘村有悠久的历史，是福建莆田迁琼张氏重要的分支之一，该村历史是研究张氏在琼发展史的重要组成部分。村落有保存较好，逾 400 年历史的张氏宗祠，大体已毁但结构遗存尚多（60%）的四座修建于十五世纪的举人牌坊遗址，是该村文风蔚起、鸠族光宗的历史见证，也是研究古代科举制度的文物建筑实物。

四、自然资源

莲塘村位于缓坡丘陵地带，地势平缓，红壤土质，大面积种植荔枝、橡胶等经济作物，归国营红明农场管理，全村经济收入主要来源于橡胶、胡椒、香蕉、荔枝、槟榔、菠萝等种植业。村内植有椰子、槟榔树、榄仁树、榕树、龙眼、黄皮、番木瓜等庭院植物，亦有不少逾百年的古木，苍翠伟岸。村东南部有面积约 70 亩的水体和湿地。

五、人文资源

莲塘村始建于元代，是距今逾 700 年的乡土龙头望族，村内传统建筑和古迹较多，人文资源主要集中于张氏迁琼后波澜壮阔的历史和重教风俗，历史遗存包括莲塘张氏合族祖祠、牌坊遗址、民居建筑等。

据该村"传统村落"牌匾之上二维码的文字介绍，张氏合族祖祠缘起于明嘉靖丙寅（1566）年，张永仁（张有文的祖父）的十三世孙、尚在广西陆川知县任上的张子翼，不愿屈受"升迁"吉安府审理正一职，"飘然解绶"。辞官归故里后，虑及"祖祠未及修备"，就"捐白金易一第于坊门，以安友莲（有文嫡孙士瑄）入莲（莲塘村）之祖"。之后官至光禄寺署正、贵阳别驾的张子翼次子张绍初，"继志述事，为捐金数百，择吉地于嘉湖建合族祖祠，以奉入琼始祖，而以友莲祖及贤达子孙配食其中。"父子继力，宗祠于崇祯庚午（1630）年开始修建，至癸酉（1633）年建成，建成之后，张子翼的长孙万历乙卯科副榜张世熹写了一篇《合族祖祠祝文》："……翼子绍初，丕承父志。初建莲塘，规模大备。配食专筵，足称无愧……"之后海南张氏家族最具盛名的张有文十九世孙清嘉庆己巳恩科探花张岳崧，也为祖祠撰写了多副楹联。其中两联为："由河洛历闽中，琼苑迁移，世德前功为令范；祖廉坊孙大尹，云礽科第，乡贤名宦绍芳徽。花县昔宣猷，忠孝流馨，永念象贤垂裕；莲塘兹卜筑，诗书济美，无忘鸠族光宗。"由此可知晓张氏一脉的迁徙路径和历史，以及家族兴旺、人才辈出的发展史实，也彰显了张氏代代不忘延续孝友遗风的优良传统。

现存祖祠纵向长度约80米，横向宽度约30米，面积约2 200平方米，三进院落，正面围墙外为小块草地，围墙中为单檐照壁，外饰简单线描门楼图像，内饰麒麟灰塑，均斑驳难辨，两侧为带檐路门，正脊装饰灰塑，为破损状态，门楣装饰木栅步步锦。一进院落院内杂草丛生，左侧为围墙，右侧为新建的晨光村村委会文化室，三开间现代建筑。第一栋建筑为五开间硬山顶平屋，屋顶脊饰均遭破坏，明间门楣悬挂"张氏宗祠"匾额（见图2-2-3），隔墙和山墙均为砖石墙，已做批荡，内外八字带饰简单祥云、花草纹样，墙体古朴斑驳。第二栋建筑屋内为抬梁式木架，木柱立于莲花纹饰的须弥座式的石础之上，半敞开式结构，横额悬挂"裔孙岳崧立"的"探花及第"匾额。最后一进院落两侧设横屋，明间敞开式，相传为张岳崧捐资所建，最后为供奉200多位祖先牌位的祠堂正殿"谷诒堂"，谷诒堂匾额为张岳崧手书，左侧题跋有："诗云：君子有谷诒孙子；吾祖自宋以来，旧德先畴力田孝弟诒以谷者永矣，顾继述何如耳；诗又云：

式谷似之；谨书以劝。"落款："十九代孙岳崧书，嘉庆二十一年岁次丙子"。神龛两侧题联亦为张岳崧所写："花县昔宣猷，忠孝流馨，永念象贤垂裕；莲塘兹卜筑，诗书济美，无忘鸠族光宗"。神龛围绕谷诒堂匾额绘制有松鹤延年、禄路（双鹿）顺利、喜（喜鹊）上眉（梅花）梢、鸳鸯同心、连（莲）年有余（鱼）等寓意吉祥的彩画，室内窗楣亦装饰风景彩画，从外观看应为后期绘制之物，技艺较为粗糙。在祖祠各房间内，遗存着诸多新中国成立初期的红色革命标语，记述着岁月峥嵘。整体而言，张氏祖祠基本维持古朴原貌，建筑保存较好，规模较大，历史信息丰富，但相比较而言，祖祠的建筑装饰水准一般，几无琼北祠堂类建筑常见的精美小木作雕刻，内外质朴无华。祖祠院内杂草丛生，缺少维护（见图 2-2-4）。

图 2-2-3 "张氏宗祠" 匾额　　　　　图 2-2-4 张氏宗祠内景

与张氏祖祠处于同一轴线，相距数十米的村广场南侧为牌坊遗址（见图 2-2-5），据该村传统村落牌匾的二维码文字介绍，牌坊在祖祠中轴线上按时间顺序立有四座举人牌坊：第一座"冲霄坊"（见图 2-2-6），为表彰举人张翙（1453 年）而立；第二座"世美坊"；为旌表举人张缙（1471 年）而立；第三座"青云步武坊"，为纪念举人张汴（1486）而立；第四座"鹗荐坊"，为旌表举人张绂（1495 年）而立。四座举人牌坊均为青石磨制，总长 80 米，宽 15 米，中间为道路。其中两座牌坊的圆形石质基础尚存，可以看出是三开间门楼式牌坊制式，其他更多的石构部件散落于村道旁，石质牌匾依稀可辨认"弘治乙卯科…""冲""霄"等字样，其他文字历经风剥雨蚀，均难以辨认。

图 2-2-5　石牌坊构件　　　　　　　　　图 2-2-6　"冲霄"石牌坊构件

　　莲塘村传统民居为典型的琼北"一明两暗"三开间硬山顶建筑，大都设横屋，基本不围院落。传统建筑以火山岩为墙基，上筑红砖空斗墙，亦有纯火山岩墙面，外墙多为清水墙面，外八字带做简单卷草纹灰塑装饰，窗框装饰花鸟和几何纹样，门框两侧檐影部装饰带边框风景彩画（见图 2-2-7）。年代较久的建筑室内屋心墙大都为插梁式木构架，除有特色的瓜柱，装饰较少，距今较近的民居屋心墙多为砖石材料并批荡，内八字带和室内门楣部分绘制折页式壁画，饰有双凤凰、双蝴蝶、双飞燕、双蜻蜓、双喜鹊、双仙鹤等动物配以花草纹样，亦有楼台阁榭等风景题材壁画，设色艳丽，寓意吉祥。传统民居修建历史大都为几十年，但不乏百年老宅（如 2 队 19 号老宅（见图 2-2-8），据屋主推算，宅子有近 200 年历史）。从村落民居整体状况而言，传统建筑日渐拆除，在原址上修筑的现代建筑日渐增多。

图 2-2-7　民居檐影彩绘　　　　　　　图 2-2-8　2 队 19 号老宅

六、目的地内部交通状况

莲塘村外围有近似椭圆形环线水泥硬化路面，路宽约 4 米。村内从广场向北有一条较宽主道，宽约 5 米，为村内的一条干道，其余均为依建筑自然存在的 1 米宽左右的小巷道，纵向分布，部分路面尚未硬化。因民居基本不做围院，横向交通大部为建筑前地坪。整体交通较为畅通，便于行走。

七、政府重视及参与程度

莲塘村具有较为悠久的历史和深厚的文化底蕴，从现场公共设施和乡村建设情况来看，政府予以了一定的支持，包括中央财政支持的基础建设项目，以及部分企事业单位捐赠的公共设施建设。2019 年 6 月，该村被列入第五批中国传统村落名录。

八、当地居民意识（状态）或访谈情况

莲塘村现居人口 180 户，从考察现场来看，中青年人群较多。村内居民热情好客，对外来游历者友善，乐于介绍村落历史，并以此为豪。从交谈中了解到村民渴望利用该村资源开发乡村旅游。对于传统民居，大部分村民还是认为维护太难，老房子年代久远，木质结构损毁严重，已不适合人居住，一些百年老宅大都计划拆除，准备修建新的现代民居建筑。

九、公共服务设施状况

除祠堂、祖庙、土地庙等公共建筑外，莲塘村公共设施主要集中在广场附近，包括休憩座椅、球场等，南部水体修建有花岗岩护栏。相对于其他传统村落，公共设施建设尚有待加强。

十、目的地商业行为与民俗活动

莲塘村经济收入主要以橡胶、胡椒、香蕉、荔枝、槟榔、菠萝等种植业为主。除传统农业，暂无其他产业发展。村广场北部有一简陋小卖部，可以满足村民日常需求。当地民俗活动有合族祠堂传统仪式、外嫁女娘家团圆节等。

十一、已开展或可能开展的游憩活动

莲塘村至今仍保留着原始的自然风貌和淳朴的乡土气息。遗憾的是，该村尚未开发出任何系统化、专业化的游憩活动，以满足外来游客的需求。莲塘村在旅游开发方面还有很长的路要走，但只要采取正确的策略和方法，它完全有可能成为一个充满活力的乡村旅游目的地，吸引更多的游客前来探索和体验。

十二、简要评述

莲塘村属于较为典型的琼北传统村落，民居建筑和物产在海口地域较为典型和普遍，传统建筑遗存较多，其制式保持着较为显著的海南琼北民居特点，但在乡村发展过程中逐步被村民拆除并新建民居，其他未拆的大部分未住人，仅做杂物间或饲养家禽，已逐渐废弃破损，不再适宜居住，部分屋主表示打算拆除重建。张氏祠堂占地面积较大，是同类村落中保存较为完整且并未重修的宗祠建筑（除内部新修建了一间文化室），较好地保存了原生状态和历史印迹（如匾额和红色标语），但祠堂内部装饰相对而言较为简陋。牌坊文化是该村较为突出的资源，在琼北地区，一村四举人牌坊的较少，但遗址亟待重修。通过文献得知，该村一些历史人物有较为生动的事例，如建村始祖张士瑄、广西陆川知县张子翼与其子捐建张氏祠堂，定安探花张岳崧也为宗祠撰题楹联，护乡骁将张善注，以及其他科举文人等。

从文化游憩角度来讲，这些文化资源是开展文化考察、文化体验、历史探幽，寻求文化本位，重新定义文化身份认同的重要载体，对于解决当代城市文化异化的问题有一定的社会价值。优美的乡村风光和丰富的物产是市民寻求异域环境体验的较佳场所，但基础设施的完善是重要前提。整体而言，该村具备一定的小众文化游憩的潜质。

第三节　高林村

一、概况

高林村位于定安县龙湖镇，位于定安县界东部边缘，濒临海口市甲子镇和文昌市蓬莱镇，处于三市（县）交界处，距海口市区 65.2 千米，驾车用时约 80 分钟，距定安县城 27.6 千米，驾车用时约 36 分钟，距文昌市区 41.8 千米，驾车用时约 41 分钟，村落身处腹地，与外界相对隔绝。该村始建于清代乾隆十二年（1747 年，一说乾隆十年，1745 年），历史悠久且崇学重教，人才辈出，因出现了海南历史上科举考试唯一的一位探花——张岳崧而更具显赫名气。2008 年被评为海南十大历史文化名村之一，2010 年被评为中国历史文化名村（为海南三个国家级历史文化名村之一），2012 年入选第一批中国传统村落名录。

二、环境（规划）状况

高林村（见图 2-3-1）位于定安县龙湖镇，距 G98 海南环岛高速居丁互通 13 千米，经迎宾路、龙湖大道、永居路、岳崧路到达高林村，村落北距甲子镇文临高速入口 5 千米。县道曲折整洁，沿途植被以高大乔木（相思树、橡胶树等）为主，风光秀丽，各弯道处均有醒目标识。村落南部为稻田，村落北部为丘陵林地，分布"高林八景"。村落建筑为梳式布局，九纵三横，由规则的火山石铺装巷道分割，外围有绕村水泥硬化道路，除张氏宗祠和张岳崧故居体量较大外，其余均为小体量"一明两暗"三开间玄武岩（海南黑）琼北传统民居，无现代建筑，部分传统建筑有损毁，但整体传统面貌保持较好。修筑有较多公共设施，便于游客使用。

图 2-3-1　高林村卫星图

三、特色资源

海南唯一一位"探花及第"——张岳崧（见图 2-3-2）是海南科举人才中最

高名次获得者，与丘濬、王佐、海瑞并誉为海南四大才子，是海南四绝（读绝、吟绝、忠绝、书绝）中的"书绝"，曾让嘉庆皇帝大赞神州大地"何地无才"，一生著有《筠心常文集》10卷、《筠心堂诗集》4卷、《运河北行记》1卷、《训士录》1卷、《公牍偶存》1卷，主持编纂《琼州府志》等，官至湖北布政使（从二品），是海南著名的历史人物。

图2-3-2　海南唯一探花郎——张岳崧塑像

四、自然资源

高林村历史上以耕读传家，作物有水稻、槟榔树、椰树、橡胶树等，村内以黄皮树、番木瓜、香蕉、荔枝树等常见热带水果植物为主，另有部分景观绿植，如三角梅、小叶榄仁、灰莉等，百年古榕树4棵，其中一棵小叶榕树树龄达300年。村落周围分布着圆势岭、桂榜山、香炉墩、大鼓坡、黑岭、水坛井、狮子山、琴岭，被称为"高林八景"，张岳崧曾为八景赋诗并作有序："余居环群山，名阙志乘，顾朝夕游处，不可忘也，各系以诗"。"家园八景"之诗现陈列在张氏宗祠内，诗文既展现了探花郎卓越的文思，也为村落秀美风光赋予了深厚的文化意蕴。

五、人文资源

张氏先祖原籍福建，于1747年从琼山县灵山镇坡上村迁来高林村，距今近280年，历史悠久，人文资源丰富。村落为典型海南传统民居建筑聚落，较为完整地保存了清代为主的文物建筑群。民居南北向排列整齐，建材大部分为火山石，部分为青砖，墙面大都做批荡，古朴隽永。部分厢房窗楣饰以简单的无彩灰塑，屋顶为硬山顶，正脊两端饰以火焰纹或卷草纹灰塑，无赋彩，檐部梁枋和门扇雕刻动植物纹样，部分檐下部位有壁画纹样，均为琼北较为典型的建筑装饰图式。

张氏宗祠（见图 2-3-3）位于高林村西部，始建于 1839 年，为张岳崧晚年归乡后所建，1986 年被列为定安县文物保护单位。宗祠坐北朝南，南部为小型广场，建筑东西宽 27.6 米，南北长 75 米，整体占地逾 2 000 平方米。由南至北分布广场、山门、前殿、正殿、后殿和廊庑，原有照壁、山门、前殿西厢、东廊庑、禁书厅及后殿部分墙体等损毁，祠堂的附属物件如双斗三斗旗杆、香炉、马杆、上下马石等均毁失，2010 年进行了重修，整体架构均修缮齐备，但修缮工艺较粗糙。广场塑有张岳崧铜像，孤植一巨大高山榕，山门前置照壁，两侧立拴马桩和上下马石。山门内为前殿广场，立有香炉和旗杆，两侧围墙竖有书法石碑。前殿进深三间，面阔七间，门楣上挂有住房城乡建设部、国家文物局颁发的中国历史文化名村的牌匾，上镌刻"高林"字样。正殿进深二间，面宽三间，门楣上挂有道光乙巳年（1845 年）张钟彦考中进士的"进士"匾额，殿内正堂悬挂复制的张岳崧"探花及第"匾额（见图 2-3-4），另有多块"文魁"匾额，正殿两侧立柱上为张岳崧手书之棕榈阴刻楹联，内容为："由宋而元而明七百载孝友家风尚冀炽昌光盛世，自闽而琼而定二十传诗书门第敢云阀阅启高林"，清晰地讲述了张氏以及高林村的壮阔历史轨迹和家训的赓续传承。后殿为谷诒堂，供奉张氏历代祖先，神龛屏风为三开间装饰木作，镂雕龙纹，庄严大气不失奢豪，两侧立柱同样为张岳崧手书之棕榈阴刻楹联："念我祖辟草披荆阅百年庭庑堂宇始具规模庶卜先灵妥侑，愿后人绳武继序思廿代食德服畴永遵彝训毋忘创业艰难"，与正殿楹联互为呼应。第三进院落配有厢房（横屋），内部陈列张岳崧书画展。

从现场观察，宗祠内大部分木作为新作，檩架屋顶结构以抬梁式和穿斗式为主，正屋当心间采用抬梁式，梢间采用穿斗式或山墙承檩式，柱端、梁头、檩托、驼峰（瓜柱）饰以龙纹、狮纹、莲叶纹、芭蕉叶、岭南佳果、湾湾顺（虾）等吉祥图案，彰显对美好生活之憧憬。各殿均采用镬耳山墙，正脊和垂脊饰云纹、博古纹灰塑。

图 2-3-3　张氏宗祠内景　　　　　图 2-3-4　探花及第和进士匾（父子双进士）

　　张岳崧故居是张岳崧晚年居住之屋，位于出生地西南面 5 米多处，坐北向南，占地 1 200 多平方米（俗称下署）。故居于 1986 年被列为县级文物保护单位，2009 年被列为省级文物保护单位。故居是四合院式建筑，据说原有三十六扇大小门，今院墙、院门俱已败坏，仅存正屋一幢，后屋一幢，均面宽五间。院内可散见废弃的柱础、石柱等，院内铺有石砖，大多破裂不全，但整齐平坦。张岳崧之孙媳、才女许小韫的柏香山馆也设在此，西北面的一幢大屋里设有高林学馆。故居两侧厢房为张岳崧史料展示馆，展示了张氏后人或学者对张岳崧生平的一些考据文字。故居用材朴实，除屋脊之上饰有灰塑，其他建筑部位几无装饰。

　　张岳崧作为海南文化名人，其事迹、文化、仕途以及家族成就是高林村重要的人文资源。张岳崧于嘉庆十四年（1809 年）高中探花，官至布政使，其次子张钟彦于道光乙巳年（1845 年）高中进士，为海南七对"父子进士"之一，四子张钟秀中举人、其孙张熊祥亦中举人，孙媳许小韫是海南五大才女之一，三代功名，堪称"海南第一家"，在学而优则仕的封建社会，此家功名无疑非常辉煌。

　　现村内有"日月井""古官道""状元湖""张岳崧墓碑"等古迹。日井位于村外南部圆势岭下，为约 2 米口径圆形井；月井位于村口处，为约 2 米口径半圆形井。日井为饮用水，月井为洗盥之用，张岳崧曾赋诗赞曰："川源焦竭患旱魃，兹泉依旧鸣潺湲"。

六、目的地内部交通状况

　　高林村外围有环绕村落的水泥硬化道路，宽 2～3 米。村内部为五横十纵的火山石铺装道路，道路规整修直，宽度1～2米。村入口和东侧村落有小广场，村内部交通畅通。

七、政府重视及参与程度

高林村作为海南中国历史文化名村，政府十分重视该村的建设和文化传承。张岳崧故居（见图2-3-5）1986年被列为县级文物保护单位，2008年被列为省级文物保护单位。高林村2008年被评为海南十大历史文化名村，2010年被评为中国历史文化村，2012年被列入中国第一批传统村落名录。政府投入大量资金对宗祠、故居及民宅进行修缮，据2021年5月5日调研访谈得知，祠堂重修耗资800万元，故居重修耗资500万元，其余外围环境整治、公共设施等耗资数百万元，几项共计近2000万元，另外该村传统民居修缮费大约每年100万元，旧居只修不拆。除民居修缮外，政府还进行了公共设施的完善，如村口广场、高林雅舍（见图2-3-6）、各类景观雕塑、石刻、宣传栏、标识牌、田间栈道、道路修筑硬化、植栽美化等。其优厚的历史文化资源也吸引了一些学术单位与该村合作，如与清华大学建筑学院、北京师范大学等单位共建学生社会实践基地和研究基地，海南省社科联在此设立社会科学普及示范基地，还有其他单位也在此设立"探花故里创意创新文化中心""翰林文化园探花（国际）旗袍文化交流中心"等机构。

图2-3-5　张岳崧故居　　图2-3-6　村落广场高林雅舍

八、当地居民意识（状态）或访谈情况

高林村有58户居民，405人（外出290人），村民均为张氏后代，以在家务

农和外出务工为主要收入来源。通过与村民的接触，得知村民对村落历史了解深刻，对祖上的显赫地位颇为自豪，有许多村民参与本村历史的挖掘整理，在张岳崧故居和张氏宗祠陈列馆有大量村民撰写的描述本村辉煌历史的文章。该村历来重视文教，素有琼州"儒学高地"之称谓，以诗书传家为处世原则。对外来游客热情，带领游客参观文物建筑并积极介绍相关信息。高林村公共设施维护较好，村落卫生整洁，村民的整体面貌良好。

九、公共服务设施状况

高林村虽地处偏僻，但在政府和村民的共同努力下，有较为完善的公共设施。入村广场有诸多村名牌、村名石、景观雕塑等设施，筑有展现村落历史和村落旅游地图的宣传栏，配备景观植物。广场后为"新时代文明实践站"（高林雅舍），有庭院、景观廊亭、排球场、宣传栏、文化室、公共厕所等。村落南侧稻田设置观光栈桥，与田园风光和挺拔秀丽的槟榔树林相得益彰。村内各类标识牌、景观雕塑、公共卫生间、广场等设施齐备，维护状态良好，无破损情况。村内除部分损毁旧建筑外，整体环境整洁卫生。

十、已开展或可能开展的游憩活动

从现场观察和村民介绍得知，高林村平日里偶尔有以文化考察为目的的游客来访，但数量不多，未形成规模。游客到此可开展海南传统建筑鉴赏、文脉寻踪、科举制度研究、田园风光观赏、绿道骑行、农耕体验等游憩活动。

十一、简要评述

高林村作为国家级历史文化名村，自身资源独特，知名度较高的文化名人给其带来不少荣光，优美的田园风光宛若世外桃源，村落的传统建筑维护尚可，村民对外来游客热情，在政府支持下，各类古迹得到修缮，环境得以整治，基础的公共设施齐备且维护较好，具备了良好的乡村游憩基础条件，文临高速的修建，较大程度上提升了该地域的可达性。但该村仅停留在历史文化的挖掘和保护层面，对其利用层面的探索尚未起步，作为海南为数不多的国家级历史文化名村，应该充分发挥其文化潜能，为丰富海南文化建设以及助力该村产业结构调整贡献更大力量。

在文物建筑保护方面，作为村落传统建筑主体的宗祠和故居在重修时，所展现的工艺水平不尽如人意，细部装饰粗糙，不如原始状态的普通民居工艺水准，较之琼北其他传统村落也稍显逊色，村内部分民居坍塌，较为影响村容。因此，传统建筑文化的保护该如何开展，以及其建筑技艺的专业性如何得到保证，也是值得思考的问题。

第四节 龙拔塘村

一、概况

龙拔塘村隶属定安县龙门镇，距海口市区 89.4 千米，驾车用时约 92 分钟，距离定安市区 52 千米，驾车用时约 52 分钟。该村先祖明末自澄迈迁至该地，已有 520 多年的历史，是典型的火山地貌古村落，2019 年被列入第五批中国传统村落名录。

二、环境（规划）状况

龙拔塘（见图 2-4-1）村位于龙门镇圩南部，距 G98 海南环岛高速黄竹互通 23 千米，经 S302（黄屯线）和 X225 线和村道可到达，其中 S302 线路是定安"1 号旅游公路"（见图 2-4-2），在定安"百里百村"（2007）和"一路八区十八村"（2021）乡村旅游产品体系中为交通轴线和主旅游廊道，其路面宽 9 米，曲度适宜。路侧遍植高大马占相思树，虬枝参天，树形优美，冠大荫浓，视觉美感极强，是海南省内景观效果较为突出的公路之一。

龙拔塘村为典型的火山石古村落，X225 线接村道入口处有火山石构建的村名石景观，以及"中国传统村落"牌匾和村落简介的二维码，沿途标识齐备，指向明确。村落由王宅村、常仔村、后头村、排里园村、割菜塘村、城内村、水出塘村、门古井村、乐才园村、鸭脚岭村、上坡村、龙丰路村共 12 个自然村组成，每个自然村规模均不大，分布数列整齐排列的火山石传统建筑，但每个村落朝向不一，村内以龙拔塘小学和占地 4 000 平方米的文化广场为中心。村外以农田、橡胶树林和槟榔树林为主，间或有高大野生乔木，与火山石地貌相得益彰，较为低矮的火山石民居被拥簇在其内，村东南部有数个小型水体，距离村东北部 2.6 千米处为定安知名的久温塘冷泉。

图 2-4-1　龙拔塘村卫星图　　　　图 2-4-2　定安"1 号旅游公路" S302 线

三、特色资源

龙拔塘村与久温塘冷泉相隔 2.6 千米，火山石冷泉是该地几个村落的主要特色游憩吸引物，在琼北地区知名度较高。

四、自然资源

龙拔塘村为典型火山石地貌，地势平坦，村外围主要为槟榔树、橡胶林和稻田（已抛荒）以及火山地貌常见的野生热带植被（如荔枝、菠萝蜜等）。村内主体植被为分布广泛的槟榔树，是村民的重要收入来源，槟榔树挺拔秀丽、亭亭玉立，丛植之下呈大片分布的垂直线条视觉形象，是海南乡村独特的景观要素，具有很强的视觉美感。除槟榔树，村内路旁及庭院还有自然生长的黄皮树、野生荔枝树、榕树、椰树、滴水观音、鬼针草等植被，植被构成层次丰富，广场上多为小叶榄仁、印度紫檀等景观树，布局规整。植栽地界均以火山石堆砌的低矮围墙圈划定归属，黝黑且多空的玄武岩附生青苔和蕨类等。该地冷泉资源丰富，以龙拔塘冷泉为主要游憩目的地。

五、人文资源

龙拔塘村历史悠久，原为李氏世居。该村李氏一脉系临琼始祖三是公的后裔支派，明末从澄迈移居该地，已有500多年历史，古迹有李氏、王氏、梁氏、郭氏宗祠等，其中李氏宗祠最为突出。

李氏宗祠（见图2-4-3）位于城内村南部，村委会广场西区，始建于乾隆十八年（1753年），宗祠建筑面积不大，仅400平方米。坐北朝南，悬山顶，砖木结构，仿明清建筑格局。祠堂前两尊华表分列两旁，中间石阶设雕龙丹陛石，前殿面宽三间，女儿墙饰龙纹石板，门楣书"李氏宗祠"，内部十八石柱，为抬梁式和穿斗式并存构架。中庭为八角轩，八角轩亭据传是为纪念十九世宗孙李士熹而建，八角轩两旁设纵向辅助横屋。后殿为主体殿堂，穿斗式构架，供奉祖先牌位，三开间神龛精饰木雕，显富丽。据相关报道，该祠堂几度废灭，今为重修之物，大部分构件均为新物，且工艺水平一般，古韵尽失。但后殿陈列数块民国时期遗存下来的木制匾额，如"两唐辉映"、"绍唐伟烈"（见图2-4-4）"文魁"等，依稀透露着祠堂的厚重历史。

图2-4-3　李氏宗祠　　　　　　图2-4-4　"两唐辉映"和"绍唐伟烈"匾额

该村分布的火山石古民居（见图2-4-5）是该村的主体文化遗产，通过仔细踏勘，该村分布数百间"一明两暗"三开间平层建筑，并以"列向方式"拓展，以自然村为单位，排列规整。从部分始建民国时期，保存较好的民居来看，外墙以质朴、厚重、粗犷的火山石为建材，也有部分民居做外墙批荡。屋内为海南典型的中堂布局，中轴对称，布置八仙桌、太师椅、翘头案几、公阁、祭祖神龛，屋心墙为插梁式木构架。此类房子经过后期修缮，部分木构架已经替换，室内公阁、梁架、家具等木质构架雕饰精美浮雕。一般翘头案几是小木作装饰的高潮部分，在带抽屉的案几腹部，雕刻有鱼跃龙门、一甲传胪等寓意吉祥的浮雕图案，其他部位有寿桃、石榴、兽纹、花鸟、祥云纹等镂雕，案几腿亦雕刻兽头形象，威猛狞厉，当作居家镇物，公阁神龛常饰万字锦、龟背锦、云雷纹、花鸟等，木雕技艺高超、寓意隽永，有较高的历史文化价值和审美价值。其中以王宅村 50 号居，龙丰路村 13，15，16 号等居较为突出，是该地人文资源的重要组成部分（见图 2-4-6、图 2-4-7）。

图 2-4-5 排列整齐的火山石民居

图 2-4-6 龙丰路村 13 号民居内案几的雕饰　　图 2-4-7 龙丰路村 16 号民居的公阁神龛雕饰

六、目的地内部交通状况

　　龙拔塘村内以一条宽约 5 米的道路东西向贯通，西向连接 X225 线，东向连接久温塘村。自然村之间以 2～3 米宽水泥硬化道路作为廊道连接或区划，自然村内部建筑之间间隔 1 米左右小巷道。整体交通布局主次分明，但因建筑群布局的复杂性以及植被的掩映，也致使小径幽深曲折。村内道路整洁情况良好。

七、政府重视及参与程度

龙拔塘村是定安"百里百村"和"一路八区十八村"体系中的重要建设节点，政府十分重视该地的建设，投资数十万元修建龙拔塘驿站公园和文化广场，面积逾 4 000 平方米，并硬化道路，改善村容村貌，完善公共设施。据政府网站公开文件，2019 年"龙门镇（红花岭村、久温塘村、龙拔塘村）美丽乡村建设项目——环境提升工程"的成交公告显示，镇政府预算金额 157 万多元用于三村铺装工程、绿化工程、给水工程的建设；2021 年 7 月公示的关于《定安县龙门镇龙拔塘行政村村庄规划（2020—2035）》文件中，对龙拔塘村的产业发展规划、村域国土空间总体布局规划、自然村建设规划等有明确的要求并配备设计图纸。2019 年该村被列入第五批中国传统村落名录。

八、当地居民意识（状态）或访谈情况

龙拔塘村以种植橡胶、槟榔、甘蔗等经济作物为主，对游客友善，乐于介绍本村文化历史。部分村民开始重建自家居室，导致部分传统建筑被拆除。

九、公共服务设施状况

龙拔塘村设施齐备，村内外道路标识众多，易于识别。村内以面积宽广的广场为中心，分布有宗祠、排球场、戏台、村委会、乡村记忆馆、卫生室、龙拔塘游客中心（驿站）等，另有景观雕塑、景观植栽、宣传栏、健身器材、公共座椅、洗手间等。其中龙拔塘驿站（见图 2-4-8）使用率不高，主要用以开展村民的日常休闲活动。

图 2-4-8　龙拔塘驿站

十、目的地商业行为与民俗活动

龙拔塘村有供应村民日常所需的商店和小型菜市场。每年的农历二月十七举办鹤桥军坡庆典（龙拔塘村、久温塘村）。

十一、已开展或可能开展的游憩活动

龙拔塘村以久温塘冷泉为主要游憩目的地，除了本地村民的日常闲暇活动，村落内部尚未有明确的服务于外来游客的游憩项目。

十二、简要评述

龙拔塘村整体环境优美，公共设施较为齐全，生活便利，具有开展游憩活动的基础条件。面积较大的文化广场有利于开展大型集体活动。自然村落众多，整体保持了原真传统状态，火山石建筑古朴深沉，内部雕刻精美，是珍贵的民间传统艺术遗产。周边的冷泉是该地知名的游憩资源，已渐成规模。村落处于定安整体旅游建设体系范畴之内，能与周边游憩资源（如冯白驹将军抗日驻地遗址、将军井、太史坊、八角殿、文笔峰道家文化苑等）形成乡村游憩带。

但除了冷泉，该村其他资源利用较少，特别是传统文化资源，李氏宗祠虽历史悠久，但历经破坏，重修后其真正的历史遗存已不多，新构件的工艺精美程度稍逊色，龙拔塘驿站的状态也显示出该地的乡村游憩活动并不多。作为距冷泉较近的传统村落，应从本身历史文化资源出发，利用省内较为知名的冷泉休闲资源的"极化"效应，发展与冷泉休闲相匹配的周边产业，并与久温塘、红花岭适度差异化，以冷泉为极点，实现产品互通、信息共享、优势互补，共同形成多元共存的集群式传统聚落游憩产业构架。

第五节　久温塘村

一、概况

久温塘村隶属定安县龙门镇，距海口市区 88 千米，驾车用时约 93 分钟，距离定安市区 50 千米，驾车用时约 53 分钟。是较为典型的火山地貌古村落，据方志和族谱记载，明嘉靖元年（1522 年），郭氏先祖郭鼎弦从原琼山县梁陈村迁来今址定居，村史已逾 500 年，2019 年 6 月被列入第五批中国传统村落名录。

二、环境（规划）状况

久温塘村（见图 2-5-1）位于定安县龙门镇南部位置，距 G98 海南环岛高速黄竹互通 21.5 千米，经 S302 和 X225 线和村道可到达，与龙拔塘村相距不足 1 千米。X225 线的该村入口处有村名石（见图 2-5-2），沿途道路标识齐备。村落为典型火山石地貌，下设新宅园村、久温塘村、郭宅园村、黑榄园村、枫树园村、杻园村、井头村、树虫村、岭架村、深园村十个自然村，分布在地势平坦的茂密植被之中，以久温塘小学为中心，由数个火山石建筑集群组成，每个集群由数十栋至几栋建筑构成，纵向整齐排列。村民主要活动场地和公共设施位于久温塘小学门前，东南 1.2 千米处为龙门冷泉乡村公园，原为较原始状态，现建设了大量配套公共设施，不仅方便了游客，也成为该村重要经济增长点。

图 2-5-1　久温塘村及冷泉卫星图　　　　图 2-5-2　久温塘村村名石

三、特色资源

定安县从龙门镇到母瑞山山脚下的 60 多千米区域内，有近 100 多个村庄，村庄各有美景，被称为"百里百村"，"百里百村"地区分布着 100 多个冷泉眼，其中最有代表性的就是久温塘火山冷泉（见图 2-5-3）。久温塘村冷泉（见图 2-5-4）原名牛汴塘，直到 20 世纪 60 年代后才改为久温塘。

据龙门冷泉乡村公园导游图的文字介绍，久温塘村冷泉是中国继台湾岛苏澳冷泉、黑龙江五大连池冷泉之后的第三大冷泉，也是迄今为止发现的中国最大的热带富硒冷泉。每日自涌量达 4 万立方米，无色、无味、清澈透明，常年水温 23～25 度，夏凉冬暖，清甘可口，符合饮用天然矿泉水最佳标准。它含硒和锗等多种抗肿瘤防癌元素，既可提高免疫力、治疗心血管疾病，又可以饮用、泡浴，可以促进血液循环，使人心旷神怡，延长寿命。泉水中火山岩底部泥炭土层，也具有很强的养生保健功能。冷泉地带植被被保护得非常好，满目青葱，古榕连片，怪石嶙峋，卵石遍野。近百股清泉源头，从石缝里汩汩流淌，泉水叮咚，汇集成塘，流归万泉河。冷泉以及流水汇聚而成的水体面积较为广大，目测可能超过 10 公顷，游客体验冷泉一般在水体的西边，在浓郁的榕树树荫之下，即使烈日炎炎的夏天，亦十分凉爽，在虽由人作但宛若天成的火山岩巨石围成的多个泉水池内，人们可以坐石上挽起裤腿浸泡足部，也可在部分池内引小鱼做鱼疗，亦有调皮小孩跃入水中尽情嬉戏，饱览大自然美景的同时也尽享家人朋友之情谊。东部面积广大的水体被火山自由堆砌的田埂分割成数个区域，地势平坦，视野开阔，绝大部分水体被水葫芦等漂浮植物覆盖，白色鹭鸶优雅地漫步其上，形成一幅极具视觉美感的平远画卷。冷泉四季陌上花开，小鱼如织，彩蝶围绕泉边翩翩飞舞，人如在画中一般，是清暑纳爽、休闲养生的好去处，也是海南较为知名的疗养游憩目的地。

图2-5-3　久温塘火山冷泉　　　　　　　图2-5-4　冷泉水体

　　冷泉在2014年之前为自然存在状态，但诸多游客慕名前来，2014年该地政府启动龙门冷泉乡村主题公园建设，因地制宜地设置了停车场、冷泉特产街（见图2-5-5）、久温塘冷泉科普馆、游客中心、餐厅（冷泉农家乐）、小卖部、卫生间、标识系统等服务设施，方便了游客休闲，也为当地带来了经济收入。其中冷泉特产街为大跨度亭廊建筑，诸多摊位售卖饮品、农家特产（鹧鸪茶、土鸡蛋、腌制萝卜干、泡椒等，见图2-5-6）、农家食物（椰子糕、粗粮类、鹌鹑蛋等）。依据景区所展示的概念图，未来将计划建设五星度假酒店群、湿地观光公园、火山冷泉地质博物馆及主题游乐园项目等，打造一个以冷泉养生、生态休闲为主题特色的休闲度假景区。

图2-5-5　冷泉特产街　　　　　　　　　图2-5-6　乡村特产

四、自然资源

久温塘村为典型火山地貌古村落，遍布火山石，地势平坦。热带植被繁茂，村外主要为橡胶树等经济作物，村内槟榔树密植，排列整齐，另有菠萝蜜、荔枝、黄皮等热带乔木，村外空地自然生长飞机草、海芋、芒草等草本植被，幽幽原野，芳草萋萋。村落东部为火山湿地地貌的热带富硒冷泉，该地热带植被葱郁，怪石嶙峋，环境优美。冷泉湿地边缘生长着巨大的高山榕，是人们嬉戏于冷泉间主要的庇荫树种，水岸分布蕨类、海芋、水黄皮等野生植被，水体上漂浮大量水葫芦及其他水生野草，郁郁葱葱，野趣盎然。冷泉乡村主题公园内主要有人工种植的小叶紫檀、三角梅等景观植物。

五、人文资源

相传元代流放海南的图帖睦尔（元文宗）与爱人青梅曾游历久温塘冷泉。1321 年，图帖睦尔因卷入皇室内部的帝位纷争之中，被流放至海南府城，据《元史》卷 27《英宗纪》一："（至治元年）五月丙子……壬午，迁亲王图帖睦尔于海南。"图帖睦尔流放期间对南雷峒才女青梅一见钟情。据明人唐胄的正德《琼台志》记载："元帅陈谦亨家有侍娃名青梅，通词翰，善歌舞，声色并丽。至治间，文宗在潜邸，慕之。尝示其家，以觊窥之。意不就，因赋诗云：自笑当年志气豪，手攀银杏弄金桃。滇南地僻无佳果，问着青梅价也高。"当地南雷峒峒主王官"事之以礼"，帮助二者得以相恋。两人爱情的足迹遍布今天的定安县南部和琼海市西部，其中也包括久温塘、龙拔塘、皇坡村、尔古井、儒沐塘、沐塘、万泉等地。

久温塘村遗存有典型的海南火山石古建筑群，梳式布局，一般设小院，不设横屋。虽朝向多元，但单列建筑排列整齐，墙面为多孔玄武岩清水墙面，山墙、屋脊等基本未作任何装饰，古朴厚重。部分传统民居渐被拆除，在原地基上修筑新居，形制和建材亦更新。

六、目的地内部交通状况

一条约 5 米宽的道路贯穿久温塘村，纵列建筑之间有间隔 1 米左右的小径，村内道路均为水泥或火山石铺装硬化路面,交通便利。但通往冷泉公园的道路较窄,游客较多时显拥挤,龙门冷泉乡村主题公园内设置停车场。

七、政府重视及参与程度

政府通过创建文明生态村活动,投入资金改善该久温塘村村容村貌,美化环境,硬化路面,制定村民行为规则等。通过引资,建设冷泉周边公共设施,提升了该地的游憩服务质量。据政府网站公开文件,2019年"龙门镇(红花岭村、久温塘村、龙拔塘村)美丽乡村建设项目——环境提升工程"的成交公告显示,镇政府预算金额156万多元用于三村铺装工程、绿化工程、给水工程的建设;2021年7月公示的关于《定安县龙门镇久温塘行政村村庄规划(2020—2035)》文件中,对久温塘村的规划目标定位、产业发展规划、村域国土空间总体布局规划、自然村建设规划等有明确的要求并配备设计图纸。

2017年11月,久温塘村入选海南省第二批美丽乡村示范村(一星级美丽乡村)。2019年6月,久温塘村被列入第五批中国传统村落名录。

八、当地居民意识(状态)或访谈情况

久温塘村村民主要经济来源为种植橡胶和槟榔等经济作物。部分村民在久温塘冷泉湿地景区从事农家乐、贩卖农特产等通过服务外地游客而获得收入。

九、公共服务设施状况

久温塘村的自然村落内部除硬化路面外,无明显可供村民和外来游客利用的公共资源。冷泉湿地景区经过几年建设,由原来的自然状态变成设施便利的景区,有标识牌、停车场、导览图、游客服务中心、卫生间、冷泉农家乐、冷泉特产街、冷泉科普馆等较为齐全的公共设施。土特产琳琅满目,设施维护状态好。

十、目的地商业行为与民俗活动

久温塘村内部小学附近有乡村小卖部,景区有特产街(乡土产品)、农家乐餐饮、收费停车场等。该村每年的农历二月十七举办鹤桥军坡庆典。

十一、已开展或可能开展的游憩活动

久温塘村以久温塘冷泉湿地景区为游憩目的地，从多次游历此地的状态来看，此地游客量比较大。除此未见其他游憩行为和项目。

十二、简要评述

久温塘村拥有十分优质的富硒火山地貌冷泉，是海南火山岩水量最大的冷泉，共有泉眼十多个，每日自涌量达 4 万立方米，也是国内流量最大的火山冷泉。该地植被葱郁，地域辽阔，视野极好，火山石和泉池阡陌交错，宛若世外原野，有很好的自然风光审美体验。冷泉富硒，环境富氧，疗养效果好，水中鱼疗给游客带来乐趣。冷泉周边环境通过建设，设施齐备，既方便了游客亦为村民带来经济效益。整体而言是较为优质的乡村游憩地。

作为传统村落，其文化资源的发掘利用尚未呈现，如传统村落历史、历史名人（图帖睦尔）、建筑文化等资源的挖掘利用。部分村民的保护和重视传统文化的意识有待加强，应充分发挥传统村落应有的文化魅力，提升游憩的文化内涵与品质，赋予自然景观文化的灵魂，增强硬质景观的叙事性，而不仅仅是自然资源的单一利用。久温塘冷泉作为知名度较高的极具野趣的乡村游憩资源，本身具有较强的吸引力，但现阶段整体的游憩设计较为单一，游客体验感单薄，应将冷泉作为该区域的核心游憩产品，围绕其泛化出与之相关但分异特征明显的辅助游憩项目设计，构成层次丰富的立体化乡村游憩产业，使游客体验全方位的游憩愉悦。

第六节　红花岭村

一、概况

红花岭村隶属定安县龙门镇，距海口市区 88 公里，驾车用时约 91 分钟，距定安市区 51 公里，驾车用时约 51 分钟。据红花岭传统村落牌匾上二维码文字介绍，进村第一人繁公得益于先进村之人胡公扶助，并娶胡公之女为妻，生下红花岭村第一代人八音公，八音公娶本地富首李氏婆，南宋隆兴二年（1164 年）红花岭村正式落成，村史距今已有 800 多年。2019 年 6 月，红花岭村被列入第五批中国传统村落名录。

二、环境（规划）状况

红花岭村（见图 2-6-1）位于龙门镇南部，距 G98 海南环岛高速黄竹互通 21.9 千米，经 S302、X225 线和村道可到达，与龙拔塘和久温塘两村相距约 2 千米。道路沿线标识清晰，沿途风景秀丽，该村在 X225 线设有显著的村名石，以及传统村落标牌和村落简介的二维码。村落北面分布数个面积不一的火山湿地水体，以距村 600 米处的红花冷泉湖面积最大，约 130 亩，沿湖建有红花冷泉湖度假农庄（见图 2-6-2）。红花岭行政村有 6 个自然村落，四处较大的火山岩传统民居分布在茂密植被中，其中红花岭自然村落规模最大，亦是村委会所在地，该村以北侧的红花岭农村社区服务站为核心，南北向分布 13 列火山岩传统民居建筑，部分为新建。村内公共设施齐备，维护状态好，有较好的村容村貌，卫生整洁，植被以槟榔树为主，间以其他热带常见树种。

图 2-6-1　红花岭村卫星图　　　　　图 2-6-2　红花冷泉湖度假农庄

三、特色资源

红花岭村距久温塘冷泉湿地公园约 3 千米，以久温塘冷泉为主体修建的龙门冷泉乡村主题公园是龙门镇较为突出的乡村特色游憩资源，周边数个村落均在其影响范围内，其他村落亦具有类似地貌，但未形成特色资源。

该村利用红花冷泉湖自然资源，引资建设红花冷泉湖度假农庄，该农庄于

2013年开始建设，陆续投资数百万元，建设有餐厅、栈道、水源保护区、护坡堤、码头、游船、垂钓位、游泳池、鱼疗池等设施，集休闲垂钓、农家乐餐饮、冷泉泡池于一体，游客在此不仅可以享受垂钓之乐趣，还可享用富硒竹笋冷泉鱼、冷泉鱼煲、农家黑豆腐等当地特色美食，是城市居民逃避喧嚣，体验火山冷泉、乡村野趣的优质选择。

四、自然资源

红花岭村是典型的火山岩地貌，规模不大，地势平坦，建筑和生产生活用品与火山岩息息相关。村落周边分布诸多火山湿地，拥有许多地下泉眼，形成了大小不一的水体，水质优良。经济作物主要为槟榔树和橡胶树，村落外围以橡胶树林地为主，村内以槟榔树林地（见图2-6-3）为主，未垦殖地域分布着高大秋枫、椰树、菠萝蜜树、野生荔枝、龙眼树、榕树等乔木，地被植物主要为对叶榕、滴水观音、飞机草、美人蕉以及其他草本植物，植被茂密，层次丰富，拥有很好的植被生态。生活区域村民喜用火山石围成小型地块（见图2-6-4），作为菜地和槟榔林地，槟榔林地垂直线条形态明显，苍翠欲滴的各类蔬菜与古朴粗粝的火山石形成视觉差异，加之规整的形态，成为较有特色的村落景观。行道树以秋枫、非洲楝、小叶榄仁为主，村落还种植有黄金串钱柳、凤凰木、三角梅等景观植栽。

图 2-6-3 槟榔林　　　　　　　　图 2-6-4 火山石民居及庭院

五、人文资源

红花岭村历史可追溯至南宋隆兴二年（1164 年）。现有民居建筑大部为琼北火山村落普遍存在的三开间平层火山岩建筑，地域特色鲜明。火山岩传统民居纵向排列整齐，一般前后房屋合围小院，不设横厝，呈现出较强的秩序美，建筑外墙和屋脊无装饰，黝黑的玄武岩质朴无华。屋内空间相对低矮，明间屋心墙采用插梁式木构架，大都堂屋设公阁，但普遍较为简朴，几无装饰，极少数年代较久的民居有十分精美的木雕装饰。其中以红花岭村 24 号民居（见图 2-6-5）较为突出，该民居位于红花岭村北面，三间房子单独排列在村后密林之中，中间一栋已拆除重建新屋。据屋主人介绍，该祖屋有近百年历史，长期有人居住，维护较好。屋门采用的是海南非常典型的趟栊门，6 根方梁呈 45 度角插入两侧门框（总共 9 根方梁，另 3 根已失），既通风又保证了基本的安全，门框下部坐落于方形石质门墩上，装饰阴刻线脚，门楣有八角形门簪，门框和木梁历经岁月，尽显沧桑。明间为标准的传统中堂，公阁、案几、座椅等家具上均饰精美木雕，公阁神龛上部为折页式"压地隐起"浅浮雕，中间为左右草尾龙拱拥"寿"字纹，两侧为稻穗纹。神龛中部主体从左至右分别有十幅"剔地起突"镂雕小木作，底衬栅栏式背板，整体布局左右对称，图形内容亦基本相似，第一幅为獾子和喜鹊图像组合，象征"欢天喜地"；第二幅为松树、仙鹤、蝙蝠、鹿组合，象征"福禄寿"；第三幅为菊花、黄雀组合，寓意"举家欢乐"；第四幅为喜鹊和梅花组合，寓意"喜上眉梢"；第五、六幅镂雕木刻为相同的菊花和寿石组合图案，两者中间为供奉祖先牌位的空间；第七幅为双鹦鹉栖树上，成双成对，象征美满和睦之意；第八幅为牡丹花、双白头鸟组合，寓意"富贵白头"；第九幅为莲叶、荷花、双翠鸟、芦苇组合，寓意"一品清廉"；第十幅为鹰、兔组合，"兔望月而孕，自吐其子"，鹰攫兔暗喻男女阴阳结合并祈盼夫妻能够儿孙满堂。神龛边框部位分饰各种卷草纹或几何纹。翘头案几腹部分别装饰花鸟、石榴、鱼跃龙门纹样，案几牙子装饰云纹和佳果，案腿为威猛兽头，是中国传统造物"制器尚象"思想的体现。屋内数把太师椅，亦装饰精美木刻，主要装饰五蝠（福）、瓜瓞绵绵、岭南佳果类纹样。堂屋悬挂海南民间常见的传统灯具，造型优美，古韵悠悠。整体而言，该堂屋的小木作装饰技艺精湛、寓意吉祥、保存完整，在海南传统民居装饰中是较为上乘的存在（见图 2-6-6 至图 2-6-8）。

图 2-6-5　红花岭村 24 号民居

图 2-6-6　24 号民居中堂

图 2-6-7　神龛雕饰

图 2-6-8　"制器尚象"的案腿

红花岭村历史悠久,风光秀丽,当年流放海南的元文宗图帖睦尔与青梅的爱情故事在该村流传,700 多年前,年轻的王子和美貌的姑娘在美景中流连忘返,尽享甜蜜爱情,也给这里的山山水水增添了许多人文色彩,此段爱情故事在定安地区有较高的知名度,多地留下了关于元文宗的传说。

六、目的地内部交通状况

红花岭村整体道路近似"田"字形,外围有近方形的环村道路,村内有"十"字形水泥硬化次干道,宽约 3 米;火山石古建筑呈梳式布局,从而形成排列较为整齐的小巷道,宽约 1~2 米,水泥硬化路面,亦有部分古朴的火山石铺装小径,村内道路整洁规则,畅通性较好。

七、政府重视及参与程度

红花岭村在 2017 年以前还是"贫困村",后经各级政府、海南省委直属机关工委等大力实施精准扶贫,进行槟榔种植、黄牛养殖、家庭农场蔬菜基地等产业开发;省扶贫公司、青年志愿者等开展"三清一改"活动,脱离了贫困,改善了村容村貌。2017 年 11 月,红花岭村入选海南省第二批美丽乡村示范村(三星级美丽乡村),2019 年 6 月,红花岭村被列入第五批中国传统村落名录。

八、当地居民意识（状态）或访谈情况

红花岭村在村干部和政策的带动下，积极开展各类基于自身资源禀赋的农业经济开发，以及乡村休闲旅游。自身传统文化（如古建筑、传统节庆等）保持较好，体现了文化自信。从访谈对象来看，村民淳朴、热情好客，对自身村落拥有的文化颇为自豪，并乐于介绍分享。

九、公共服务设施状况

在乡村振兴战略和村民共建的背景下，适用于红花岭村的公共设施较为齐备，除道路标识外，大部分设施集中分布在红花岭农村社区服务站，包括篮球场、排球场、文化室、卫生室、公厕、戏台、路灯、文化景观小品、宣传栏等，维护状态较好，未出现废弃和破败现象。

十、目的地商业行为

红花岭村是红花岭民富农业发展乡村休闲旅游合作社的注册地。村东北面有红花冷泉湖度假农庄，集休闲垂钓、农家乐餐饮、冷泉泡池于一体。另外村民广泛开展槟榔、橡胶、咖啡等经济作物的种植，以及当地特色黑猪、黄牛和土鸡等的养殖。村委会北面为便民小卖部，兼网购提货点。

十一、民俗活动

主要民俗为闹军坡、吃军坡，"定安军坡节"为国家级非物质文化遗产，红花岭村的军坡节为每年农历三月初三。

十二、已开展或可能开展的游憩活动

红花冷泉湖度假农庄是集休闲垂钓、农家餐饮、冷泉泡池为一体的农家乐。距久温塘冷泉湿地很近，慕名来体验冷泉疗愈的游客较多。

十三、简要评述

久温塘村、龙拔塘村与红花岭村三村紧挨，共享富硒火山地貌冷泉，久温塘

有冷泉湿地，红花岭有冷泉湖，构成了层次较为丰富的乡村冷泉游憩地。传统村落拥有较为丰富的文化资源，火山石古民居特色突出，保护保存状态良好，部分建筑内部木作装饰精美完整，但尚未开发游憩资源加以利用。

红花岭村优质的乡村户外生态环境，以及独特的火山地貌是开展户外拓展活动的较好资源，可通过三村统筹，结合历史名人图帖睦尔与青梅的爱情故事，设计出有历史情节的游憩线路，依据文献记载和合理想象，创建历史场景，使游客在观赏美景，享受冷泉的自然馈赠外，能够跨越历史，感悟那段唯美的爱情旅程，与古代帝王共享南国风情，从而使本来就极具特色的冷泉自然资源增加更为厚重的文化韵味，增强传统村落乡村游憩的历史情怀，同时也有利于传统村落的文化传播。

第七节　富宅村

一、概况

富宅村位于文昌市东阁镇天伦村村委会，地处文昌市域中部腹地，距离海口市区 65 千米，驾车用时约 69 分钟，距离文昌市区 33.5 千米，驾车用时约 44 分钟。该村姓氏众多，无处考证始迁者为何姓何人，但据最大族姓韩氏家谱记载：韩氏九代世祖广问次男易济，字道汝，号南溪，例封修职佐郎，生五男，死葬于富宅南截。由此可知韩氏迁来此地第一人为韩易济，村民估算时间应在明末清初。

近代文昌人多下南洋谋生，依靠勤劳和聪明才智获得成功，衣锦还乡后修筑高宅大院，现琼北诸多地域遗存有大量那个年代修筑的南洋风格建筑，该村是典型的琼北侨民之乡，位于该村的韩家宅更是琼北"豪宅"中的佼佼者。韩家宅于1938 年建成，2013 年 5 月被列为第七批全国重点文物保护单位，是海南为数不多的民宅建筑国保单位。2016 年富宅村被列入第四批中国传统村落名录。

二、环境（规划）状况

富宅村（见图 2-7-1、图 2-7-2）距海南海文高速（G9812）潭牛互通 9.6 千米，经潭牛镇迎宾路、X189线可到达，沿途道路为双车道柏油道路，道路整洁，沿途植被优美，风光秀丽，各类标识齐备（如韩家宅标识）。村落外围为农田，X189线贯穿该村，道宽7米，村内道路将村落划分为三个主要的部分，建筑为琼北护厝式传统建筑，纵向多进，整齐排列，朝向多元，整体呈放射状排列。新修建的民居也延承传统样式，较为统一。村落中心部位有文化室及部分公共设施，维护状况一般，其东南侧有一个被弃用的存诚小学。韩家宅坐落于村庄南部，为村落实际中心，是慕名而来的游客的主要游览目的地，近几年围绕韩家宅修筑了诸多景观构筑物和公共设施，不仅优化了环境，也方便了游客。

图 2-7-1　富宅村卫星图

图 2-7-2　富宅村航拍图

三、特色资源

富宅村为典型的琼北侨乡，有特色鲜明的琼北护厝式传统建筑群，其中以归国华侨韩钦准修建的"韩家宅"最为精彩，该宅记述了一段下南洋的峥嵘岁月，集中代表了文昌侨民在海外的奋斗史，其建筑既具有中原民居的特色，也具有南洋风格，其壁画、木雕、灰塑等建筑装饰艺术技艺精湛、造型精美。

四、自然资源

富宅村外围有以水稻为主的农作物，村内无规律分布着椰树、番木瓜、龙眼、槟榔树、黄花梨、木麻黄、苦楝树等海南常见热带植物，乔木大都年代久远，冠大荫浓，掩映着民宅建筑。韩家宅前设置着一个小规模的草坪，植地毯草、三角梅、串钱柳、小叶榕等景观植物。

五、人文资源

从建筑文化来看，富宅村以琼北典型护厝式建筑为主，多为纵向多进合院式布局，新旧建筑制式统一，传统建筑的宅门、檐影、内外八字带、山墙、屋脊等部位均饰有壁画、灰塑、木刻，用材讲究、工艺精美，而新建建筑这些部位的装饰以印有传统纹样为主的瓷砖替代，是为传统样式的分异。

从该村整体的历史来看，侨民文化是其较为突出的部分，其中以"韩家宅"（见图 2-7-3）最为典型，其主人韩钦准是众多远渡重洋谋生者中的成功者，在泰国大城府创办元兴利火锯厂、冰厂，在事业上取得了辉煌的成就（见图 2-7-4）。

图 2-7-3　韩家宅航拍图

图 2-7-4　韩家宅横屋壁画上的元兴利火锯厂

　　韩家宅坐北朝南，是典型的单箧式布局，采用单横屋式院落——四进单式横屋（见图 2-7-5），整体占地面积为 1 650 平方米，其中建筑面积为 1 100 平方米。院内沿纵轴线布置四进硬山顶正屋，正屋前后门厅相对，从门楼处沿同一纵轴线可一直看到最后一进门厅。正屋之间形成三个天井，在第一、第二天井左侧建有混凝土结构的西式二层纳凉楼（见图 2-7-6）。正屋西侧共有九间连成一排的横屋，作厨房、餐厅、厅堂、库房等使用，横屋的明间向西侧开有院门，院门外为洗衣房和澡堂。韩家宅四面有高大院墙围护，南侧为影壁墙，偏东南侧为路门，路门建有硬山顶门楼。韩家宅各进房屋做工精湛，用料考究，所用木料如檩条、步通、装饰及六边形的廊柱柱身部分等均是来自东南亚的上等坤甸木，使用硬山搁檩造，檩条直接架在山墙之上，之后铺设椽，用菊钉固定，再铺母瓦、公瓦，上灰浆固定完成。

图 2-7-5　韩家宅一进院落图

图 2-7-6　韩家宅西式纳凉楼

韩家宅四进正屋均带有前廊，规格相同，为17格、43路。正屋前后门贯通正对，最后一进房屋略高，厅堂空间开敞并设公阁，公阁分两部分，上半部分为供奉祖先牌位的神龛（见图2-7-7），下半部分为太师壁，太师壁两侧有连接厅堂与后轩的后轩门，后墙正中设有后门。前三进正屋原有公阁已经损坏，因此现存的最后一进正屋的公阁成为整个韩家宅建筑结构的高潮部分，其精美装饰也是韩家宅建筑艺术的焦点。神龛部分呈严格中轴对称分布，木雕精美，设色富丽，庄重而不失华美。神龛上部为书卷式木横额，饰有双金翅鸟左右拱拥红底金色"寿"字，两边为对称分布的绿底金色双囍字、金色海螺、金色牡丹等，配之深底色，彰显富贵之气。神龛两侧有面积较大的主题木雕，左侧饰莲花、稻穗、水鸟、翠鸟、水纹组合，寓意主人出淤泥而不染的清高品格，右侧为双喜鹊跃然于梅花枝头，寓意喜上眉梢，两木雕均为木材原色，地衬高明度石青底色栏杆。神龛层层的边框饰有各种纹样，包括连珠串流苏、岭南佳果、钱币纹、如意云朵纹、暗八仙、蝙蝠、博古纹，以及其他花草鸟兽祥瑞纹饰等，纹饰大多为木材的原色，并衬以石青底色，平实中透露着华贵。太师壁由四扇中国传统制式的门组成，抹头、绦形板及裙板均为素面，格心为装饰重点，其核心为"福禄寿喜"文字装饰（见图2-7-8），每个文字下部连接兽纹装饰的宝瓶，上部连接蝙蝠或螭龙纹样，周边围绕形态抽象的螭龙纹，无论文字还是瑞兽纹，都采用十分圆润流畅的线条造型，其构成方式也颇具匠心，除囍字外，另外三字均一笔一气呵成，且四个字均留有笔触与瑞兽嘴部连接，下与宝瓶口连接，好似从瑞兽嘴中吐出，也似从宝瓶口中飘出，十分生动有趣。公阁纹饰寓意对财富功名和高尚人格的追求，充分展现了屋主人虽身处南洋，但其深厚的故国情怀和文化传统是刻入骨髓的、难以割舍的。

图2-7-7 公阁神龛

图2-7-8 公阁太师壁的"福禄寿喜"

横屋的第一间有依旧完好的插梁式构架，但部分隔墙已损坏。横屋带有外廊，其檐柱为水泥预制，抱头梁梁端为螭头状，做工精美，廊柱柱头为水泥预制的二圈荷花头，下坐落在雕花石柱上，至今保存完好（见图2-7-9）。在横屋的门板（见图2-7-10）之上，有大量的透雕作品，雕刻了"福""贵""吉""祥"等字样，这些木雕精品无一不体现了韩家人祈求生活幸福吉祥的美好愿景。

图2-7-9　横屋抱头梁和檐柱　　　　图2-7-10　横屋门板雕饰

正屋外山墙垂脊下方规带配以多种元素的灰雕装饰（见图2-7-11），有象征福气的蝙蝠，象征喜气的中国结等，也有象征着吉祥如意、福寿安康的纹样，如广曲云、广曲草、草尾藏蛟、囍字、葫芦等。正屋及横屋的两侧山墙均开有通风换气的圆窗，东侧外山墙一扇莲花瓣圆窗上饰有文字："窗前远望，月在东方"（见图2-7-12），透露着远在海外的游子悠悠的思乡惆怅。

图2-7-11　山墙灰塑图　　图2-7-12　饰有"窗前远望"字样的莲花瓣圆窗月在东方

精美的壁画艺术是韩家宅另一个重要特点。韩家宅有大量展现对美好生活、美好居所憧憬的壁画，主要绘制在院内的外墙檐影部位、屋内八字带、窗框、门楣、墙头等部位，位于人们抬头可见的位置，画框有方形、平行四边形、折页形等，依据建筑本体变化构图形式。画心部分绘制展现了韩氏家族在泰国的事业场景（如火锯厂）、海外宅邸、海南家乡田园风光、诗书楹联、花鸟虫草等（见图 2-7-13 至图 2-7-16）。绘制海外建筑、风光场景时采用的是焦点透视法，空间关系明确，异域风情显著，而在绘制中国花草山水场景时，依旧采用国画传统的散点透视法，二者相得益彰，颇具特色，充分展现了近代中外文化交融的史实。壁画设色主要以群青、石青、土黄、赭红为主，颜色种类虽少，但主要为对比强烈的互补色，整体效果非常华丽。画心外边框采用繁复的边隅纹样装饰，主要有文字（喜、寿、福）、盘长纹、万字纹、花草佳果、飞禽、几何纹饰等。壁画除部分被涂抹石灰浆外，大部分保存良好，色彩艳丽如新，有很高的艺术欣赏价值。另外壁画的落款"丁丑年"（1937 年）也透露了韩家宅的修筑年代。

图 2-7-13　壁画——海外宅邸

图 2-7-14　壁画——家乡风光

图 2-7-15　采用焦点透视绘制的异域风光

图 2-7-16　中式风格的花鸟壁画

韩家宅建筑规模较大，各类建筑装饰种类多元，具有很高的审美价值，特别是绘制有焦点透视表达异域风情的建筑壁画对于研究琼北与东南亚的文化交流具有重要史实价值，另外通过这些装饰艺术也可以窥探当年海南闯南洋营生群体的心路历程，无论在历史研究还是文化旅游方面都有其潜在的价值。

除韩家宅，富宅村年代较久的建筑同样有十分精彩的装饰，如韩家宅隔壁的富宅村 14 号宅院、23 宅院等。而近些年修建的建筑多以卷草图案瓷砖为装饰材料，缺少古朴韵味，但延续了传统建筑的形制和装饰原则。

六、目的地内部交通状况

X189 县道贯穿富宅村，外围有绕村环道，村内不规则道路将村落分为三大部分，建筑之间有巷道贯通，宽度 1～2 米，道路均已硬化。整体而言，该村主体通达性尚可，但因道路布局不规则，一定程度上影响步行交通。

七、政府重视及参与程度

从近几年对富宅村的持续调研观察来看，村落因"韩家宅"而为人瞩目，而韩家宅也分别在 2004、2009、2013 年列为市级、省级和国家文物保护单位。2019 年政府主管部门在该村的传统村落保护项目中总投资了 300 万元，进行公共设施建设和环境景观改造，增设了公共厕所、文字宣传、景观小品，之前破损的周边建筑也得到了修缮，增设的景观注重韩家宅装饰元素的应用，使之整体趋于统一。

官方媒体也对其进行了大量的报道和宣传，中央电视台 1，4，8 频道以及旅游卫视都通过各种节目对其进行了播报。爱国片《天涯热土》的主要拍摄地为韩家宅，该剧于 2020 年 4 月在中央一套黄金档播出；2015 年电视剧《宋耀如·父亲》亦在此拍摄；2017 年旅游卫视制作的纪录片《侨乡有家宅》在此拍摄；2020 年 9 月海南卫视邀请国外制作团队拍摄韩家宅。同时该地也成为一些政要的参观之地，如 2015 年 4 月 2 日泰国国家文化部部长威拉·洛朴乍纳呐为首的泰国文化代表团曾参观此地。

八、当地居民意识（状态）或访谈情况

富宅村村民民风淳朴，对外来游客较为热情。现在韩家宅的管理者为韩钦准之孙韩志元，每日 9 点准时打开宅门，迎接游客，并通过发放文字资料和微信推送宣传韩家宅的历史。

九、公共服务设施状况

除固有的道路交通，富宅村作为自然村，拥有公共文化室、篮球场、戏台、健身器材等，但维护状况一般。韩家宅附近在近几年的建设中，拥有了较好的环境景观，并修建了广场、休憩廊架、景观墙、公共绿地、公共卫生间等设施，景观设计通过传统建筑装饰元素的传承，延续了文脉。

十、目的地商业行为与民俗活动

韩志元在韩家宅门口售卖一些饮品小吃等，偶尔接收游客自愿支付的参观费，除此之外，富宅村未见其他商业行为。该村的民俗活动有海南军坡节。

十一、已开展或可能开展的游憩活动

从考察现场来看，每日到富宅村游历的游客有数十人，多慕名而来考察观摩琼北侨民建筑文化。基于本地侨民文化的灿烂以及建筑文化的精彩，该村可开展文化考察、建筑艺术欣赏等文化类游憩活动。

十二、简要评述

从诸多琼北传统村落的比较来看，富宅村拥有与文昌其他村落类似的自然和文化游憩资源，但从知名度和保存状态来看，已列为"国保"单位的韩家宅无疑是其中的翘楚，建筑延承了琼北传统建筑的文脉，同时在装饰局部（壁画）融入了由泰国传入的西方绘画风格，其文化交流的多元性令人深思，值得探究。而其注重中国传统吉祥文化的精彩建筑装饰也是琼北地区工艺最为精湛、纹饰最为精美、保存最为完善的古建筑之一，是品质很高的文化游憩资源。另外，从周边资源来看，该村与被誉为海南名菜之一的文昌鸡发源地的天赐村相距不足 2 千米，与潭牛镇"鹿饮溪"民宿相距约 10 千米，此区域道路风光旖旎、阡陌纵横，一派田园牧歌景象，其美景、美食、美居、美宅以及深厚的传统文化，是进行可替代性旅游的优质游憩资源。

第八节　义门二村

一、概况

义门二村隶属文昌市文城镇清澜墟社区南海村村委会，距离海口市区 90 千米，驾车用时约 83 分钟，距离文昌市区（市政府）7.7 千米，驾车用时约 16 分钟。该村距清澜港约 10 千米，清澜港有"琼州之肘腋""文昌之咽喉"的美称，曾是文昌人下南洋的主要港口，义门二村也是文昌人民波澜壮阔的下南洋谋生历史的发生点之一，几乎家家都有一段华侨故事。在此之前，这里是福建闽人迁琼的落脚点之一，闽南和岭南的文化在此也烙下深刻的印纪，各类传统文化在此交相辉映，令人瞩目。2016 年，义门二村被列入第四批中国传统村落名单。

二、环境（规划）状况

义门二村（见图 2-8-1）是南海村村委会辖内的一个自然村，位于文昌市区南部约 7 千米处，距海琼高速迈号互通 10 千米，县道 X209 纵贯该村，海南环岛旅游公路（2023 年 12 月 18 日全线通车）亦贯通该村，交通十分便利。村落距海数百米，地势平坦，村民大都从事水产养殖业，村落基本在椰树林和养殖池塘的围绕中。南海村村委会是典型的侨乡，下辖 33 个村民小组，沿县道分布大量民居，其中多为传统的琼北梳式布局民居，大多朝向县道，排列整齐规律，其中不乏年代久远的百年老宅，如陈明星宅，装饰精美，保存完整，是研究琼北侨民民居的重要资源。村落掩映在浓密的椰树林中，具有独特的椰乡风光。在该村东北面数千米范围内是高隆湾、清澜半岛以及东郊椰林风景区，在沿海分布着诸多商品房地产开发项目（如宇诚椰风浪琴、白金海岸等）和星级酒店（如温德姆花园酒店等），文昌卫星发射中心距此也不远（30 千米）。

图 2-8-1　义门二村卫星图

三、特色资源

数量庞大的典型琼北传统民居是该地较为独特的文化资源，虽然类似民居在文昌其他传统村落也有大量分布，但相对而言义门二村数量更多，装饰精美且年代久远的老宅较为普遍，多为下南洋侨民返乡修建。另外此地椰树密布，海产丰富。

四、自然资源

义门二村主体树种为椰子树，多为自然生长，亦有人工种植，分布极为广泛，树形挺拔高大，族群密集，是该区域自然主景。同时，村内也分布有少量高大的海南热带乔木，如洋蒲桃、凤凰木、琼崖海棠、重阳木、木麻黄、红花天料木、潺槁木姜子、柚木、羊蹄甲等，古木枝繁叶茂，庞大树荫掩映古屋，使古村更显历史的厚重。另植有三角梅、朱蕉、扶桑花、变异木等景观植物。该村为滨海平原，沿海有星罗棋布的大量养殖池塘，亦有少量农田（似荒废），自然环境与人工垦殖相结合的景观亦使人觉别致。

五、人文资源

义门二村是南洋侨民文化、闽南文化、岭南文化、农耕文化、耕海文化等多元文化的汇聚地。该村传统民居的牌匾可清晰地溯源闽南遗风，如"六桂第""双桂第""爱莲第""循良第"等。近代史上，该地域村民多下南洋谋生，创造了大量财富的同时也不忘反哺家乡，如捐资抗日、捐助学校医院、投资家乡产业等，也修筑了大量传统文化和南洋风格相结合的宅邸，如著名的马来西亚侨领王兆松的故居、陈家宅、陈明星宅（见图2-8-2）、循良第等。

图2-8-2　椰林掩映下的陈明星宅宅门

王兆松出生于 1875 年，年少时下南洋谋生，历经艰苦，后来成为琼籍华侨中的知名企业家、侨领。事业获得成功后，王兆松热心于家乡公益事业，对支持琼崖抗日、捐助家乡教育事业、助力经济社会发展多有贡献，其义行也影响了王家几代人的爱国爱乡情怀，其故居内屋里高挂着"爱琼赤子"的牌匾，见证了王家四代人的爱国赤子情。

王兆松故居（见图 2-8-3）占地 846 平方米，建于民国初期，历经百年风雨，尽显岁月沧桑。故居房子坐西北朝东南，呈中西合璧式风貌，硬山顶，三进式格局，是文昌市保存较好的华侨大型民居。与义门二村其他民居不同之处在于其中轴对称式的布局，其中三进院落中部有连廊相连，故居平面为一个"王"字形。连廊及屋檐设宝瓶栏杆女儿墙，栏杆设多层线脚，檐罩部位装饰线脚及曲卷的花草、寿字纹、盘长纹灰塑，屋檐顶部四角描绘方正的蓝色盘长纹，顶部石灰批荡和混凝土材料脱落不少，露出锈迹斑斑的钢筋。地板铺装红、黑两色为主的几何图案陶瓷地砖，是典型的近代琼北地区的铺装样式。第一进建筑（见图 2-8-4）为五开间，明间和次间之间作宽大券拱，券拱为连续三券，饰"寿"字纹和花草纹边框，蓝、白配色为主。第二进建筑三开间，设简单公阁和八仙桌，墙面除屋心墙顶部装饰简单线脚，几无装饰，墙面悬挂王兆松传略、留言、家族人物照片。第三进建筑五开间，檐廊开门。整体而言，故居装饰少，较为简朴，构架和纹饰也体现了屋主人既受到南洋建筑风格的影响，也难舍深入骨髓的故国情节。

图 2-8-3 王兆松故居

图 2-8-4　王兆松故居第一进居室

　　陈家宅（德星第，见图 2-8-5）由旅居南洋华侨陈治莲和胞弟陈志遂于 1919 年共同出资建造。该宅坐东南朝西北，硬山顶，占地面积 1 217 平方米，四进式，采用海南传统单轴线多进式格局，每间正屋大小相等，中间开四、六门，第一进明间置木制墙板，其余正屋均为火砖结构，门楼建于西北侧，横屋位于南侧，共有十三间。该建筑在木质梁架、梁托、门窗、公阁、家具等施用木构件的部位雕刻有极为繁复细密的木雕，从镂雕、高浮雕到素平线刻，形式方法多样，题材有草尾龙、麒麟、兔、狮、鹿、鸟及花草等吉祥意象。木雕在陈家宅使用十分频繁，且艺术水准之高令人印象深刻，特别是一进院落横屋檐廊的两幅梁托（见图 2-8-6）镂刻木雕，一幅为"喜上眉梢"（见图 2-8-7），四只形态各异的喜鹊跃然于虬枝盘曲的梅花枝上，构图饱满，雕工细腻，鸟羽和梅花花蕊毫发毕现，木石质感惟妙惟肖；另一幅为仙鹤、梅花鹿、松柏、蝙蝠组合的"福禄寿"（见图 2-8-8），动植物形象憨态可掬，小鹿吮乳和母鹿的舔犊表现得情意绵绵。两块三角形木雕尺寸很大，目测长边超过 2 米，高度超过 1 米，集中体现了陈家宅的木雕艺术水准。据现守屋人（房主的远房亲属）陈行精介绍，当时木雕工艺耗时三四年之久，可见技艺之讲究。院内屋脊、门楣、外墙八字带、围墙处饰以精美灰塑壁画，图案形态各异，栩栩如生，亦展现出了较高的艺术水准。该宅所用建筑材料从越南购进，为文昌市保存较好的传统民居之一，2012 年 9 月被文昌市人民政府公布为文物保护单位。

图 2-8-5　陈家宅

图 2-8-6　陈家宅横屋梁托雕饰

图 2-8-7　陈家宅横屋檐廊梁托雕饰"喜上眉梢"

图 2-8-8 陈家宅横屋檐廊梁托雕饰"福禄寿"

陈明星宅（见图 2-8-9）始建于 20 世纪初，至今有上百年历史。该宅坐东南朝西北，砖木瓦结构，硬山顶，单纵轴线三进正屋，右侧七间横屋组成，占地面积 527 平方米。第二进正屋中堂悬挂张岳崧题"佩实含华"四字木匾，一、二进正屋铺设 20 世纪初城市大型建筑常用的红、黑、褐色相间的地板砖。该宅的门楣、门扇各部件（抹头、隔心、绦环板）、匾额边框、公阁、家具等处的木质构件雕刻精美，饰以传统的花鸟、暗八仙、瑞兽、十字海棠、卷草及几何纹等纹样。内八字带、檐影、门楣、窗楣等处饰壁画及灰塑，题材以花鸟、山水为主。外八字带、屋脊部位饰祥云、瑞兽灰塑，灰塑多为高浮雕，局部有嵌瓷工艺施用（见图 2-8-10），纹样曲折回环，辗转腾挪，极富动感和生命力，亦有写实性灰塑表现下的鸟兽花枝湖石栩栩如生，具有较浓厚的海南传统民居建筑特色，是研究琼北地区民宅建筑的重要实物史料。

图 2-8-9 陈明星宅

图 2-8-10　嵌瓷灰塑

六、目的地内部交通状况

义门二村的主干道为县道 X209，呈东北朝西南向贯穿全村，为 4～5 米宽水泥路面，海南十分重要的旅游干道——海南环岛旅游公路与县道基本平行，二者相距仅数十米。村中不同的自然村内横向开辟了诸多次干道，或为石块铺装，或为水泥道路，亦有土泥路面，大多隐于高大的椰树之下。依建筑而铺就的游憩小径连接着家家户户，道路两边种植了龙船花、变异木等各类景观植物。整体道路通达性较好，并且有标识系统作为引导。

七、政府重视及参与程度

义门二村凭借多元文化（南洋侨民文化、闽南文化、岭南文化、农耕文化、耕海文化）以及广泛分布的琼北传统建筑得到了人们的关注，各级政府对此亦十分重视，从完善的基础建设、公共设施以及洁净的村容村貌，可以看出政府对该村的关注与投入。从政府公开文件得知，2019 年 7 月完工的义门二村绿化景观工程政府拨款额度为 170 余万元。2016 年义门二村被列入第四批中国传统村落名单，同时义门二村亦是海南省旅游公路"珍珠项链"上的一个重要节点。

八、当地居民意识（状态）或访谈情况

义门二村村民主要以海水养殖和农耕为主要经济来源，村内所见常住居民以老年人为主，部分屋主在外工作，如百年老宅陈家宅的屋主兄弟有侨居新加坡的，

也有在海口工作的，由远房亲属陈行精代为管理，王兆松故居管理人为其侄孙王禄理，陈明星宅则空置。

义门二村村民对外来访客较为友善，热情地介绍村落文化故事和村内事宜，展现出较强的文化自信和文化自觉。

九、公共服务设施状况

得益于各级政府的投入，义门二村的基础建设和公共设施较为齐全。其中有"文昌南海时光旅游景区全景图"以及与此配套的系列标识牌，包括村落宣传栏、路牌、百年老宅的文字介绍牌、村名牌、树名牌等，亦有综合服务驿站，可提供旅游咨询、自行车租赁、自行车维修等服务。另有休憩座椅、公共卫生间、便利店等设施。

十、目的地商业行为

义门二村除村民的养殖和种植产业外，仅有便利店经营活动。但距此村数公里范围内的集市、餐饮、购物、酒店等资源较多。

十一、民俗活动

义门二村的民俗活动以汉族传统节日为主，如元宵节送花灯。义门二村的军坡节在农历七月二十。

十二、已开展或可能开展的游憩活动

义门二村为"文昌南海时光旅游景区全景图"的重要节点，但主要还是以静态的古老传统建筑赏析和文化考察为主，无特别设置的游憩项目。

十三、简要评述

文昌作为著名的侨乡，几乎每个村落都有许多侨民，义门二村便是其中的典型，但比较所考察的其他村落，义门二村数量庞大的传统建筑群落在文昌还是较为少见的，且整体布局沿县道、旅游公路以及海岸展开，有一定的秩序感和聚集

效应，这种群体性传统聚落游憩规划可以参考安徽黟县宏村、西递以及江西婺源乡村旅游模式。

义门二村的传统文化外在表象十分精彩，但内在意象以及历史脉络的研究还有待梳理和展示，以扩大其多元文化的影响力。另外文物建筑是该地的文化灵魂，保护和利用还需加强。养殖和赶海是该村的物质生存基础，数量庞大的养殖基地和海滨亦是外人感兴趣之地。当然，依附于附近主流旅游地（如东郊椰林风景区、文昌卫星发射中心、铜鼓岭、石头公园、月亮湾等）是该村游憩产业的一个发展方向，为以海滨自然风光和科技观光等为主的游憩项目补充地域传统文化元素，从而构筑一个多层次的立体的游憩体系。

第九节　美德村

一、概况

美德村隶属文昌市东路镇，距海口市区 54 千米，驾车用时约 63 分钟，距离文昌市区（市政府）33 千米，驾车用时约 40 分钟。美德村村委会下辖 13 个自然村，以革命先烈冯平故居和纪念馆所在自然村为核心。

据村内冯氏宗祠文字介绍，冯氏渡琼始祖为冯盎，冯盎生于南陈宣帝太建元年（569 年），是南朝梁高凉郡太守谯国公冯宝和谯国夫人冼夫人之孙，在唐武德年间，率岭南八州（高、罗、春、白、崖、儋、林、振）归属唐朝，海南《冯氏家谱·世纪系》载："唐武德初，盎又事高祖，立崖、儋、振八州，有地二千余里，为总管，以故子孙世为南越君长，家于琼崖。琼崖之有冯氏，盖自此始云。盎公为冯氏人琼之始祖也。"自唐以来，冯氏在琼崖大地开枝散叶，至于何时迁至美德村，尚无从考证。在近代，该村革命人才辈出，为琼崖革命事业抛头颅洒热血，立下赫赫战功，为世人瞩目。2023 年 3 月，该村被列入第六批中国传统村落名录。

二、环境（规划）状况

美德村（见图 2-9-1、图 2-9-2）位于东路农场集市西北侧，从海文高速大致坡互通路段走县道 X195 可到达。县道为双车道柏油路，宽度约 7～8 米，前段道路路面平整，后端路略有颠簸，沿途有椰树、木麻黄、苦楝树等高大乔木，原野景观宜人。村落路口设三间四柱重檐式现代材质的牌楼村门，上书楹联"美流家园寿海隅，德泽邻里福侨乡"，横额书村名"美德村"，均为著名书法家沈鹏所题。美德村东北西三面环绕田洋，村中有一条主干道贯穿全村，四面有绕村环道，均为 3～4 米宽水泥硬化路面，其余村间小道依建筑分布，建筑大都为典型的琼北传统民居，一明两暗三开间，梳式布局。村落中心以"冯平故居"为主轴，其他民居呈规则纵向排列，有一定的向心倾向布局，村东部有"冯氏祖祠"，东南角有篮球场、广场等开阔公共空间。村内植被密布，为常见热带植被，建筑掩映于茂密树林之中。

图 2-9-1　美德村卫星图

图 2-9-2　美德村航拍

三、特色资源

红色文化是美德村较为突出的特色文化，冯平同志为该村最著名的革命先烈，琼崖早期革命领导人之一，其故居在1983年按原址原貌重修，1990年扩建纪念馆（见图2-9-3），诸多革命先辈和名人为其故居题词，其中聂荣臻元帅为冯平铜像（见图2-9-4）题写了"冯平同志"；张爱萍将军题写了"冯平同志纪念馆"；故居正门的外楣上有庄田（海南省万宁县龙滚乡文渊村人，开国中将）同志所题的"冯平故居"；马白山同志（海南省澄迈县老城镇马村人，开国少将）题写的"冯平同志生平陈列室"；以及著名书法家沈鹏为故居题有"迎宾轩"。另外还有早年参加革命工作的冯所唐亦是该村的革命先辈。

图2-9-3　冯平同志纪念馆　　　　　　图2-9-4　冯平同志塑像

四、自然资源

美德村地势平坦，三面环绕田洋，种植水稻及其他经济作物，如橡胶、胡椒、荔枝、槟榔等，也种植其他瓜果蔬菜。村内植被茂密，大多为自然生长，古树较多，以高大的椰树、槟榔树、菠萝蜜树、野生荔枝树等为主景，间以黄花梨、竹类、香蕉树、海芋、番木瓜等自然群落。部分村民精心打造自家小庭院，种植有诸多景观植物。

五、人文资源

美德村文化资源体现在红色革命文化方面。

冯平同志为 20 世纪 20 年代琼崖工农红军司令，琼崖早期革命领导人之一。1899 年出生于美德村，青年时期分别在省立琼崖中学、上海文华大学、广东高等师范学校、苏联莫斯科东方大学、苏联红军学校学习，1924 年 12 月，中共旅莫支部吸收冯平和杨善集、叶挺等加入中国共产党。1925 年 5 月，聂荣臻、冯平、杨善集等回国工作，历任中央农民运动特派员（广东省农民协会）、中共琼崖地方委员会委员兼军事部长、广东省农民协会琼崖办事处主任、中共琼崖地委委员、琼崖农民协会主席、琼崖高级农民军事政治训练所所长、琼崖讨逆革命军总司令、琼崖工农革命军总司令兼西路总指挥、琼崖工农红军总司令兼西路红军指挥。1928 年 5 月 9 日因叛徒出卖而被捕，1928 年 7 月 4 日英勇就义，年仅 29 岁。

冯平故居（见图 2-9-5）始建于清末，抗日战争期间被毁，1983 年海南行政区民政局和文昌县人民政府拨出专款，在原址按原貌修复冯平故居。1990 年 10 月，在故居基础上扩建冯平同志纪念馆。冯平故居和纪念馆是一体的庭院群落，由路门、纪念馆广场、冯平铜像、陈列室、纪念亭、故居和迎宾轩构成，建筑总面积 2 634 平方米，其布局和装饰均采用琼北传统手法。1992 年冯平故居被海南省人民政府列为重点文物保护单位。

冯平同志纪念馆位于村落中心位置，路门为琼北传统制式青砖砌，清水墙面，灰瓦屋顶，屋脊饰云纹灰塑，檐下做蓝色线脚批荡，门楣悬挂张爱萍同志题写的"冯平同志纪念馆"匾额。纪念馆广场中心伫立着冯平同志铜像，高 2.5 米，基座有聂荣臻元帅题写的"冯平同志"，两面红旗拥立左右，广场内巨木参天，威严肃穆。广场两侧树立着冯平同志简介以及重建故居拨款捐资芳名榜，旁设休憩座椅。铜像后为冯平同志生平陈列室，马白山将军题词，陈列室外八字带装饰卷草纹灰塑，檐影绘制风景彩画，山墙设一幅琼崖革命场景浮雕。陈列室分为五个部分，通过照片、史料、文字说明等形式，全面介绍了冯平各个时期学习和革命活动的情况，再现了冯平短暂而光辉的一生。中庭为冯平纪念亭，置于方形水体之上。之后为冯平故居及附属建筑，冯平故居为一明两暗三开间的文昌传统制式的单栋建筑，下砌五层玄武岩墙基，上为红砖清水墙面，窗框及外八字带饰彩色纹样及灰塑，门楣悬挂庄田将军所题的"冯平故居"匾额，屋内陈设简朴家具，墙面悬挂冯平同志及家人照片和简介，建筑整体清淡素雅。故居旁有迎宾轩、接待室和继志亭，合围成小院落（见图2-9-6）。

图2-9-5　冯平同志故居

图2-9-6　革命先辈为冯平同志题的词

1939年参加革命工作的冯所唐也是美德村革命先辈之一，抗日战争和解放战争时期，曾担任琼崖纵队军事政治干部学校政治部主任、政委，第一总队政治部主任等职，海南解放后，历任海南军区独立廿九团政委、教导队政委，国防工程指挥部副主任等职。1955年被授予上校军衔，1964年被授予大校军衔。

传统建筑艺术是美德村文化资源之一，该村民居除少部分采用现代结构和材料外（但这是个总的趋势），大部分民居仍沿用传统制式，三开间平屋沿直线梳式排列，大部分设置横屋，设有玄武岩和红砖相结合的清水墙面，檐下、门楣、窗框、内外八字带等部位饰有壁画、灰塑或木雕，部分翻新的传统制式的建筑沿用原构架，但外部常采用水泥批荡或瓷砖覆墙，装饰也常采用预制的彩画瓷块和电脑雕刻门楣木雕，依据壁画落款以及村民介绍，民居建筑大都为八九十年代及之后修建，也有个别百年老宅，但破损厉害。

调研当日（公历2023年4月8日，农历癸卯年闰二月十八）恰逢该村隆重举行祭拜海南开基始祖"冯宝公、冼夫人"祭祖大典（见图2-9-7），海南各地冯氏子孙数千人汇集于此，在冯氏祖祠举办祭祖仪式，在东南部广场大摆筵席（见图2-9-8），张灯结彩，人声鼎沸，气氛十分热烈。

图 2-9-7　祭祖现场　　　　　　　　　　图 2-9-8　筵席现场

六、目的地内部交通状况

美德村有一条南北向的道路作为主干道贯通全村，民居建筑依次分布两侧，外围有椭圆形绕村环道，构成了该村落交通的主构架，该类型道路为3~4米宽水泥硬化路面。村内次干道主要为民居建筑相夹的小径，因梳式建筑的特性，小径大都修直，宽度1~2米不等，部分路面已硬化，部分仍为泥土或砂砾路面，也有年代久远的玄武岩铺装路面。整体而言，村内交通较为通达。

七、政府重视及参与程度

作为革命老区，美德村受到各级政府的关注，冯平故居的重建及后期扩建，均得到省、市政府的支持和社会捐助，多位国家领导人和革命先辈为冯平故居题词；在修建冯平同志纪念馆时，庄田中将、马白山少将等担任工程筹备领导小组成员，并亲临故居参观。冯平故居也是海南省爱国主义教育基地、海南省青少年革命传统教育基地、海南省关心下一代党史国史教育基地、文昌市爱国主义教育基地等。2023 年 3 月，美德村被列入中国传统村落名录（第六批）。

八、当地居民意识（状态）或访谈情况

美德村村民以种植水稻橡胶、胡椒、荔枝、槟榔为主，平日里村落幽静平淡，考察当日为祭祖大典，村内人声鼎沸，热闹非凡，展现出人们强烈的文化归属感和凝聚力。从对冯平同志的故居及纪念馆的保护情况来看，该村对于先烈的尊崇也是显而易见的。

九、公共服务设施状况

公共建筑冯平故居和纪念馆内部及周边有一定的公共设施，如公共洗手间、景观亭、宣传栏、休憩座椅、陈列室等。美德村东南部有小学校舍，设置地坪广场、球场等设施。村内为普通民宅，除道路外无公共设施。

十、目的地商业行为与民俗活动

美德村农历二月十八为该村的军坡节，举办"冯宝公、冼夫人"祭祖大典。祭祖当日有附近商贩来此售卖小孩玩具、槟榔等，村内无其他商业行为。但美德村距东路农场集市仅 1 公里多，各类物资购买较为方便。

十一、已开展或可能开展的游憩活动

美德村有光荣的革命传统和先烈人物，特别是冯平同志作为海南知名革命先烈，其悲壮的革命经历为世人所称颂，为纪念其人其事而修复的故居和纪念馆成为该村吸引游客前来缅怀的重要载体。

十二、简要评述

先烈们为革命事业奉献终身，值得一再崇敬和缅怀，冯平同志以及该村其他革命先辈（如冯所唐）的事迹可在原基础上深度挖掘，为该村以红色革命为主题

的乡村游憩增加更多传奇性和层次感，同时通过更为新颖的形式来展现此类资源，包括利用当下流行的数字媒体技术来复原历史场景，开展虚拟现实的沉浸式互动，使得革命事迹能够更加生动地深入人心。

作为冯氏（冯宝）后人，该村有强烈的文化认同感和文化自信心，热烈的祭祖场面令外来者内心震撼，作为海南传统庆典，是吸引外来游客的典型资源。从建筑遗存的精彩程度来看，较之其他底蕴更厚实的文昌传统村落稍显逊色，但诸多知名人士（如聂荣臻、张爱萍、庄田、马白山、沈鹏）的书法题字却十分引人注目。

美德村应利用其特有的红色革命资源扩大影响力，通过媒体宣传和公共设施的完善，以及富有创新意识的游憩设计来实现产业升级。

第十节　金妙朗村

一、概况

金妙郎村隶属琼中黎族苗族自治县湾岭镇岭门村村委会，距海口市区 120.8 千米，驾车用时约 95 分钟，距琼中市区 20.4 千米，驾车用时约 29 分钟。金妙朗村之历史无从考证，但据金妙朗新村的村民介绍，当年老村居民为躲避徭役，从老村搬至新村是距今 200 年左右的事情。金妙朗村的得名来源于一段传说：曾经该村有一位郎中，医术高明，妙手号脉，善用草药，并利用山泉煎煮金药汤医治患者，药到病除，远近闻名，该村故得名金妙朗。

从村民方言和建筑类型可以判断，该村属于"局部地域杂糅混居"的黎族村落，大部分属于黎族中的"熟黎"。但应注意的是，熟黎并非从海南黎族人中分化出来的族群，在一定的历史阶段里，"部分湖广、福建汉人及俚人在长期与黎族人的接触受其影响或是受生活所迫等原因加入黎族"[①]，宋人范成大《桂海虞衡

---

① 叶远飘. "王化"的俚军——海南岛"熟黎"族源考 [J]. 海南热带海洋学院学报，2021，28（04）：54–59. DOI:10.13307/j.issn.2096–3122.2021.04.07.

志》记载："熟黎贪狡，湖广、福建之奸民亡命杂焉。"[1] 宋人周去非《岭外代答》
中记载："熟黎，多湖广、福建之奸民也，狡悍祸贼，外虽供赋于官，而阴结生黎
以侵省地，邀掠行旅居民。官吏经由村峒，多舍其家"，《海表奇观》记载："初皆
闽商荡赀亡命，及本省土人，贪其水田，占其居食，本夏也。"《万历琼州府志·
海黎志》记载更具体："熟黎，旧传本南、恩、藤、梧、高、化人，多王、符二
姓，言语皆六处乡音，因从征至者，利其山水田地，占食其间，开险阻，置村
峒。"有学者认为逃难的"亡命奸民"只是形成熟黎的极少数人群，海南大部分
熟黎是历史上来自于两广的"王化"的俚人军队。可见熟黎本身就是汉族或俚人
的一支，在一定的历史时期被"黎化"或被官府认定为黎族。本为汉族而被认
定为黎族的这种现象现在依然存在，据村民介绍，现在一些因婚嫁而形成黎汉
一家的，全部家人的民族成份都被统一划归为黎族。因此，该村属于黎汉"外
汉、中熟、内生"的分布格局的"中熟"部分，现存的建筑、习俗、方言等均展
现了民族杂糅、文化多元的特征。2016 年 11 月，该村入选第四批中国传统村落
名录。

二、环境（规划）状况

金妙郎村（见图 2-10-1、图 2-10-2）位于琼中黎族苗族自治县中北部，位于
海三高速（G9811）、万洋高速（G9813）以及海榆中线（G224）的环绕之中，与
G9811 的乌石互通和 G9813 的湾岭互通直线距离约 2 千米，从 G224 到该村也仅
数百米，村道为宽约 4 米的水泥硬化路面。该村为缓坡丘陵地貌，村落聚居地有
两个，旧村和新村，二者相距约 1.5 千米。旧村西侧为 G224 以及正在开发建设
的工业园区，北面与东面围绕着稻田，有小溪流蜿蜒穿过，南部有水塘，村落外
侧分布广袤的橡胶和槟榔林地。旧村坐西朝东，西部地势略高，14 列民居建筑呈
梳式布局，排列规整，遗存有传统建筑，但渐被新式混凝土楼房替代。位于旧村
东部的新村掩映在茂密高大的热带植被之中，建筑布局相对自由，亦是传统建筑
和现代建筑交织，外围为广袤的橡胶和槟榔林地。

---

① 赵全鹏. 历史上海南岛内的族群流动及成因 [J]. 贵州民族研究，2008，（01）：
168-173.

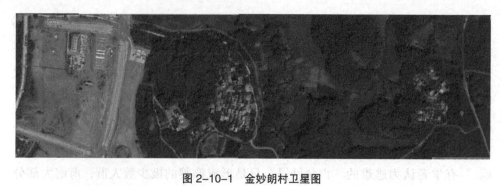

图 2-10-1　金妙朗村卫星图

图 2-10-2　金妙朗村航拍

三、特色资源

从文化资源角度来讲，金妙朗村处于黎汉两族的中间状态，其建筑、方言和生活方式均处于一种"混合"状态，是研究历史上黎汉民族斗争、交融、涵化和相互影响，以及演变状况的现实样本。

四、自然资源

金妙朗村地形为缓坡丘陵地貌，有经济林地、自然树林、稻田、水塘、溪流以及部分原野，植被茂密，除大片的橡胶和槟榔经济作物，还有近年拓展种植的中药材益智，该作物主要混植在橡胶林地。村落自然生长的植被主要有椰树、野生荔枝树、见血封喉树、菠萝蜜树、苦楝树、番木瓜、竹类等乔木，木豆、朱蕉、肿柄菊等野生草本植物，亦有烟火树、凤仙花、三角梅、七里香、月季等庭院景观植物。

五、人文资源

从建筑的演变历史、建筑布局、形制、建筑材料和建造技艺来看，金妙朗村传统建筑既具有黎族传统建筑的特点，亦深受琼北汉族建筑的影响，在一定程度上是黎汉相互转化，并最终汉化的一个历史样本。

从历史演变来看，该村传统建筑大致经历了碎石墙茅草屋、碎石墙瓦屋（见图2-10-3）、现代混凝土楼房三个阶段，村落建筑现状为后两者的共存状态，茅草屋已不复存在。20世纪六七十年代以前，该村屋顶以茅草覆盖为主，与传统黎族一致，但墙体与其他地域黎族的草筋泥墙（洪水村、白查村）和木板墙体（初保村）有较大区别，此地民居墙体以碎石和瓦片为主，黄土黏合，厚度大致有30厘米，墙体四角、门框和窗框部位使用青砖或红砖进行加固，相对其他黎族茅草屋仅10厘米左右的草筋泥墙显然坚固许多。该建筑的外墙体除有部分新修重建的在山墙外八字带用水泥做简单批荡外，基本为清水墙面，相对琼北传统建筑的砖石墙面，显得原始古朴。自20世纪六七十年代后，台风肆虐，导致茅草屋坍塌损毁，之后村民逐步淘汰茅草屋顶，修建更为牢固的瓦房，而村内年代较久的建筑便是那一批的遗存。

图 2-10-3　原初状态的碎石墙瓦屋（摄于 2018 年）

从建筑布局来看，金妙朗老村建筑群采用的是严格规整的梳式布局，14 列建筑排列十分整齐，与琼北汉族聚落布局特征保持高度一致，但要注意的是该建筑群基本不设横屋和围院，单栋孤立为主。与其他地区的黎族传统聚落依地势自由排列布局者相比较，该村的建筑布局显得极为规整。

从单栋传统建筑形制来看，该村建筑借鉴了海南汉族建筑常见的"一明两暗"三开间正立面，立面一门两窗，窗户较小，门窗形制简单，无任何装饰，两侧山墙出檐一米左右，中部檐下由屋心墙挑出抱头梁。建筑屋顶为灰浆固定的灰瓦，屋脊简单无脊饰。屋内采用的是汉族常见的大木作结构（见图 2-10-4），柱、梁、枋、檩、椽等木结构与海南汉式建筑一致。屋心墙为插梁式木构架，梁枋之间设宝瓶状柁墩，上饰线脚和方胜纹，这是此类建筑唯一可见装饰的部位。明间堂屋作为祀祖、会客之场所，对称式布局，陈设与汉族基本一致，但极为简朴，设简单公阁，一般为柱梁之上架一块木板，也有加置太师壁者，但均为素面木材，无装饰。两侧次间为卧室。

图 2-10-4　屋内木作（摄于 2018 年）

从海南全省范围来看，汉族地区亦有用碎石材料构筑墙面的，如定安的卜效村、三滩村、仙坡村等传统村落，但不是常态（绝大部分还是青砖、红砖和火山石），且这些地域的传统建筑墙体基本都做批荡，外八字带也常做灰塑装饰，相对而言技艺更先进。从木作技艺来看，金妙朗村大木作从材料、结构上已经完全采用汉族形制，但几无小木作装饰，这是技艺落后于汉族的体现，但相对海南曾经和现存的黎族茅草屋内部粗糙的木作来看，显然又先进许多。从其他建筑装饰艺术来看，该村建筑几无装饰可言，相对于汉族地区精美繁缛的木刻、灰塑、彩画等装饰来看，极为朴素。但从聚落建筑平面布局来看，其承续的又是汉族的梳式布局。因此，无论从哪方面看，金妙朗村均是黎汉之间文化的一个过渡类型，展现了长时间黎汉民族之间的族群流动和文化交流的史实。

2000 年后该村经济条件较好的家庭逐步改建现代混凝土楼房，但大部分经济条件一般的仍居住在老房子里。2016 年脱贫攻坚阶段，政府出资给所有仍居住在老房子的贫困户改造民居，原材料、原制式、原地复建，最大限度地保留了20 世纪六七十年代的制式。2018 年考察该村时，恰逢建筑队在此施工，碎石墙体均采用拆除后的石材再利用，内部木作和屋顶瓦片全部更新，而且木料加工更为精致，屋内墙体都做了批荡，房子整体窗明几净、焕然一新，十分宜居（见图2-10-5 至图 2-10-8）。

图 2-10-5　老建筑的拆与建（摄于 2018 年）　　图 2-10-6　木料加工现场（摄于 2018 年）

图 2-10-7　重修后的碎石墙瓦屋

图 2-10-8　重修后的建筑室内

村内现存的建筑群为数十年的传统老建筑、翻新后的传统建筑以及现代楼房的组合，但仍保持较为规整的布局。

村民介绍，以前村中老人穿着黎族传统服饰，后来慢慢仅在节庆穿着，现在年轻人基本不穿着传统服装，包括一些黎族的文化（如方言）亦在慢慢消失。

六、目的地内部交通状况

从 G224 下来进入金妙朗老村村道，村道为 4 米左右宽的水泥硬化路面，围绕村后坡地森林与老村建筑群，形成一个近似圆形的环线。村内纵向道路除通往村委会的一条道路较为宽敞外，其余均为依建筑而形成的东西向巷道，宽度 1～2 米，巷道笔直，均为硬化路面，横向道路为每栋建筑的前后间隔地坪，但部分筑有围院不能通行。旧村和新村以一条 4 米左右宽的水泥道路相连，新村道路因建筑布局原因呈不规则状，基本为水泥或烧结砖铺装路面。

七、政府重视及参与程度

金妙朗村作为琼中"奔格内"国家步道的重要节点，政府曾在此投入大量资金打造乡村公园及党员驿站旅游点，包括环村木棉观景路的绿化美化、鱼塘乡村垂钓中心前期造景以及村口处欢迎廊亭等建设项目。在 2018 年考察期间，可以看到诸如"琼中全域国家步道系统——金妙朗国家步道"的标识牌和路线图，"奔格内"文化石，"金滩""露营地"以及其他造型独特的道路标识，体现了政府对该村的发展规划的定位。但在 2024 年再度考察时，这些标识牌或消失或损毁。

在槟榔和橡胶产业不景气的年份，政府积极引导当地群众改变单一的生产模式，发展益智中草药种植和养蚕产业，寻求新的经济增长点。

金妙朗村曾获评琼中县首批"十大最美乡村"；2016 年，入选第四批中国传统村落名录；2020 年 11 月 20 日，获第六届全国文明村镇荣誉称号。

八、当地居民意识（状态）或访谈情况

2024 年考察访谈中，金妙郎老村数位六七十多岁的阿婆介绍，该村在六七十年代以前主要以茅草屋为主，少有瓦房，后台风刮倒房子后大都建瓦房；2000 年后陆续修建现代材料的楼房；2016 年始，政府给贫困户改造房子，在原来宅基地按原样原材料翻新民居。建筑墙体为原碎石墙，但屋内木作材料需从外地购进，导致造价不菲，每栋整体造价约 30～40 万元。非贫困户没有获得这样的机会，后来逐渐修建 2～3 层混凝土楼房。村内尚存具有数十年甚至百年历史的老建筑（瓦房）。在住人员以老人为主，黎族多，亦有汉族，年轻人基本不会讲黎语，老年人会一点，主要讲海南话。据两位年轻村干部介绍，政府资助新修建的传统民居是当时用扶贫资金资助的，造价 50 万元左右，村内居民都为黎族。

村民收入主要来源于种植橡胶树和槟榔树，橡胶树近年收成不佳，橡胶每公斤 7 元，一棵橡胶树一年产胶 10～20 斤，每亩 33 棵橡胶树，每年收入 1 000～2 000 元／亩；槟榔近几年价格不错，每斤约 15～20 元，每亩一年收入 6 000～7 000 元，但槟榔树成材挂果需要 8～10 年。

九、公共服务设施状况

金妙朗村为岭门村村委会所在地，有一定量的公共设施，主要包括各类道路标识、村名石、篮球场、健身器材、休憩座椅、宣传栏、小型广场、垃圾处理站等，主要以方便内部村民使用为主。

十、目的地商业行为

除传统的槟榔和橡胶产业外，政府还引导金妙朗村种植益智中草药，在橡胶

林地，混植大面积益智苗。据琼中政府网站介绍，2022 年 4 月，岭门村成立海南琼中鹏和特色产业发展服务有限责任公司，同年 7 月，村级公司在金妙朗村、新村等村以每丛 2 元的价格向农户收购益智苗，以 0.2 元的净利润出售，共出售益智苗 4 万丛，销售额 8.8 万元。2022 年，村级公司直接从村民那里收购益智果，再联系第三方公司代加工，并探索设计出了益智仁饼、益智酥、益智糕、益智果冻等 6 种休闲食品。目前，益智产业为岭门村增加了 35.8 万元的销售收入。

村内有供村民日常购买所需的简易小卖部和寄递物流综合便民服务站，亦有村民制作诸如纯天然蜂蜜等商品进行销售。

十一、已开展或可能开展的游憩活动

金妙朗村是琼中"奔格内"国家步道的主要驿站之一，曾经开展露营、骑行、木棉观赏等游憩活动，但从第二次考察情况来看，这些游憩活动的开展已然成为过去时。

十二、简要评述

作为琼中黎族苗族自治县唯一入选中国传统村落名录的村落，金妙朗村处于岛内两条高速公路的交叉点，紧挨 G224，交通极为方便。地处海南岛腹地丘陵，自然条件也较为优越，文化特征属于黎汉融合的中间状态，在政府的重视下，成为琼中县主导的"奔格内"国家步道节点之一，具有一定的知名度，但随着时间的推移，这个传统村落似乎逐渐被人遗忘。

与之形成鲜明对比的是位于该村以北相距 4 公里处的鸭坡村乡村旅游发展状况，鸭坡村在地形地貌、文化风貌、建筑风貌、地理位置等方面与金妙朗村极为相似，该村的乡村旅游却做得有声有色，是琼中县委、县政府在海南大力发展全域旅游背景下，通过"富美乡村"建设打造的一个成功典范。2017 年 5 月，该村引进"盒子书屋"，把书香和耕读文旅带入乡村，围绕"耕"和"读"的元素，推出盒子书屋、盒子民宿、老屋民宿、露营地、鸭坡小剧院、户外扩展等系列文化旅游产品，并启动志愿者驻村计划、"耕读少年"成长计划等活动，其创办人是一位土生土长的琼中姑娘。村民也在盒子书屋带来的文化气息和游客资源影响下，积极参与到乡村旅游事业中，如利用自家老房开发黎家特色美食的瓦屋黎家宴农家乐，以芭蕉叶作碟，为游客提供五色饭、山泉小鱼小虾、山栏酒等黎家传统餐饮体验；有村民担任书房店长，也有村民利用所学专长服务于乡村旅游。在村民合力之下，该地已成为海南较为知名的"网红打卡地"，其充分利用村落的文化资源，开拓性地打造出适合文艺青年体验乡村田园风情的乡村游憩地。所增设的公共设施、庭院景观以及室内陈设都独具个性，如用树枝搭建的抽象动物形象，树枝书写的"盒子书屋"，空心水泥砖和树桩搭建的类机器人装置艺术，竹子、茅草屋和钢架玻璃结构的书屋构筑物，悬挂在盘虬卧龙般大树上的黎家竹编篓子做的户外灯罩，来源于黎家日常的建筑构件驼檐，爬满碎石墙的薜荔和爬满大树的伏石蕨，老房子的趟栊门、碎石墙，以及室内陈列的黎锦、黎陶、竹编、黎家酒、旧家具等，加上各种前卫的文创产品和个性标语，古老和现代元素在此冲突激荡，在此交汇融合，形成了一个别具风情的农家景观。总之，在同质化非常严重的现代文化背景下，鸭坡村营建的清新脱俗的乡村游憩环境，非常符合游憩者特别是文艺青年在此重新构造自我文化身份、展现社会地位，以及通过风景欣赏、生活体验，完成游憩消费的符号化和身份象征的重构，寻找个人与某个群体的联系和疏离。这既是游憩者文化旅游的动机，也是游憩者追求异质文化的底层逻辑之一（图 2-10-9、图 2-10-10）。

图 2-10-9　鸭坡村盒子书屋　　　　　　图 2-10-10　鸭坡村小院

　　可见，在一定游憩资源以及政府主导等条件之下，目的地居民的自我意愿、开拓视野、内生动力以及对原生文化的自信也是推动传统聚落游憩产业发展的重要因素之一。同时充分发挥游憩地原生文化的特质，规划设计出迎合当下人群文化消费心理、具有独特气质的游憩景观和游憩活动也是吸引游憩者的重要条件。

第十一节 洪水村

一、概况

洪水村隶属昌江黎族自治县王下乡，辖俄力、南方、桐才三个自然村，其中以俄力村为核心。洪水村距海口市区 257 千米，驾车用时约 250 分钟，距离昌江县城 65 千米，驾车用时 125 分钟。1931 年和 1932 年，《海南岛民族志》作者、德国人类学家汉斯·史图博（Hans Stübel）曾先后两次到海南黎族地区，徒步做专业性极强的人类学田野调查。1932 年 8 月 3 日，史图博由儋县进入昌江，从牙营、鸡心、乌烈、七差、重合一直走到王下乡，前后共用 13 天。在此之前没有人类学专家到过王下乡，因此人们对洪水村的历史知之甚少。在 2010 年 8 月 16 日海口网转载的海南日报《海南昌江惊世洪水村：最后的草屋部落》一文内，相关专家依据村内 104 岁老人的描述，推断洪水村已有上百年历史，并极可能是从五指山腹地迁移过来的。该村因曾经保存着海南最完整的金字形茅草屋部落，被誉为黎族文化的活化石。2014 年洪水村被列入第三批中国传统村落名录。

二、环境（规划）状况

洪水村（见图 2-11-1）位于王下乡东南部，自昌江县城经县道 X705 可到达王下乡，此段县道为 5～6 米宽柏油道路，于 2022 年 3 月底在原来的水泥路面上改造而成，虽为起伏曲折较大的山路，但路面整洁，沿途路经霸王岭国家森林公园，群山连绵起伏，林海茫茫，河溪纵横，木棉花开，风光壮丽。自王下乡政府集镇到洪水村为较窄水泥路，多弯道，山路坡度较大。洪水村坐落于两座山脉相夹的洼地，一大片田野分布于村落东北面，田野东北面为河道。村落依山体底部缓坡和平地而建，地势有缓和落差。以村委会为界，大致分为两部分，东南向为 2008 年新修建的水泥砖瓦结构的新民居，西北向为被誉为黎族文化活化石的金字形茅草屋建筑群。

图 2-11-1　洪水村卫星图

三、特色资源

在洪水村，被誉为黎族文化活化石的金字形茅草屋（见图 2-11-2）原有数十栋（一说 78 栋，一说 153 栋），除 20 栋为香港探险者购买修缮后基本保持完好外（所用材料亦非原始的泥土和茅草，而是水泥和石灰等现代建材，屋顶覆盖物大部分也是仿茅草的塑料制品），其余均在 2009 年村民搬迁新居后废弃坍塌。现存的均为仿茅草屋改建的黎奢·时光里民宿，于 2021 年开业。从现场来看，民宿建筑仍在持续建设中。之所以为特色，是因为在海南几乎见不到最初的金字形茅草屋，从现场来看，洪水村尚有 1 间未拆除的茅草屋。

图 2-11-2　洪水村金字形屋航拍

四、自然资源

洪水村四周环山绕水，自然风光秀美。山体低矮处种植着大片橡胶林，村落东北向为数百亩田野，水稻禾苗苍翠欲滴，一派田园风光。村内自然分布着椰子树、香蕉树、黄花梨木，也有后期人工种植的散尾葵、三角梅、朱蕉、竹子、海芋等景观植物。

五、人文资源

黎族作为海南岛最早的开发者，在史前时代就已生存于此，通过漫长的发展演变以及与汉族的交汇融合，形成了黎族的五大支系（方言区）：哈、杞、润、美孚、赛。各支系相对稳定并占据一定的生存空间，也在聚落形态、建筑类型、服饰、生活习俗等方面有不同的特点。黎族因地处僻壤，在较长的时间里延续着相对独立的发展状态，其建筑、服饰、语言、饮食、生产方式等文化部类因在一定时间内保存了较好的原生状态而为世人瞩目，对研究人类历史发展有重要意义，被誉为人类学实验室。洪水村在黎族五大支系中属于杞黎族，作为曾经保存完整的金字形茅草屋建筑群的传统村落自然受到了大量学者、探险家、文化爱好者的关注，成为海南知名度较高的黎族村寨，从游憩资源的角度来看，其主要的人文资源有原始建筑金字形茅草屋、黎族织锦以及饮食文化等。

黎族建筑是较为简陋的茅草屋，从船型屋到金字形屋有着悠久的发展演变历史，是黎族先民的特色居住建筑，作为"干栏式"建筑的一种，存世时间应该很长。对此类建筑有明确记载的文献有：宋代范成大的《桂海虞衡志》中称黎族"居处架木两重，上以自居，下以畜牧"[1]；宋代赵汝适所著《诸蕃志》卷下的"海南"条目记载："屋宇以竹为栅，下居牲畜，人处其上"；明顾岕《海槎余录》记载："凡深黎村，男女众多，比伐长木两头，搭屋各数间，上覆以草，中剖竹，下横上直，平铺如楼板，其下则虚焉，等陟必用梯"；清张庆长《黎岐纪闻》记载："居室型似覆舟，编茅为之，或被以葵叶或藤叶，随所便也。门倚脊而开，穴其旁以为牖。屋内架木为栏，横铺竹木，上居男妇，下畜鸡豚。熟黎屋内通用栏，厨灶寝处并在其上；生黎栏在后，前留空地，地下挖窟，列三石，置釜，席地炊煮，惟于栏

---

① 王沫.海南黎族村落环境的建筑体系与功能解读 [J].海南师范大学学报（社会科学版），2012, 25（03）：163-166+172.

上就寝。黎内有高栏低栏之名,以去地高下而名。无甚异也"。另外《琼黎风俗图》以及由中国历史博物馆收藏的晚清《琼州海黎图》都通过直接的图形不同程度地展示了黎族建筑的历史面貌。作为存世建筑,东方市江边乡的白查村是黎族船型屋的代表村落,而洪水村则是金字形屋的代表村落。

黎族金字形屋(见图2-11-3)是黎族先民借鉴汉族建筑技艺和形式,在船型屋基础上发展而来的。金字形屋一般长度为10~13米,宽度4~5米,最高处4米左右。一般建在略高的地基之上,地基用黏土和石材夯实。用较粗大的木材作房屋的骨架支撑,山墙为3根木柱,中柱支持脊梁,两侧边柱支撑檐梁,中柱高度为边柱的2倍左右,檐墙中部再设木柱,房屋构架为8柱(2根中柱、6根边柱)、6梁(1脊梁、2檐梁、3横梁),形成房屋的承重结构,木材使用藤条捆扎连接,也有少部分采用榫卯结构,木材制作工艺较为粗糙。屋顶铺设间隔40~50厘米的细木条檩子,檩子上铺设更细的椽子(竹条居多),连接之处均采用藤条捆扎,之上覆以茅草或葵叶。墙体采用竹木编成方格形骨架,再用混合草筋的黄泥涂抹,形成约10厘米厚的泥墙。房间一般在山墙侧开门,山墙的泥墙一般建至檐墙高度,之上部分采用三角竹编围挡,形成较为通透的通风口。房间内不开窗,屋檐又较为低矮,房内因此显得阴暗,房子整体室内面积不大,很多金字形屋为单空间布局,但也有不少屋主依据用途,使用泥墙分割出不同的功能分区,包括生活厅、卧室、厨房等,室内家具低矮简陋,地面一般为夯实的泥土地面(见图2-11-4)。

图2-11-3 原初状态的金字形屋(摄于2018年)　　图2-11-4 金字形屋室内(摄于2018年)

2018年4月考察该村时,该村村民于2009年已搬至村南部新居住地,旧居已无人居住，因茅草屋材料的简陋，大部分已经坍塌或行将坍塌，现场破烂不堪，场景令人唏嘘。2023 年再次考察时，仅剩一间尚未拆除的原始房子（铝板覆顶），原村落区域已经被全部重新规划，建造出当代人所理解的混凝土仿制"黎族金字形屋"，并作为民宿进行经营，自此，作为"最后的黎族部落"的洪水村的原真建筑已不复存在。诚然，从居住条件来看，低矮、阴暗、逼仄的空间，以及难以维持长久的建筑材料，都是其消失的原因；但从现场访谈来看，追求更美好生活，视茅草屋为贫穷落后象征的村民意愿才是学者们奉为文化瑰宝的原生建筑消失的最根本原因。一种文化部类的消失，总是令人感慨的，文化遗址保护和部落居民的生活改善之间的关系还需要人们进行深刻的思考。无论如何，金字形茅草屋是该地较有特色的文化资源，虽然在原真性方面已然不再纯粹，但作为原址地仍有它的价值和意义，仍然是能够吸引游客到来的游憩资源（见图 2-11-5 至图 2-11-8）。

图 2-11-5　2018 年考察现场

图 2-11-6　2023 年最后一间金字形屋

图 2-11-7　改造为民宿的金字形屋

图 2-11-8　施工中的金字形屋

黎锦是海南黎族人民灿烂的文化部类之一，通过弹、纺、织、染、绣等传统纺织技艺，创造出了丰富多彩的织绣品，古人称赞"黎锦光辉艳若云"（程秉钊《琼州杂事诗》)，其独特的造型风格和文化内涵有很高的艺术价值，成为海南黎族文化的重要代表。2003年，"黎族传统棉纺织技艺"被国家文化部列入首批"民族民间文化保护工程国家级十大试点"项目，2006年，被国务院列入第一批"国家级非物质文化遗产保护名录"，2009年10月，被列入联合国教科文组织公布的《急需保护的非物质文化遗产名录》。作为独立发展多年的原生部落，洪水村的黎锦织物也是该地较为突出的民间工艺美术，2018年考察时，仍有村民在现场售卖。五大方言区系也造就了黎族传统织锦技艺的多样性及丰富多彩的织锦纹样，洪水村属于杞方言区，织锦以大面积的红色为主，织造技艺多为单面织、反面织、经线提花的"提央"织等，主体图案硕大，通过经线显花的条纹相隔，同时配合辅体图案，其表现手法是以各种人形纹、动物纹和植物纹相配合，纹样色彩艳丽，造型古朴。

民以食为天，饮食文化也是重要的人文游憩资源。洪水村作为落后的黎族小山村，物资并不丰富，但在长时间的发展中，也形成了自己独特的饮食文化，虽不及八珍玉食般佳肴，但其异质性亦可为世人所探究。黎族"三石灶"是洪水村长期存在的烹饪方式，简单的三块大石头就垒成了一个灶，架上一口锅就可以炒菜做饭了。稻作文化是该村饮食的基础，稻米除作为主食外，还能酿酒，包括糯米酒和白酒。简单而独特的食材也能创造出特色鲜明的味道，如腌制的各类酸菜，以及基于山野物产的各类菜肴。与节庆、仪式相结合的饮食文化也是黎族人们生活的一部分，二者的结合赋予双方更宽广的含义，也是增进黎族同胞团结友爱、互帮互助的真挚情感和强大的族群凝聚力的重要载体，而洪水村最具特色的节令饮食活动要数"清明节"和"黎族三月三"。

作为传统黎族部落，传统的黎陶技艺、黎族打柴舞、黎锦编织、黎族歌谣等都是洪水村的传统文化资源。另外，黎奢·时光里民宿的多媒体声光电技术灯光秀和新村建筑的墙绘艺术是该村古老底蕴之上的新人文游憩资源。

六、目的地内部交通状况

村落整体分为两部分，5～6米宽的水泥道路贯穿村落，是村落与外界联系的通道，随地势有一定的缓和坡度。新建民居区域有石质铺装巷道进行横向连接。原茅草屋民居区有不规则环形道路，大多以大块鹅卵石铺装，中间有游憩小径连接，同时有人造小河穿过老村，需要通过小桥通行。村落和东面田野之间有木质栈道相隔，便于观赏田园和山野风光。部分道路尚在施工中，但整体上村内道路通达。

七、政府重视及参与程度

洪水村是黎族村落中为数不多的曾保留金字形茅草屋遗址的聚落，虽原物不在，但作为原址地的意义仍然突出。其独特的历史人文资源和优美的自然风光得到了各界的关注，各级政府十分重视对此地资源进行保护，也积极引导文化公司对其进行开发利用，是昌江政府打造的"中国第一黎乡""黎花里"文旅小镇项目的重要节点。

2014 年洪水村被列入第三批中国传统村落名录；2019 年 12 月 25 日，入选第一批国家森林乡村名单；2021 年王下乡洪水村获评海南省四椰级美丽乡村旅游点；2022 年 12 月 7 日，文化和旅游部公布第四批全国乡村旅游重点村和第二批全国乡村旅游重点镇（乡）名单中，昌江黎族自治县王下乡洪水村村委会俄力村入选第四批全国乡村旅游重点村。

八、当地居民意识（状态）或访谈情况

洪水村有 160 户人口，主要从事传统农业生产，农作物以水稻、山兰稻、木薯为主，经济作物是橡胶。部分村民外出务工，也有数个本地村民在黎奢·时光里民宿工作，开发民宿的文化公司帮助村落改善居住环境，增加公共设施，在部分新建民居中采用仿茅草材料覆顶营造原有茅草屋的风貌，其中在村民房子上绘制的黎族生活场景的墙绘非常引人注目。村民生活怡然自得，对外来游客十分友善，对村子开发民宿也较为支持。考察期间正值早稻插秧完成，田野新绿一片，风光宜人。

九、公共服务设施状况

相比 2018 年考察所见，2023 年洪水村的公共设施得到了极大的改善。黎奢·

时光里民宿区具备了民宿经营的一切设施，包括标识系统、停车场、景观雕塑、公共洗手间、游客服务中心、观景长廊、游憩栈道、小型乡村生活展示馆、多媒体声光电及交互设备等，民宿设计简约素雅，黎族元素十分突出。

村民居住区除村委会的篮球场、文化中心（亦改造成民宿）、卫生室外，亦有公共洗手间、栈道、公共栅栏、墙体彩绘等。全村许多公共设施的建设施工还在进行中。

十、目的地商业行为

相比 2018 年仅有部分家庭零星售卖黎锦，现今洪水村已经成为许多驴友打卡的网红点。由云画（海南）文旅开发管理有限公司开发的黎奢·时光里民宿在 2021 年农历三月三正式营业，共 21 间特色民宿，从现场看，民宿的施工仍在继续。节假日及周末民宿的入住率很高，考察当日民宿的房间已经全部预订完，价格为 888 元每晚。另外，村委会东面还有俄力村农家乐餐饮空间。

十一、民俗活动

"黎族三月三"是第一批列入国家级非物质文化遗产名录的黎族民俗活动，也是昌江黎族自治县的重要节日，自古以来，每年农历三月初三，黎族人民都会身着节日盛装，挑着山兰米酒，带上竹筒香饭，从四面八方汇集在一起，或祭拜始祖，或三五成群相会、对歌、跳舞、吹奏打击乐器来欢庆佳节。2023 年 4 月 20 日，由昌江黎族自治县人民政府主办的三月三庆典"花开三月，向往黎乡"之"花开三月三·寻梦黎花里"主题文艺晚会在王下乡大炎村浪论村隆重举办，黎族群众一起载歌载舞，共同绽放黎族文化之美。

十二、已开展或可能开展的游憩活动

洪水村主要以黎奢·时光里民宿区为核心，有住宿、农家乐、黎乡灯光秀、田园风光、黎家风情体验、黎族文化考察、墙绘观赏等游憩活动。

十三、简要评述

洪水村在 2009 年以前是十分典型和原真的黎族村寨，在 2018 年考察时仍能够看到最初的金字形茅草屋，虽破旧损毁，但作为研究海南黎族甚至人类发展历史的物质载体有十分重要的意义，被誉为"活着的文化标本"。该村地处偏远，在地理环境上，素有"海南小西藏"之称，被重山隔断于外界，形成事实上的一个"文化孤岛"，长时间内较少受现代文明的影响，其稀缺性尤为突出。在近十几年的时间里，基于对更美好生活的渴望，村民对于阴湿逼仄的茅草屋不再钟情，纷纷建造更宜居的混凝土民宅，这是历史前进中必然会发生的新旧更替，无人可以阻挡。

2008年香港探险家和当下的黎奢·时光里民宿为保护这部分黎族传统建筑做了最大的努力（见图2-11-9），虽然不再原汁原味，但还是在一定程度上保留了基本的样貌，特别是民宿的开发，赋予了金字形茅草屋存续的物质价值意义，从现有的经营状况来看，形势向好。

作为一种象征，原材料、原技艺性存在的金字形茅草屋仍是恢复原真记忆的重要物质载体，应在旅游开发的基础上，采用原汁原味的材料和建造技艺复原一部分传统建筑，保留其原真性，也使游客能够真正观摩和体验到最真实的黎族传统村落的文化生活，使传统文化的开发利用和传统技艺的赓续相结合，齐头并进。

另外在洪水村周边有崇山峻岭以及巍峨壮丽的自然风光，也有像皇帝洞（距此地7.3千米）这样体量巨大的人类史前活动遗址（见图2-11-10），在感官上能够给人带来极为震撼的体验感，因此，应该纳入系统游憩活动范畴，同时探索符合此地资源的其他类型活动，提升其游憩体系的丰富度和多元特性。

图2-11-9　香港探险家修复的金字形屋　　　　图2-11-10　史前遗址皇帝洞

第十二节　牙合村

一、概况

牙合村隶属五指山市毛阳镇，距离海口市区 190 千米，驾车用时约 155 分钟，距离五指山市区 54 千米，驾车用时约 62 分钟。牙合村地处五指山腹地，历史悠久，人文独特，是典型的海南黎族村寨，下辖的初保村保留了较为完整的黎族传统民居茅草屋，被誉为"黎家第一村"，是研究黎族民居的重要历史遗存。2023年 3 月，该村被列入第六批中国传统村落名录。

二、环境（规划）状况

牙合村（见图 2-12-1）位于五指山市域北部，五指山自然保护区内西部边缘，距 G9811 毛阳互通 17 千米，从 G224 185 千米处往水满乡公路行至 13.6 千米后为牙合村村委会，该行政村下辖初保一村、初保二村、什冲黑村、方满村、什好一村、什好二村、便文村等 7 个自然村，其中初保老村（见图 2-12-2）保留了较为完整的海南为数不多的传统茅草屋民居。基于山地地形的复杂性，7 个自然村的聚居地单体面积不大，但分布在较为广泛的地域，山地的落差也带来道路系统的水平及垂直曲度的剧烈变化，主干道为水满乡公路，宽度大致为 10 米，次干道大都为 4 米左右宽的水泥硬化路面。村落地处五指山腹地，原始森林密布，峰峦叠嶂，溪流水库绕山而成，风光蔚为壮丽且遁世感强。

图 2-12-1　牙合村初保村卫星图

图 2-12-2　初保村航拍

三、特色资源

牙合村下辖初保老村的黎族传统民居茅草屋是该村较为典型的特色文化资源。该村位于牙合村南部，有 4 米左右宽度的水泥路通行。村落位于秀美的青山绿水之间，依山而建约 10 排茅草屋。虽然该村几乎没有了常住人员，但在海南其他黎族村落茅草屋纷纷废弃的情况下，该村依旧保留原址原貌，遗存了部分真实的海南黎族民居。

牙合村处于五指山腹地，壮丽的山水景观也是该地独特的游憩资源，其间就包括利用地形差异和溪流开发的五指山大峡谷漂流，吸引了多方游客到此旅游。

四、自然资源

牙合村地域较为宽广，处于海南热带雨林国家公园五指山腹地，高大的山峰众多，风光壮美，山谷间为蜿蜒流淌的河溪，面积约 2.5 平方千米的五指山水库横亘其间。区域内为典型的热带雨林植被，郁郁葱葱，山峰高处为人迹罕至的原始森林，低处山坡被村民开发种植了橡胶树、槟榔树等经济作物，平坦谷底大都为水稻田和菜地，村内除部分野生植被，也人工种植了黄花梨树、椰树、菠萝蜜树、荔枝树、槟榔树及各类榕树等较为常见的乡村景观树，其中黄花梨树分布十分广泛。

五、人文资源

牙合初保老村位于牙合村村委会南部 3.6 千米处，该村的传统民居是海南省为数不多仍保留原始状态的黎族茅草屋聚落群（另一处为东方市白查村），其选址、民居类型、建筑技艺都是黎族民居中较为独特的代表，且保存了较完整的风貌，被认为是黎族传统民居的博物馆。

黎族村落的选址有一定的规律，《崖州志》记载："山凡数十重，每过一重，稍有平坦之处，黎人即编茅居之"。从牙合村村委会到初保村，一路山峦起伏，平坦之处极少，但一到初保村，地势便豁然开朗，出现了一片较为平坦的水田，其中还有一条数米宽的小河流过，村落便选址在此处的西面山坡之上，顺山势而建，呈阶梯状分布 10 行茅草屋，共 49 间。从村落选址布局看，初保村既是"坡为基、背靠山、前流河、间梯田"的典型布局样式，也体现了"三靠一爽二干净"原则，即靠近耕地、靠近河溪、靠近山林；地势要高爽；一干净为不吉利的地方不宜考虑，二干净是选址地尽可能无野兽出没。这些原则和规律都体现了黎族先民们的生活智慧。

初保村迁现址历史并不久，抗日战争年代为躲避战乱，万宁王氏一族迁至五指山腹地，直到 20 世纪 60 年代才从附近迁至初保老村现址。王氏一族本福建"吉"姓汉族，后改王姓，迁至五指山后学习并赓续了黎族人的生产生活文化。汉族人采用黎族人的建筑技艺和形态，文化上被"黎化"，这种文化涵化现象，以及物质条件与文化形态的深刻联系，值得人们深入思考和研究。从建筑形态上来看，初保村既有早期的干栏式茅草屋和船型茅草屋，也有金字形茅草屋，这些房屋记录了黎族传统民居的演变轨迹。

据初保村民居建筑上悬挂的牌匾文字介绍，"船型屋"（见图 2-12-3）是黎族最典型的传统住宅，外形似篷船，内部像船舱。黎族由我国古代南方古越族发展而来，为古代百越族骆越的一支，百越人是习水性的民族，据《越绝书·卷八》记载，越人"水行而山处，以船为车，以楫为马，往如飘风，去则难从"。由此可以看出，黎族先民早在迁居海南岛之前，就已经熟练掌握了造船与驾船技术，船在他们的生活中占有重要地位，借此以捕捞业为生。正由于有这样的物质前提，他们才得以远征海南，渡海而来，乃至定居。

图 2-12-3　初保村船型屋

传统船型屋的建造，先是按纵长方形平面在地上立 6 根柱子，柱子上端通常采用天然树杈或砍成树杈状，以此支撑屋梁。中柱承当脊梁，两侧檐柱承檐梁。檐柱高度约为中柱的一半，在脊梁和檐梁上架着小斜梁（人字木），斜梁的下端约占全长的四分之一处，稍作弧形微弯，其上搁着35～45厘米间距的小檩条，小檩条上搁有用柱或树枝编成的方格子网格（一般为15厘米×25厘米不等），从屋脊顺着斜梁方向一直延伸到地面，形成屋盖与檐墙合一的船篷状。面上覆盖茅草扎成的草排，沿着屋檐低处从下往上一层一层地往屋顶铺盖，并在屋顶层面留一处或两处能够开关的大窗，用于取光，通过草排的铺叠，使得屋盖轮廓形成船篷状，从而达到实用性与美观的统一。

金字形茅草屋（见图2-12-4）的建造技艺和材料与船型屋并无二致，但在形态上有了部分变化，其一是檐墙普遍升高，多在1.2米到1.8米之间；其二是屋顶由船型屋的半拱形屋顶结构改为类似汉族民居的金字形屋顶，这样的改变显然使得民居的室内空间的高度得以提升，从而使室内变得更为通风透气，也使得开门的位置变得更为自由，既可像船型屋纵向式开门，亦可横向开门。整体而言，金字形屋在船型屋的基础上提升了茅草屋的宜居性和舒适性（见图2-12-3、图2-12-4）。

图2-12-4　初保村金字形屋

据相关资料描述（如《中国传统建筑解析与传承：海南卷》第209页），因地势落差，初保村部分建筑采用干栏式吊脚楼形制。但从现场来看，作为建筑群主体的住宅，极少见到干栏结构，大都是在山坡开辟出平地，并使用形体较大的卵石砌成挡土墙，形成阶梯状的水平宅基地，建筑便坐落在层层叠叠的山坡上，而能够看到的"干栏"结构仅存在村口的谷仓（见图2-12-5）上。据谷仓上的牌匾文字介绍，谷仓一般都选在村落外围较干爽的向阳处集中或单独建造，一家一个谷仓，互不干扰，为的是防火以及保护粮食安全，谷仓为了隔绝地面湿气，会采用30～50厘米的干栏结构。黎族地区谷仓的设立，主要与黎族粮食加工方法有关，黎族在稻谷收割时会连穗割下，储藏时所占空间大，习惯于吃多少就舂多少，用谷仓来储稻穗。过去有的地区谷仓就建在耕地中心地带，这样方便储藏粮食。黎族建房、建谷仓都要选择吉日，避免触犯禁忌和鬼魂，黎族十二日计日法中的鼠日忌建谷仓和把稻谷放进谷仓里，否则，老鼠会打洞入仓。随着社会发展，现在大都用铁皮桶来储存稻谷，防鼠、防盗、取用都很方便，也可直接存放在室内（见图 2-12-6），因此谷仓失去了原初功能，仅用于堆放杂物。

图 2-12-5　初保村村口谷仓　　　　　　图 2-12-6　初保村建筑室内

从建筑材料上来看，黎族人民既根据自然地理、气候条件、物产及技术水平，因地制宜地创造了独具特色的茅草屋，也不断从其他民族（特别是汉族）身上汲取建造技艺，并进行建筑材料的革新。初保村最初的民居建筑以树干为墙体支架，竹竿编墙，草筋和泥混合抹墙，在 20 世纪 70 年代左右，村民引入水满乡一带用木板构墙的方法进行房屋建造，现存建筑均保留了此形制。此地的建筑有 27 间屋顶覆茅草，22 间建筑采用了现代铝合金瓦楞屋顶。建筑多为单体，面积 50 平方米左右，在此面积内分有厅堂、厨房、卧室若干，一般使用较粗大的竹篾编制成隔断墙体，空间较为狭小，加之房子不设窗户，通风光照条件一般。

在 2012 年，该村完成整体搬迁工作，迁至距此地 1 千米处的初保新村，自此初保村的建筑便基本无人居住，部分作家禽饲养之用，部分存放农具杂物，也有部分坍塌废弃。从现场来看，虽村民已搬走，但农田依然在旧村，村民在耕种时将旧屋作为存放农具和休息之地。部分典型屋栋悬挂有文字介绍的牌匾，作为对外宣传初保村建筑文化的窗口。初保旧村 2006 年被列入《海南省申报非物质文化遗产保护名录》，是五指山市和海南省文物保护单位，2017 年入选第二批"中国少数民族特色村寨"。

初保新村规模较大，有十几栋两层现代楼房（见图 2-12-7）围绕村广场（见图 2-12-8）分布，布局较之旧村更为合理，楼栋饰有黎族传统图案。在广场有黎族文化展示馆、黎族技艺坊、产品展销中心等（见图 2-12-7、图 2-12-8）。

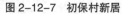

图 2-12-7　初保村新居　　　　　　　图 2-12-8　初保新村的广场

六、目的地内部交通状况

牙合村地域广阔，以水满乡公路为主干道，路宽 10 米左右，连通西部的中线高速和东部的水满乡，该道路为典型的山地公路，坡度和曲度变化较大，道路标识牌多且明确，沿途有观景台，设停车位、洗手间等公共设施。连接各村的村道大部为 4 米左右宽度的水泥硬化路面，会车困难，部分路面有少许损毁。各类道路沿途植被密布，山峦起伏，景致壮美。

七、政府重视及参与程度

虽然牙合村村委会初保老村现存茅草屋建筑修建年代不久，但为原真状态（与昌江洪水村的重新修建性质不同），因此很受相关学者和文化部门重视，被授予各种称号以及列入各级各类保护名目。

各级政府也投入大量资金改善该村居住环境。2010 年以来，五指山市将茅草房整村搬迁改造重点村庄项目与毛阳镇风情小镇规划、新农村建设、文明生态村建设、农村基础设施建设和保护非物质文化遗存相结合，共投入资金约 1 132 万元（2013 年数据）。初保村于 2010 开始将该村村民整体搬迁至 1 千米处新村，硬化路面，完善了基础设施，使原本交通闭塞经济落后的黎族村寨拥有了较为畅通的道路系统和现代化的生活条件。由于优美的山地风光和独特的黎族文化，吸引了不少游客到此旅游，政府投入资金及人力拓宽并整治毛阳镇至水满乡旅游公路，建设了诸多配套的公共设施，方便了游客的出行和游玩。

八、当地居民意识（状态）或访谈情况

牙合村村民以种植业和外出务工为主要收入来源，种植业以橡胶、水稻、益智、槟榔以及冬季瓜菜为主。初保老村考察现场可见诸多村民在老村田间劳作，在老屋休憩，对外来访客习以为常。据初保新村居民介绍，新村建筑为村民和政府共同出资建造，村民每户出资 2 万元，从整体上看，新村居住条件较之老村提升很多。牙合村位于五指山大峡谷漂流终点处，访谈得知，部分村民会在旅游旺季参与到该旅游景点的管理工作中，漂流溪河沿途也有村民搭建的售卖特产（如野生蜂蜜）和补充游客体力的食物（如姜汤、烧烤等）的简易据点，据了解，在旺季这些村民自发的售卖点收入尚可。

九、公共服务设施状况

牙合村村委会（见图 2-12-9）位于水满乡公路 13.6 千米处，是一个较为独立的小建筑群，是该村各类管理机构驻地，公共设施较为齐全，包括村委会、党群中心、村务协商会、邮站、民兵连、妇女之家等数十个机构，有图书室、会议室、篮球场、乒乓球台、高架凉棚、公厕、招贴栏、标识牌等公共设施。初保老村公共设施较少，仅在数个茅草屋檐下悬挂了文字介绍牌匾。初保新村拥有一个 1 000 平方米左右的广场，广场内有廊架、黎族技艺坊、产品展销中心和黎族文化展示馆等，村内有篮球场，一些宣传栏对村落文化、热带雨林国家公园进行了介绍。水满乡公路是这片区域的主干道，沿途除了有漂流景点、农家乐餐馆、标识牌，政府还在沿途绘制了彩绘、标语，也在路旁建设了供游客休憩、观景的停车驿站。

图 2-12-9　牙合村村委会

十、目的地商业行为

牙合村依靠大峡谷（见图 2-12-10）漂流终点开设有多家农家乐餐饮点和贩卖小吃的烧烤摊点，漂流途中亦有两个河溪边的摊点售卖食物。水满乡公路沿途有数个农家乐。

图 2-12-10　大峡谷风光

十一、民俗活动

牙合村的民俗主要有黎族传统节日三月三节、洗龙水、五指山市黎族传统纺染织绣技艺、黎族打柴舞、孝黎服饰等。每年的三月三，距此地约 15 千米的水满乡黎峒文化园会举办盛大的祭祀袍隆扣大典。

十二、已开展或可能开展的游憩活动

牙合村主要的游憩项目为五指山大峡谷漂流，全长约 6 千米，最大落差处有 8 米，河溪随落差或险象环生，或平缓悠然，沿途峰峦高耸，草木莽莽，是五指山三处漂流中长度最长的漂流，惊险刺激，游客体验感强。初保老村虽为省市两级文物保护单位，也偶有游客观摩，但数量稀少。

十三、简要评述

从自然资源来看，牙合村地处海南热带雨林国家公园五指山腹地，有高山，有丛林，绿水青山，蓝天白云，拥有极好的自然生态和壮美风光，已经开发的五指山大峡谷漂流是本地在海南知名度很高的旅游项目。在各种国家利好政策支持下，该村落以及周边的道路交通、基础设施等都为游客提供了较为便利的条件，特别是中线高速的开通，使无论从全岛何地到此都十分方便。

从人文资源来看，牙合下辖的初保老村现存茅草屋建筑群虽非年代久远之遗存（茅草屋本身也无法持久保存），但却是研究黎族传统建筑、黎族生产生活、社会发展变迁一个重要的文化节点，从对其他黎族村寨的考察现状对比来看，其拥有极高的稀缺性，是较为独特的游憩吸引物。

从周边区域资源来看，有红峡谷文化旅游区、海南省民族博物馆、五指山热带雨林风景区、阿陀岭森林公园、红湖欢乐水庄、五指山大峡谷漂流等旅游景点，有五指山五脚猪、五指山红茶、五指山蜘蛛、野黄牛、椰子、五指山鳗鲡等特产，有黎族三月三节、洗龙水、五指山市黎族传统纺染织绣技艺、黎族打柴舞、孝黎服饰等民俗文化。距此约 15 千米（24 分钟车程）处的水满乡集镇，拥有包括四星级酒店（如海南御景酒店）在内的多家住宿酒店以及其他较为成熟的旅游基础设施。

总之，牙合村拥有较为优质和全面的游憩资源、赋存环境和配套设施，游憩产业也有所发展，但其深度和广度还有待挖掘，特别是初保老村的黎族文化资源的推广和利用还任重道远，在保护的基础上进行创新性开发是一个可研究的课题，昌江洪水村、琼中水央东方村森野度假村的经营模式值得借鉴。

第十三节　水满乡

一、概况

水满乡隶属五指山市，位于五指山东北部，距海口市区 205 千米，驾车用时约 170 分钟，距五指山市区 34 千米，驾车用时约 54 分钟。民国前该地域无具体的行政管辖归属，民国二十四年（1935 年）前称水满峒，隶属定安县，1935 年后划归白沙县，改水满乡，1958 年并入五指山公社，归琼中县管辖，1961 年五指山公社分设毛阳公社、什运公社、五指山公社、红毛公社，1983 年五指山公社改称五指山区公所，1986 年划归通什市管辖，1987 年曾改称五指山乡，2001 年通什市更名为五指山市，五指山乡更名为水满乡，水满乡辖水满、方龙、新村、毛脑、牙排 5 个村委会，本节所述区域具体指水满乡乡圩所在地。

二、环境（规划）状况

此处所指环境状况为水满乡政府驻地及周边区域环境状况，具体地址在水满乡方龙村（见图 2-13-1），位于五指山主峰西南部，海南热带雨林国家公园腹地，西向以水满乡公路连接毛阳镇以及中线高速毛阳互通（相距约 31 千米），南向以 X590 县道连接南圣镇和五指山市区。周边群山环绕，层峦叠嶂，乡圩所在地以田洋和建筑相间，各类公共设施、酒店、景点繁多。此地是海南省内较有名气的旅游小镇，节假日游客较多，在崇山峻岭中蜿蜒而至后，顿觉豁然开朗，如入世外桃源。乡圩西部为海南御景酒店（四星），北面以及东北面为五指山黎峒文化园和黎祖大殿，中部和南部依圣水路、水满路等主干道分布着各类酒店民宿、餐馆、商铺、学校、住宅等建筑，北部山坡上有在建的体量很大的黎峒大酒店，山坡、道路及建筑间不规则地分布着稻田和水体，稻田种植着不同品种的水稻，从高处观看因色彩差异而形成各类图案，构成极具特色的大地景观（见图 2-13-2）。

图 2-13-1　五指山水满乡卫星图　　　图 2-13-2　从祭祖坛遥望水满乡

三、特色资源

　　水满乡政府所在地除了具有世外桃源般的田园风光，最令人瞩目的还是五指山黎峒文化园，该园于 2014 年第一次进行黎祖袍隆扣巨幅塑像开光典礼后，便成为全省黎族苗族传统节日"三月三"袍隆扣祭祀大典的永久举办地。该园由黎祖大殿（高 33.33 米，见图 2-13-3、图 2-13-4）、祭祖门广场、青云梯（639 级）、三月三广场、祭祖坛、民俗文化艺术长廊、黎峒文博馆构成。文化园的核心建筑黎祖大殿采用黎族传统船型屋造型，钢架结构，内奉祀黎族祖先袍隆扣（大力神）金身塑像，其塑像高 9.5 米，大殿内遍饰黎族图案，六幅巨幅画作展现了黎祖开天辟地，拯救黎族子民，创建美好家园的传说。整个文化园和黎族大殿恢宏壮观，是海南黎族人民的祭祖圣地和精神家园。

图 2-13-3　黎祖大殿　　　　　　图 2-13-4　黎祖大殿内景

四、自然资源

水满乡处在海南中部五指山山区腹地，地势落差大，群山围绕，原始森林郁郁葱葱，著名的五指山主峰距此地仅数千米，峥嵘壁立，山谷溪流众多，是海南众多江河的发源地，山水相间形成瑰丽奇特的自然风光。

乡圩地处群山围绕的一块地势相对平缓的小盆地中，除几处起伏不大的小山丘外，大部分面积为平坦的耕地，其耕地主要为水稻田和农家菜园。

乡圩街道种植着秋枫、南洋松、椰树、榕树等一些常见热带景观树，黎峒文化园售票处奥雅宫前广场有一大片以百日菊、万寿菊为主的花地。田野区域种植着低矮的山兰稻，部分田地通过不同品种的稻作营造大地景观，水稻田间为菜地，除正常农作物，田间地头长满各类萋萋芳草，随沟壑蔓延舒展，形成一幅田园牧歌画卷。该地经济作物主要有水满茶、益智、胆木、槟榔等。

五、人文资源

水满乡作为黎族聚居地，拥有典型的黎族文化传统，地方特色民间艺术有黎族织锦和编织工艺、黎族打柴舞、黎族民歌、苗族蜡染、苗绣工艺、苗族盘皇舞等，但最典型的人文资源应是袍隆扣信仰以及在此永久举办的祭祀袍隆扣大典。

始祖崇拜在海南黎族社会非常普遍，且存在崇拜载体多元的现象，包括黎母信仰、母子传说、袍隆扣、同胞兄妹等，但袍隆扣传说在黎族社会流传最为广泛。"袍隆扣"是黎语，汉语意为"大力神"，黎族没有文字，袍隆扣的形象主要存在于黎族人的口头传述（包括传说、故事、民谣等）中与黎锦的图像上。《黎族民间故事选·大力神》一书整理了民间口述内容："远古时候，天地相距只有几丈远，天上有七个太阳和七个月亮，把大地烧得热烫。有一个大力神，在一夜之间，把身躯伸高一万丈，将天空拱高一万丈。同时，他把六个太阳和六个月亮射落。临终前，他生怕老天倒塌下来，便撑开巨掌，高高举起，把天牢牢地擎住"。[1] "大力神"的人物形象在黎族织锦上十分常见，是较为直观的袍隆扣图像文本，据《黎族传统织锦》中描述："黎族织锦大力神纹样，造型刚健有力，气势磅礴，给人一

---

[1] 范明水，虞海珍，陈思莲. 海南黎族原始宗教信仰及其朴素哲学思想的产生 [J]. 海南大学学报（人文社会科学版），2010，28（06）：27-32.

种顶天立地的感觉。整体纹饰构图巧妙、奇异、抽象，人形纹非常特别和复杂，有一种超现实的幻想。"① 当然在时间和空间轴线上，大力神的形象也存在分异情况。学者们总结了袍隆扣崇拜的文化属性，其融合了太阳崇拜、射日、开天辟地、救世、男性祖先崇拜、英雄崇拜等元素。

　　海南岛黎族在漫长的发展历史中，拥有自己的独特的文化形态，但始终未形成统一的政治基础和思想基础。解放后，黎族文化自觉和文化自信不断增长，党和政府十分重视对黎族传统文化的挖掘、整理和传承。进入 21 世纪以来，以黎族传统文化学者王学萍为首的黎族干部和学者通过系统整理黎族文化元素，特别是黎族人文始祖"袍隆扣"的多种版本神话传说，使作为黎族重要文化符号的袍隆扣形象由之前的抽象多义变得鲜活明确，并于 2004 年提出建设"黎峒文化园"的议案。在多方努力下，2014 年 4 月 3 日，水满乡"黎峒文化园"举行了首次盛大的黎祖"袍隆扣"祭祀大典（见图 2-13-5、图 2-13-6），自此，"黎峒文化园"被定为祭祀袍隆扣大典永久举办地，同时每年黎族三月三的盛大的祭祀活动均在此举办。

　　祭祀袍隆扣大典的主要议程有，吹号角迎嘉宾，并宣布袍隆扣大典开始；击鼓鸣锣、吹号鸣炮，全体肃立；向袍隆扣敬献花篮，宣读祭文，诵念袍隆扣颂；进行极具传统民俗特点的乐舞告祭；依次入殿拜谒始祖袍隆扣，敬献彩虹。现场安排了粉枪队、牛角号与弓箭队、黎族传统木鼓、叮咚等营造浓郁的传统祭祀文化氛围。笔者在 2014 年初次大典和 2023 年大典举办时均到现场观摩调研，其典礼之隆重、场面之宏伟、人群之壮观，令人震撼。祭祀大典期间，各类演艺、少数民族传统文化系列活动、特色商品及美食售卖活动、非遗展演、经典剧目表演、文化体验活动等同期进行，各地黎族同胞和游客汇聚于此，这里既是黎族同胞的祭祖圣地和精神家园，也是展示黎族文化的重要场合，更是游客领略黎族风情的胜地。随着其影响力的扩大，也带动了水满乡旅游经济的快速发展。袍隆扣信仰对海南黎族社会的秩序重构，以及对族群向心力和凝聚力的提升有十分重要的精神价值。

---

① 孙海兰. 黎锦筒裙人形纹研究 [J]. 海南大学学报（人文社会科学版），2014，32（04）：105-110.

图 2-13-5　2014 年尚在施工的黎祖大殿　　图 2-13-6　首届"袍隆扣"祭祀大典彩排现场

六、目的地内部交通状况

水满乡圩是水满乡公路和 X590 的交会之处，两条道路到此分别为五指山路和水满路，它们与另一条主干道——圣水路一起构成了该地主要的交通要道和街道，道路整体呈西北至东南向的"工"字形分布。另有数条通往酒店和黎族大殿的可行车的次干道，文化园中部田间分布有较多的小径，游客漫步于生机盎然的稻田，可远观逶迤云山，可近瞻岁稔年丰。路旁置放着诸多稻草卡通动物形象，增添了一份童趣。

七、政府重视及参与程度

水满乡立足黎族文化传统，发展乡村旅游，无论从基础条件建设、招商引资力度、文化资源挖掘等方面都体现了当地政府在旅游产业上的重视，同时上级政府也予以了重大支持，最典型的是黎峒文化园的建设和祭祀袍隆扣大典永久举办地的确立，给该地域的旅游带来了核心资源优势，该园投资约 33 亿元，每年盛大的祭祖大典带来了旺盛的人气和商机，促进了当地经济结构的多元化发展，也很好地传承了黎族文化并使其发扬光大。2021 年 4 月，该乡入选农业农村部、财政部"2021 年农业产业强镇创建名单"，2022 年 11 月，入选第二批全国乡村旅游重点镇（乡）名单。

八、当地居民意识（状态）或访谈情况

水满乡部分乡民从事水稻种植等传统农耕产业，但从现场来看，该地域的

水稻种植更多以大地景观的形象存在，采用不同色彩的品种构成了黎锦图案或其他纹饰，少量且干瘪的谷粒似不以收割为目的。水满乡街道建设有大量的餐饮店、烧烤摊、特产店、酒店、民宿、音乐集市等，这说明该地的产业结构已经实现了转型，大部分乡民已经从事旅游服务行业，同时这也吸引了外来人员在此创业。

九、公共服务设施状况

水满乡为旅游产业服务的公共设施非常丰富，有以四星级海南御景酒店为代表的近十家酒店在营业，也有体量非常大的在建黎峒大酒店。以街心三角公园为核心的公共空间分布着较为完善的设施，包括旅游小镇导游图、旅游服务中心、旅游厕所、停车场、标识牌、客运站、音乐集市、大地景观、景观小品、文化园等。

十、目的地商业行为

水满乡已经形成较为成熟的"吃、住、行、游、购、娱"体系，产业结构转型效果显著。

十一、民俗活动

水满乡民俗活动有黎族三月三祭祀袍隆扣大典、洗龙水、黎族传统纺染织绣技艺、黎族打柴舞、孝黎服饰、黎族民歌、苗族蜡染和苗绣工艺、苗族盘皇舞等。

十二、已开展或可能开展的游憩活动

水满乡的游憩景点和项目有黎峒文化园的观光、祭祀袍隆扣大典（每年农历三月三）、田园景观、雨林风情、音乐集市、特色美食、黎家特产等。因地处海南中部山区腹地，群山环绕、风光旖旎，水满乡有很强的世外桃源般的遁世感，非常适合久居都市的人们在此体验远离喧嚣的田园情怀、黎家文化。

以此为中心，周边附近分布着较多依据五指山特色自然资源而开发的旅游景点和游憩项目，包括五指山热带雨林风景区、五指山蝴蝶牧场风景区、五指山大峡谷漂流风景区等。

十三、简要评述

一个与盘古高度类似的远古大神的传说，一个崇山峻岭中的世外桃源，一个可满足文艺青年幻想的牧歌田园，这是水满乡具备的禀性和气质，加上完善的设施建设，这里已经成为海南省内较为知名的乡村游憩点，省外游客也纷纷到此驻留，也吸引了众多外地投资者和旅游创业者的眼光。

在公共空间和设施设计上除传统黎峒文化园外，其他区域也逐步往时尚文化转变，如稻田（见图 2-13-7）里的大地景观、卡通 IP 的稻草艺术景观，以及符合年轻人趣味的音乐集市（见图 2-13-8）、车尾集市，伴随着动感音乐的夜晚霓虹闪耀，人们放下生活和工作的压力，在微醺中享受生活闲适，在现实的田野边岸上构建着自己梦想中的归去来兮。

图 2-13-7　稻田

图 2-13-8　水满乡音乐集市

同时以此为据点，距此 4 千米的五指山主峰群峰如织，遍布热带原始雨林，云雾萦绕，景色奇特瑰丽，是户外登山探险的胜地。往毛阳镇方向的大峡谷漂流、初保村黎族原始聚落等都是水满乡开展游憩活动规划的重要节点。

基于黎族传统文化的旅游产品和文创产品的创新是水满乡应该拓展的范围，借此可以实现文化和旅游的深度结合。

第十四节　白查村

一、概况

白查村隶属东方市江边乡，距海口市区 261 千米，驾车用时约 3 小时 20 分钟，距离东方市区 63 千米，驾车用时约一个半小时。白查村是黎族美孚方言区的传统聚落，黎语称其为"别岔"村，保留有数十栋原始的落地式船形茅草屋和金字形茅草屋，是海南全省茅草屋建筑保留最为完整，规模最大的黎族村寨。在海南黎族茅草屋几近消失殆尽的当下，白查村能够保留如此规模的建筑群落，罕见也非常珍贵，因此被誉为"最后的黎族部落"（虽然昌江的洪水村也被称为"最后的黎族部落"，但事实上洪水村原始的茅草屋已经不复存在了，五指山市的初保村被称为"黎家第一村"，但其木制的墙体已是现代的产物，相对而言，白查村的茅草屋建筑基本保持了原汁原味）。该村的先民原住在尖峰岭天池一带，100多年前因躲避虫害而迁徙至东方市公爱乡，其中一支后迁至白查村繁衍至今，2008 年该村实施整体搬迁，新址在旧址东南约 1 千米处，旧村被保护起来。2008年该村船形屋营造技艺被列入国家非物质文化遗产保护名录，2012 年 12 月白查村被列入第一批中国传统村落名录。

二、环境（规划）状况

从 G9811 乐东互通经省道 S314 西行 42 千米可到达白查村（见图 2-14-1、图2-14-2），省道与昌化江一路伴行，7 米多宽的柏油路省道整洁通达，沿途风光秀丽。省道距白查村 1.5 千米处建设有江边乡文旅发展党建联盟，即游客接待中心。

距此 500 米处为面积 100 亩左右的白查村新村，该村布局为规整的棋盘状平面，建筑为现代砖瓦平层建筑和少量多层楼房建筑。

图 2-14-1　白查村卫星图

图 2-14-2　白查村航拍

白查老村处于海南岛内陆，周边群山环绕，该村选址地是一片较为开阔的山谷平地，地势较为平坦，地势较低的东部为水稻田，在山地的缓坡均开垦出广袤的经济林地，主要种植芒果树、橡胶树、槟榔树等。老村村址面积约 40 亩，村内地势平整，分布有近百间茅草屋，建筑朝向为东西或南北向，布局较为自由，村内部分环线道路进行了硬化，因久未住人，村内杂草丛生（见图 2-14-1、图 2-14-2）。

三、特色资源

作为"最后的黎族部落"，白查村聚落的选址、布局、建筑遗存以及其他黎族传统技艺、民俗是该村落的重要文化资源，当然，最为世人瞩目还是规模较大、保存完整的传统茅草屋建筑群，它是黎族文化的一个典型物化代表，是海南黎族数千年社会发展的"活化石"，也是海南作为"中国人类学研究实验室"的重要物证之一。白查村的茅草屋现存有 74 栋常规住宅建筑、7 栋隆闺、6 栋谷仓，一共 87 间茅草屋建筑。2008 年，"黎族船型屋营造技艺"被列入第二批国家级非物质文化保护名录。

隆闺和谷仓是聚落的辅助性建筑，其中隆闺是黎族青年男女谈情说爱的场所。据白查村内宣传栏文字介绍，"隆闺"黎语意为"不设灶的房子"，黎家孩子在十三四岁的时候，便不与父母同住，而是搬至隆闺（见图 2-14-3）居住。隆闺有男女之别，男性自己备料盖隆闺，称为"兄弟隆闺"；女孩则有父母帮忙，称为"姐妹隆闺"。隆闺有大小之分，大者可住三五人，小的仅住一人。一般修建在村落边缘较为偏僻的地方或父母住宅旁边。从现场观察情况来看，白查村现存的 7 栋隆闺均建于村落内部，内部不做隔间，面积仅为常规住宅建筑的一半甚至更小，内部放置一床，墙体一般开一门一窗，内部空间较为狭小。

图 2-14-3　6 号隆闺

白查村的 6 座谷仓（见图 2-14-4）有 4 座位于村落东部边缘，另 2 座位于入村广场一侧。谷仓一般为架空的干栏式建筑，地基略高于周边的土台，四周采用 4 块石头作为柱础，四棵较为粗壮的木立柱作为支柱，再通过榫卯结构连接梁材，底座的中部也是用石头支承一条较大的横梁，共同构成谷仓的骨架。谷仓内部地板为泥地，四周墙体为柳条作骨架的泥墙，顶部为半圆状结构，裸露骨架，之上再铺设茅草屋顶。通过对 3 号谷仓的实测，谷仓下层离地高度为 40 厘米，其中石础为 20 厘米，四根立柱高度为 150 厘米，谷仓门高宽分别为 100 厘米和 70 厘米，谷仓主体（不计茅草屋顶）高度为 250 厘米，宽度为 270 厘米，长度为 300

厘米。从谷仓的建造形制来看，其重点突出了防潮、防火、防鼠的功能。此类谷仓与其他少数民族的谷仓有一定的类似之处，如贵州西江千户苗寨的粮仓。

图 2-14-4　3 号谷仓

白查村遗存最多的建筑为普通居处的住宅建筑，它们构成了白查村建筑群的主体风貌，也是了解海南黎族传统建筑的重要物质文化遗产。现存的 74 栋茅草屋建筑形制主要为纵向落地型船型屋，除尺寸略有变化外，形制上保持了高度的一致性，展现了聚落建筑的典型特征，但也有极少部分在形态、用材和空间布局上有所变化的建筑，体现了一定的区域文化交融和多元特性。"船型屋"是基于黎族先祖初登海南岛时，用木船倒置作为居住建筑，后世黎族人为纪念这段历史，建造茅草屋时模仿了木船造型，故称之为"船型屋"。从历史上来看，海南黎族住宅建筑经历了高架船型屋、低架船型屋、落地船型屋、金字形屋以及现代砖瓦屋，前两者是在生产力低下的古时，黎族人为避暑气防虫兽而建造的"干栏式"建筑，海南岛解放初期仍有此类建筑存在，后随社会发展，逐步向落地型船型屋和金字形屋发展，而白查村绝大部分建筑类型为落地型船型屋。

从外形来看，白查村几乎都是纵向式落地型船型屋（见图 2-14-5），山墙立面开门，茅草屋覆盖侧立面。通过实地测量，建筑尺度几乎没有固定规制，每一栋均有稍许差异，门高从 1.4 米到 2 米不等，大部分在 1.6 米左右，前后山墙最高处约 2.5 米至 3 米，两侧最矮处在 0.6 米至 1.2 米之间（亦是檐墙高度），山墙宽度一般为 4 米，船型屋屋身长度约 8～10 米，因此室内面积在 30～40 平方米左右。从侧立面看，屋顶的茅草几乎全部覆盖泥质墙体或仅离地 20 厘米左右，茅草屋顶的脊部中间略高，两端刻意压低，因此外形酷似船底倒扣于墙体之上，茅草屋檐挑出墙体一般为 1 米左右。

图 2-14-5　55 号船型屋

船型屋的内部（见图 2-14-6）布局一般分为两室，中间使用隔墙分开，二者面积相当，从残留的部分家具来看，一间应为炊煮的厨房，留有"三石灶"、火塘以及被烟火熏黑的墙体，另一间为起居的卧室，留有床等家具。因无人居住，现大部分茅草屋内部较为空荡，或堆积一些茅草和农具。室内的大木作构架简单明了，纵向中部树立三棵较大的木柱，被称为"戈额"，象征顶天立地之男性，两侧檐墙立 6 根较矮的木柱，称之"戈定"，象征女性，在立柱上置横梁，构成了茅草屋的主要构架，木材大多较为粗糙。茅草屋顶采用较细的木条搭建成屋顶骨架，类似于汉族屋顶的檩子和椽子，间隔在 20 厘米左右，使用白色藤条捆扎，其上层层覆盖茅草。从残损的部位可看到船型屋的墙体内部结构，是采用较细的木条或竹竿编制墙体骨架，再用混合稻草的泥土抹墙，墙体厚度大致在 15～20 厘米之间。

图 2-14-6　39 号船型屋内景

除了占绝对数量的落地式船型屋，白查村还存在少量的金字形茅草屋，如 5，20，47，49 号等茅草屋，其屋脊较为平直，两侧茅草离地较高，与昌江洪水村的金字形茅草屋基本一致。除纵向两侧山墙开门的茅草屋，村内还有一间横向檐墙开门的茅草屋，为 17 号茅草屋，其南向檐墙开两门一窗，除建材外，形制与汉族建筑有些类似。从建筑材料上来看，也存在分异现象，最典型的是 19 号船型屋（见图 2-14-7），除屋顶采用茅草覆盖外，其内外墙体均采用木构，与海南岛汉族的插梁式大木作一致，屋内（见图 2-14-8）木制隔墙的上部采用了许多"瓜柱"构件来支承梁柱，木柱端头有意识地做了些简单的锯齿状装饰。这些分异类型的建筑充分展现了黎族部落在发展过程中与汉族的文化交流史实，是一种文化涵化现象。另外村内还有两栋三开间的混凝土砖石结构的房子，使用了现代材料，这虽然在一定程度上影响了白查村典型的茅草屋人文景观，但作为历史的一部分，仍具有历史意义。

图 2-14-7　19 号船型屋　　　　　　　　图 2-14-8　19 号船型屋内部

从相关文献资料得知，2008 年前该地尚有常住人口的时候，村落内具有浓郁的烟火气息，从资料照片可看到室内各种炊具、家具、农具、渔具，以及黎家传统的藤编、黎陶、织锦等与原始的船型屋水乳交融浑然一体，但现如今仅剩空置的船型屋，与莽莽草丛为伴。

四、自然资源

白查老村四周环山，地势起伏较大，海拔较高之处为原始热带雨林植被，较低的缓坡地带均开垦出来种植热带经济林木，主要为芒果和橡胶林，这也是该地农民的主体产业，除此之外还有水稻、槟榔、香蕉及瓜蔬等经济作物。村落内部地势平坦，周围大部分区域环绕水田。村内分布着榕树、椰树、槟榔树、苦楝树、芒果树、菠萝蜜树等乔木，亦大量分布着村民后期种植的黄花梨树、三角梅树等景观植物，因无人居住在此地，村落空地上的萋萋荒草也是该村主要的自然景观之一。

五、人文资源

除了成片的黎族传统建筑群落，白查村在历史上长时间地保留着黎族的各类传统技艺以及生存文化。

白查村的各类传统技艺包括手工编织制品、木器、黎陶、黎锦等。黎家人大都善于运用竹、藤、草等自然材料编制各类日用品，包括床、席、斗笠、草帽、蓑衣、箩筐、筛、篓、篮、渔具等，造型独特、技艺精湛，既是耐用的生活用品，也具有较高的审美特性。黎族木器习惯采用整块木料进行加工，因其聚居地木材丰富，木制器具在生活中运用非常广泛，包括木凳、木桶、臼杵、猪槽、狗槽、牛铃、木铲、木滚、木皿、木舟、木棺等，当然也包括建筑的木构架以及较大型的木制家具，如木床等，在白查村船型屋内仍可看到遗留的舂米的木皿和木杵。黎陶是黎家重要的生活用品，黎族原始制陶技艺历史悠久，六七千年前就已经出现在的海南地区，是海南黎族重要的文化遗产。宋朝的《诸蕃志》曾记黎族"以土为釜，瓠为器"。2006 年黎族原始制陶技艺被列入第一批国家级非物质文化遗产名录。黎家的制陶皆为手工，采用"泥条盘筑法"，露天烧制，其工艺一般包括选泥—捣泥—拌浆—揉泥团—捶泥—制陶坯—塑形—阴干—烧窑—洒汁等流程，烧制出来的陶器器型别致，色泽古朴，特别是淋洒"赛子若"树皮水进行淬火冷却时所产生的黑红的印记，增加了黎陶的斑驳肌理与沧桑意象。黎族织锦同样是被列入中国第一批非物质文化遗产名录的黎族手工技艺，从工艺角度来看，黎锦包括纺纱、染纱、织锦、刺绣等传统纺织技艺，是常用于筒裙、头巾、花带、包带、床单、被子（龙被或崖州被）等生活用品的装饰，常用的纹样有人形纹、动物纹、植物纹、几何纹、文字纹，以及描绘生产生活和自然场景的纹样。黎锦配色较为鲜艳热烈，常用青、红、白、蓝、黄等色相间，"黎锦光辉艳若云"，说明了黎锦的审美特点。美孚方言区的纺织棉布的技术较其他方言区有所进步，在服饰方面，崇尚蓝、黑色，服装款式较为统一，年轻姑娘喜欢穿彩色棉线织出的花筒裙，长及脚踝，其"絣染"（也叫扎染）技艺在海南其他黎族方言区是较为少见的黎锦织法。

基于黎族极具特色的生存环境，黎族长时间保留着一些生存文化，如宗教崇拜、文身、酿酒、歌舞等。黎族宗教崇拜包括祖先崇拜、自然崇拜及图腾崇拜。自然崇拜是人类最初的宗教形式之一，黎族人认为万物有灵，把自然界的实体称之为"鬼"，包括天鬼、地鬼、火鬼、灶鬼，也包括对石头、蛇等自然物的崇拜。自然崇拜反映了在生产力较为低下的年代，人们对自然的敬畏，通过祈求"自然鬼神"保佑，得获风调雨顺、幸福安康，其间也蕴含着"天人合一"的朴素自然观。黎族的起源传说有很多，包括黎母信仰、母子传说、袍隆扣（大力神）、同胞兄妹等多祖先崇拜神话，从形式上来说也还包括始祖、远祖、近祖及家祖崇拜，在特定的日子，人们奏乐起舞，祭祀先祖，祈求保佑，先祖崇拜在族群认同、道德教化方面起到重要的文化功能。黎族的图腾崇拜体现在对一些自然物的崇拜，是自然崇拜的一种表现，但却演变成符号化的表象，黎锦中的各类纹饰（蛙、龙、蛇等）均反映了这一信仰。文身是黎族母系氏族社会的一种文化遗存，文身人群为妇女，黎族传统观念认为文身"一如其祖所刺之式，毫不敢讹，自谓死后恐祖宗不识也"（《南越笔记》），但文身与妇女的爱美、婚嫁以及图腾崇拜也息息相关，但文身过程极为痛苦，海南解放后被禁。文身的图案主要有斜线纹、图案纹、横线纹及文字纹等，一般文于脸、颈、胸、手臂和腿五处，但不同的地域有不同的选择，美孚方言区的东方江边乡皆文脸、颈、胸和四肢，不一而同。山兰酒被誉为"黎族茅台"，采用黎族山兰稻酿制而成，口感甜而不腻，醺而不醉，是海南岛知名度很高的一种粮食酒。黎族是一个善歌舞的民族，在节庆、祭祖等场合载歌载舞，尽情释放自己对生活的炽热情感，黎族民歌、黎族打柴舞、黎族竹木器乐均被列入国家或海南省非物质文化遗产名录，其歌、舞、乐三位一体的文化特质成为海南黎族多元文化的重要组成部分。

六、目的地内部交通状况

白查村入村通道连接村外柏油道路，位于村落西部，入村后有一个面积近1000平方米的广场，是村落交通的汇聚点。村落大致有一条近似方形的环村道路，路面为水泥铺装，宽度从1米到3米不等，构成了村落的主干道，同时也将村落建筑分割为四个区域，东部、北部、西部和中部区域，建筑大部分位于中部区域。除了干道，其他的小径随着建筑的布局通过自然踩踏而成，隐约在面积较大的中部区域形成了几条东西向的横贯线，但大部分为不规则的草地土路，或宽或窄，颇具原生态气息，土路连接每栋建筑，形成一种网状结构。新村建筑群为棋盘式的规律布局，与之相伴的道路亦极为规整。

七、政府重视及参与程度

作为"最后的黎家部落"，白查村历来受到各级政府的重视，从提升村民生活质量、促进产业发展到传统文化保护以及文旅开发等方面，均提供了大力的支持。

2008年启动村落整体搬迁工作，通过置换和资金补贴方式，使村民摆脱了潮湿、阴暗、低矮的住房条件，并将整村的传统黎家船型屋保护至今，为世人留下了一笔宝贵的物质文化遗存，并将"黎族船型屋营造技艺"列入第二批国家级非物质文化保护名录。在日常保护方面，有东方市文体局制订的《白查船型屋防火安全条约》《白查船型屋管理值班制度》等制度，这两个制度通过木刻匾额悬挂于第26号船型屋外墙上，从现场看，大部分茅草屋配备了醒目的灭火器箱，村内路旁布置有大量消防栓，甚至在广场边停有一辆应急消防车，由此可窥见政府对该村的保护力度。

几年来，各级政府不断改善该村周边的交通状况，极大地方便了游客和村民的出行，也为后续的文旅开发奠定了基础。据2021年12月30日东方市人民政府网公示的《东方市江边乡布温村、俄查村、白查村、老村村庄规划（2021—2035）》，白查村规划发展的总体定位为："以黎族特色乡村旅游和休闲农业旅游为主导产业的特色保护型村庄"，产业规划布局为："以黎苗文化为特色，以生态农业为基础，积极发展乡村服务业，改善乡村人居环境，成为海南省乡村振兴示范基地、黎苗乡村特色名村"。不仅有纸面规划，更有落地的执行，据人民网海南频道2023年08月31日发表的《"'民宿+'：打开东方白查村旅游新方式"》一文报道："白查村和东方市乡村振兴投资有限公司（以下简称"东方乡投"）签订协议，采用村企合作，共同开发的方式，将乡村旅游与文化、研学相融合，培育'民宿＋餐饮''民宿＋研学''民宿＋文化'等新业态"，规划出白查驿站（江边乡文旅发展党建联盟），配备各类设施，包括黎族文化馆和研学教育实践基地，为白查村未来的产业发展和传统文化保护铺就了宽阔道路。

八、当地居民意识（状态）或访谈情况

白查村旅游摆渡车的驾驶员为当地村民，为人友善好客，服务热情，通过该村民得知，白查村的投资方为东方市旅文局，并委托专业公司经营。现有 22 名本地村民在该公司上班，月工资 3 000 元。关于村落整体搬迁的工作，该村民介绍，当时有两种方式，一种是在原村址东南一千米处择新址重建砖瓦屋，每家面积 80 平方米，以新屋置换船型屋，另一种是补贴 6 万元钱，用于自建新房（见图 2-14-9），但新房宅基地需选在新址。另据村民介绍，白查村地多人少，只要不懒惰肯吃苦，靠种植业致富奔小康不是难事。村民言里表外，都洋溢着对当下幸福生活的满意。但在 2018 年初次考察此地时，村民的幸福指数并不高，体现在对搬迁补贴的不满足，以及新村落环境的不满意。在 2018 年考察时，该村的房子虽已建好，主干道路也已硬化，但建筑大都为清水墙面，庭院也尽是泥土，家禽家畜满地跑，整个村子显得比较脏乱。

图 2-14-9　白查村新民居

另外一个现象是，随着本地知名度越来越高，亦有外地人到此拓荒创业，在白查老村村口有一老人在摆摊设点，售卖菠萝蜜等水果。经问询得知，该老人来自东北，在此租有数百亩地种植芒果、香蕉等经济作物。

九、公共服务设施状况

2018 年初到白查村考察时，该村的公共设施虽然有一些，但较为简陋，近几年在政府的大力扶持下，已然十分完备。首先是通往该地的路网得到完善，由原

来的简易水泥道路改建为双车道柏油路，道路标识明确，宽敞整洁的路面与道路两侧的自然风光相得益彰，特别是临近白查村路段，道路标识密集，各种形式的构筑物、景观小品、文字装饰等层出不穷，营造了很好的游憩环境。距村1.5公里处的江边乡文旅发展党建联盟，是设施很齐全的游客接待中心，一般游客均在此停车，坐摆渡车前往白查村。该接待中心占地约1万平方米，设有白查驿站、文旅发展党建联盟、停车场、旅游公厕、旅游车摆渡站、各类景观廊道和凉亭等，白查驿站内设餐厅、客房、售卖机等，环境整洁，规格较高，文旅发展党建联盟设游客接待中心，内部陈列黎锦、黎陶、木器等黎家生活生产用具（见图2-14-10），展陈环境较好。整个接待中心设施齐全，且设计也颇具匠心，采用多层面的黎家文化元素进行建筑外形设计以及局部装饰，充分彰显了"最后的黎家部落"的设计意象。除此之外，在白查新村，沿路的文化标识和建筑装饰亦彰显着黎家文化，颇具文艺情调，如建筑山墙上装饰的图案化的黎家生活场景、图案壁挂等，以及反复出现的"白查村"文字和黎族图案相结合的二方连续抽象船型屋边隅纹样，均强化了乡村的文艺气息。白查老村则更多地保留了其原初味道，公共设施较少，主要有各类平面导视图、各类图文介绍的宣传栏、旅游公厕、广场、舞台等，以及消防设施。

图2-14-10　白查村游客接待中心陈列的黎锦和黎陶

十、目的地商业行为

除了正常的农林产业外，随着白查村游客的增多，该地的产业也呈多元化发展。其商业行为主要集中在文旅发展党建联盟区域，包括摆渡车（来回15元/

人）、餐饮、住宿、特产销售等，从该村多处的广告海报展示来看，餐饮是该地推荐力度最大的商业行为，包括黎陶鱼块、白查炸蛋、捞叶蜗牛等本地特色菜。随着旅游的发展，白查新村村民也开始开设各类商店，如黄花梨工艺品店、小卖部等。白查老村入口处有数个"白查特色小吃"的手推流动摊点，但大部分没有人经营。

十一、民俗活动

山栏节是黎族美孚方言区的传统节日，源于黎人先祖刀耕火种的原始耕作制，每年农历十二月的第一个"鸡日"定为山栏节。在这一天前，大家会集体围猎。当天会举办盛大的祭祀活动，杀猪宰牛，着盛装，摆供品，邀请"戈拔赛"来家祭祀，其后鸣放粉枪。期间，村民走家串户，吃肉喝酒，即兴对歌，年轻男女相聚一起，荡秋千、对歌、品尝糍粑，互表爱慕。这既娱神也娱人的欢庆氛围将延续五个昼夜，是江边乡十分盛大的民俗节庆。

十二、已开展或可能开展的游憩活动

白查村主要的游憩活动为白查村黎族原始船型屋的参观游览，船型屋的原初性、稀缺性、完整性，以及与现代文明的极大差异性，在一定程度上引起了诸多游客的好奇心。从考察现场来看，参观者络绎不绝，包括诸多岛外游客，但考察当日气温较高，太阳辐射强，游客总量并不多，粗略估计在百名之内，停留时间亦较短，大致在半小时左右。其附属的游憩活动还包括住宿、餐饮、特产购物、民族文化考察等，还有阶段性提供的黎锦纺织、黎陶制作、藤编体验、黎族竹竿舞等研学体验活动。

十三、简要评述

与其他传统村落相比较，白查村具备在省内独一无二的文化资源禀赋，包括能够较为全面地映射海南黎族数千年来传统生产生活历史的物质或非物质遗存，虽然未能有原初的生活场景保留下来，但在社会发展迅猛的当下，有一片能够窥见历史的物质存在，已然十分难能可贵了。在城乡新思维、新文化、新建筑、新生活等普遍发展且大体趋同的情况下，此地也为世人提供了一种强烈的恍如隔世般的异质文化体验。

近几年，在政府和学者们的关注下，白查村的历史文化研究、周边环境的改善、路网的完善、村民生活条件的提升、产业的发展等方面都有了长足的进步，特别是白查驿站（江边乡文旅发展党建联盟）的建设和产业资金的投入，为白查村发展游憩产业奠定了很好的基础，并已然开始了乡村旅游的运营。

通过现场观察，白查村的游憩产业也存在一些问题，主要体现在游憩活动设计单一，更多的是走马观花式地参观船型屋，因船型屋建筑的同质性，游客容易产生审美疲劳，加上海南夏季长，气温高日晒强，导致游客驻留时间短。从新闻报道上得知该地也阶段性地开展一些黎家文化体验研学活动，但非常规活动，受游客流量与淡旺季的影响并不常有。

据此，应以白查村特色文化资源——船型屋建筑为核心和主体，泛化出周边游憩活动，打造以白查村为中心的旅游圈，产生规模效应，针对不同人群丰富其游憩活动的层次，针对淡旺季推出不同的游憩活动套餐，设计合理且充实的游憩活动路线，增加游客驻足时间。如设计"黎家人的一天"游憩路线，通过对黎家人远古生活的复原，为游客提供微型化的生活体验场景，营造一种"日出而作，日入而息，凿井而饮，耕田而食"（《击壤歌》）"逍遥于天地之间而心意自得"（《庄子·让王》）的游憩意象。具体的活动设计可充分利用外围的自然条件和农林资源，增加体验活动，特别是具有黎家传统特色的农耕文化复刻，如刀耕火种、集体狩猎、酿酒、藤编、微型船型屋制作，还有可爱的五脚猪养殖等，可以在低成本和可持续性方面进行深入研究。

另外，白查村传统船型屋建筑的静态博物馆式的保存保护方式也值得商榷。功能性是建筑的首要属性，自白查村整体搬迁新址后，白查老村便空无一人，野草蔓延，部分建筑面临损毁坍塌。因此考虑如何恢复船型屋的功能性是游憩设计的重要内容，当然不是要求居民重返此地居住，这是开历史倒车，但可以通过拓展船型屋其他的用途，重启其功能性，在不破坏其基本形态的情况下，采取"生态博物馆"的理论来重新构建白查村船型屋的功能价值，也许是一种较为可行的方法。

第十五节　双举岭村

一、概况

双举岭村隶属琼海市龙江镇中洞村村委会，距离海口市区 114 千米，驾车用时约 100 分钟，距离琼海市区 29 千米，驾车用时约 42 分钟。该村源于唐代永贞元年（805 年），户部尚书吴贤秀被贬至琼山张吴图都化村（今海口市美兰区灵山镇大林村），其第二十五代孙吴道珍于明朝迁居现在的双举岭村，迄今已有 500 多年历史。与邻近的南望沟村一样，1973 年台风"玛琪"侵袭该村，村庄基本被摧毁，仅极少数建筑幸存，现大部分建筑是本次台风之后在原址上重建的。2019年 6 月，该村被列入第五批中国传统村落名录。

二、环境（规划）状况

双举岭村（见图 2-15-1）地处琼海市西南部，距 G98 海南环岛高速白石岭互通 18 千米，X356 往西通过山口小学进入该村，距龙江镇圩约 3 千米。县道为柏油路面，村道为水泥硬化路面，沿路风光秀丽。村落西侧毗邻万泉河，村落北、西、南部围绕着茂密的椰树林和槟榔林地，东面有 100 亩左右的田洋（见图 2-15-2）相拥，民居建筑群形成一个东北向西南的反向"J"形布局，西南部有 10 列梳式民居，面向东北面，西北部有 16 列梳式布局民居面向东南面，均朝向东部稻田，形成一种向心聚居的态势，布局很有特色。

图 2-15-1　双举岭村卫星图

图 2-15-2　双举岭村田洋

三、特色资源

双举岭村是半圆形空间布置形式,村庄围绕着田洋布局,村庄整体形成集中的居住团组,民居建筑层层叠置,空间和平面布局丰富多彩,参差错落,变化有致。民居顺缓坡而建,前低后高,地高气爽,利于排水。走在村庄街巷里,忽而转弯曲行,忽而拾阶而上,展示出村庄布局的灵活多变、气韵生动。这种利用自然、顺应自然和缔造自然的独特手法是规划设计和艺术创作的重要借鉴内容,与中国园林的理论精髓乃至当代风靡全球的"设计结合自然"理论惊人的相似,是祖先们智慧的佐证。

双举岭村内传统建筑为典型的琼海传统民居,三开间硬山顶,青砖灰瓦,装饰较为华丽。该村的民居平面布局根据当地气候和地形地貌特点,一般朝向为坐北朝南。民居的平面布局形式有两种:横向多开间式,特点是由三开间基本形式横向扩展而成,前后通风好,视线开敞;四合院式(见图2-15-3),中间为庭院,四周由正屋、横屋、门楼、围墙等围合而成,封闭性强,自成家庭小天地,并可减少太阳辐射对室内温度的影响。合院式一般为每列民居的第一栋,而向后排列的民居一般不设院落(见图2-15-4)。

图 2-15-3 合院式民居

图 2-15-4　排列整齐的屋栋

该村另一个较有特色的资源是村内的田园风光，被古朴建筑和椰林围绕的100多亩平坦的稻田十分惹人注目，考察期间恰逢秧苗初插，青青幼苗尚不能遮蔽水田，水面映衬的湛蓝天空与生机勃勃的黄绿色，以及远处椰林的黛绿，构成了极具美感效果的田园画卷，在细小田埂的分割下，时而灵活多变，时而规整笔挺，呈现出魅力无限的大地景观，令人感慨辛勤农人是如此高明的"大地艺术家"，当然也能想象出季相变化带来的更奇妙的视觉感受，对于久居都市的人们来说，无疑是感悟"寂寞小桥和梦过，稻田深处草虫鸣"（陈与义《早行》）的田园梦的极佳归处。

四、自然资源

双举岭村所在区域属热带季风海洋性气候，气候温和，阳光充足，雨量充沛，年平均气温24摄氏度。万泉河于村落西侧呈带形流淌，选址负阴抱阳，体现了中国传统风水观念中村落选址的特点。村落整体地势平缓，外围植被主要为椰树和槟榔树，形成较为茂密的林地，村落建筑向东环抱百亩田洋，村内空地也以高大的椰树和槟榔树为多，建筑之间很少有植栽，主要为硬化路面。

五、人文资源

双举岭村的人文资源主要体现在不同年代的传统建筑方面，该村建筑较为突出之处在于不同年代的建筑虽有新旧，但其基本形态、建材、装饰艺术等保持着高度的一致，这在海南诸多传统村落中是较为少见的。该村建筑依据村民介绍和壁画落款，大致可以分为清代至民国建筑、20 世纪 70—90 年代建筑和近几年修建的新建筑。

据村民介绍及参阅相关资料，始建于清代的老建筑尚存 3 间，民国建筑尚存 1 间，年代均超过一百年，属于该地区建筑的原型。考察的一栋百年老宅为三开间青砖清水外墙，檐墙为全顺式砖墙，山墙为无眠空斗墙，屋脊饰简单云朵灰塑。正立面未设檐柱，由抱头梁挑一檩子出檐，心间开门与墙同高，门楣中部书"至德流芳"文字（见图 2-15-5），上下配宝瓶栏杆，围绕文字及栏杆装饰镂空小木作，文字两侧为对称的双龙透雕，雕工精细，所刻蛟龙蜿蜒盘旋，线条遒劲飘逸，上部为三块花草装饰，两侧为黑白两色绘制在木板上的花卉，中间为镂空木雕对称草纹，门楣下部有三块木雕，两旁为镂雕两瑞兽相拱中间蝙蝠祥云浮雕。次间前檐墙檐影部位装饰壁画，部分画面历经岁月，斑驳难辨，大致可见画心所画内容为花鸟、山水风景，画框装饰几何、花草纹二方连续，绘制技艺一般。次间开两窗，上窗为琉璃十字如意窗花，窗框饰几何纹饰彩绘，下窗简朴。室内地面铺装为红色水泥，印制四方连续花卉纹样，人行走多的部位已渐磨平（海南清末民初建筑大都采用此类室内铺装）。内部陈设为典型的中堂布局，公阁（见图 2-15-6）神龛饰精美小木作，四层镂雕和浮雕相结合的饰板从外往内逐步收分，利用直角相接的折线木条强化收分视觉效果，形成比实际空间更大的透视错觉。神龛两侧木板饰有素平阴刻并描黑的楹联："宗功丕著锺麟趾，祖泽长绵起凤毛"，字体为小篆，生涩难辨，体现了房屋建造者深厚的文化底蕴。神龛其他板饰内容包括报（豹）喜（喜鹊）图、"举家欢乐"（菊花、黄雀组合）、荷莲等，边隅和牙子部位装饰卷草、草龙、蝙蝠或几何纹样，寓意吉祥，布局严格对称。公阁阁心部位为三幅素平阴刻并描黑的松、菊、兰为主的花鸟饰板。翘头案几腹部装饰鱼跃龙门、花鸟组合、草龙纹样的深浮雕，几腿为镇兽，八仙桌和方凳虽较为简朴，但在牙板、卡子花和腿部适度地装饰了草龙和镇兽纹样，足部做成兽爪。堂屋左侧放置的太师椅搭脑和靠背装饰镂雕蝙蝠、松、鹿，寓意"福禄寿"，扶手板心装饰"瓜瓞绵绵"，堂屋右侧长椅搭脑和背板装饰拐子龙、蝙蝠、花篮、草龙、喜（喜鹊）上眉（梅花）梢、寿桃、宝瓶及其他几何纹饰。堂屋木作技艺精湛，形神兼备，寓意美好，在岁月磨砺中更显厚重。堂屋墙面做白色石灰批荡并描砖纹线，堂屋内八字带绘制壁画，画心部位题材大都为花草树木、山水风景、鸟兽鱼虾以及文字，边框较为简单，仅线描后作简单几何纹饰，施土黄、群青、赭石三色为主，较为简朴。堂屋正门上绘制有"忠于毛主席""破私立公"等字样，并绘制太阳、红心图样，记述了一段峥嵘历史。

图 2-15-5 "至德流芳" 门楣

图 2-15-6 公阁

关于 20 世纪 70—90 年代修建的建筑重点考察了门牌为"中洞·第十八村"19
号宅（见图 2-15-7），其年代落款为"一九九四年"；第 22 号宅，落款为"一九九九
年"；一宅门牌不明，落款为"壬戌年"（1982），以及第 20 号宅（见图 2-15-8），
落款"庚辰年"（2000 年）。之所以归为一类，因为其有着基本类似的建筑结构和
装饰风格。从立面来看，采用全顺式砖清水墙，设四檐柱，一门八窗布局。门与
墙同高，门楣装饰镂雕小木作，纹饰一般为蝙蝠、花草、文字等，门框设落罩，
一般装饰五福（蝠）、卷草等。上窗及下窗窗楣装饰极富龙江镇地区的文字窗棂
装饰，以"福禄寿喜"为多。檐影部分绘制壁画，构图制式类似，画心绘制花鸟、
鱼兽、山水、建筑、文字等，画框大都为几何、花草纹，施土黄、群青、赭石三
色为主。堂屋墙壁多用白色瓷砖贴墙，设简单公阁，即在屋上部设一横向板材，
偶有一户置先祖牌位和烛台，其他基本空无一物，堂屋中心放置八仙桌，其他座
椅家具放置两旁，屋顶梁架之下约 50 厘米绘制壁画装饰，题材与户外基本一致，
壁画品质因画师技艺而有所差别，屋顶主梁下悬挂精美吊灯。屋顶为灰瓦，正脊
脊端装饰草尾龙灰塑，龙身绕饰卷云纹和花草，相互映衬，形态辗转腾挪，似龙
非龙，似草非草，耐人寻味，垂脊装饰较简单的似龙头灰塑，外八字带饰云纹灰
塑浮雕。

图 2-15-7　19 号宅正门

图 2-15-8　20 号宅室内

从考察的两栋近几年修建的新建筑（见图 2-15-9）来看，虽在材质和装饰手法上出现了一些分异特征，但整体构架与上述两种类型保持了高度一致。正立面依旧是全顺式砖清水墙，设四檐柱，一门八窗布局，不同的是，檐影做了约 50 厘米的石灰批荡，仅做了简单云头线脚装饰，未绘制彩色壁画，一些建筑的门窗材质已经采用不锈钢和玻璃组合，呈现出金属材质特有的现代科技感。另外一些建筑门窗采用的是现代雕刻机雕刻得极为精美细致的木雕，题材为"福禄寿喜财"。现代工艺的进步使得这些木刻饰板比起手工雕刻形态更为写实，各类花草鸟兽惟妙惟肖，生动活泼，技艺精湛到几无瑕疵，但比起历经岁月的手工雕刻似乎又少了些什么。堂屋室内设公阁神龛（见图 2-15-10），神龛置于高处，未设案几，神龛下直接放置八仙桌，神龛采用机雕小木作装饰，题材类同，只是在现代技术打造下，神龛极其精致华美。内墙贴瓷砖，同样梁架之下仅做批荡，未绘制彩色壁画。新建建筑的屋顶形制与前两种基本一致，只是新的装饰灰塑颜色洁白，与老房子产生了强烈的对比。

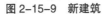

图 2-15-9　新建筑　　　　　　　　图 2-15-10　新建筑的公阁神龛

　　虽有极少部分村民在重建房子时，采用了现代风格的混凝土多层楼房，但绝大部分村民仍对传统建筑情有独钟，在多年的发展中仍坚持绝大部分形制的一致性。在上述的案例中，虽然在材质和装饰上有些许变化，但基本的建筑风貌仍严格地保持着传统。从与村民的交谈中也印证了大家对自身传统建筑的依恋情怀，但也有村民谈到，传统建筑的修筑费用是混凝土结构的现代民居的三倍以上。

六、目的地内部交通状况

　　双举岭村因背水（万泉河），属于村道的末端，但村道进村后，围绕田洋形成畅通的环线，未形成断头路，环路宽 4 米，水泥硬化路面。民居区建筑呈梳式布局，形成纵向巷道，以单向断头路为主，路宽从数十厘米到 2 米不等，亦有占用巷道建设附属建筑的情况。因纵列建筑基本不设围墙，横向道路为建筑前后空间，宽约 2～3 米。道路基本硬化，畅通性、整洁度较好。

七、政府重视及参与程度

　　在创建文明生态村时，双举岭村得到了政府的大力支持，建起篮排球场、文化室、各类宣传栏等文化设施和林中休闲场所，村容村貌得到改善；通过发展多元经济，提升了村民的收入水平。在各方的共同建设下，村落发展有目共睹，斩获各种荣誉，如科技示范村、文明生态示范村、社会治安综合治理先进村、无毒村，特别是文明生态示范村的建设方面，在 2023 年国家和海南省组织全省文明生态建设会议的检查中深受专家和代表们的好评。

2022 年 11 月，琼海市住房和城乡建设局公示的《琼海市龙江镇中洞村双举岭村传统村落保护发展规划》显示，在广泛征求政府、专家和村民的意见的前提下，秉承"坚持保护为主、兼顾发展，尊重传统、活态传承，符合实际、农民主体"的原则，编制了详尽的双举岭村保护发展规划，包括其价值评价、传统村落保护规划、建筑分类保护、传统村落发展规划等，近期建设计划（2022—2024 年）预算资金投入达 1 649 万元。在该规划中，明确了该村的发展定位为："依托万泉河畔田园风光，以'稻田古村'为载体的旅游特色村"。

八、当地居民意识（状态）或访谈情况

双举岭村共有 66 户，300 多人，耕地面积 145 亩。村民经济收入主要依靠养猪和种植冬季瓜菜、槟榔、椰子、橡胶等作物。该村人居环境靓丽，民风淳朴，生活怡然自得，对村落传统文化有强烈的文化自信和文化自觉。对外来游客热情友好，乐于引导介绍村落文化，对传统村落保护有很多建设性的想法。

九、公共服务设施状况

双举岭村除正常的村民自身生产生活的必要基础设施，如村名石、路网、路灯、安全栏杆、篮排球场、文化室、各类宣传栏外，无其他为外来游客设置的公共设施。

十、目的地商业行为

除村民正常的农业生产活动外，双举岭村无其他商业行为。

十一、民俗活动

军坡节被称为海南人的庙会，属省级非物质文化遗产项目，是祭神形式的发展，相传已有一千多年的历史。双举岭村军坡节为每年农历二月二十，军坡节活动包括穿杖、上刀山、祭神、八音等。

十二、已开展或可能开展的游憩活动

双举岭村尚未开发任何可供外来游客实施的游憩活动。

十三、简要评述

从地理位置来看，双举岭村位于道路末端，背靠万泉河，处于终端位置，在高大椰林掩映下，从山口小学进入后，在感官上有一种柳暗花明又一村的世外桃源感，特别符合龙江镇"碧野仙踪、世外桃源"的环境主题定位。该村的传统建筑的基本风貌与周边相比并无二致，但从较早年代建筑到新修建筑的赓续状态来看，在当下建筑"短平快"的发展背景下，村民仍能坚守祖制，哪怕付出更多成本，也要使该村的整体风貌得到极好的保持，且通过文化传承给后代文化自信，无疑是令人瞩目并敬佩的，这为其他传统村落的保护提供了可资借鉴的样板。村落与田洋在布局上相得益彰，生机勃勃的稻田与古朴厚重的传统建筑构成了视觉上的极致差异，这是中国千年耕读文化的真实历史再现，给予了外人时空交错的感官错觉。

近几年来，龙江镇以"碧野仙踪、世外桃源"为核心改造主题，突出"青砖黛瓦现小镇、麦香稻浪留田园"的设计理念，辖区三个入选国家传统村落名目的古村落（石头岭、南望沟、双举岭）集中代表了龙江镇的风貌，传统建筑青砖黛瓦，披檐飞龙，古朴素雅，与碧水田园、蓝天白云相融呼应，构成了一份遁世感极强的乡村景观。从镇域宏观角度来看，可以构建"翡翠项链"式的集团式乡村游憩体系，以村道为"链"，以三个资源较为突出的国家级传统村落为主要支点，宜时宜地选择"链"上其他村落，共同构成"翡翠"景观节点，将游憩活动、公共设施、产业发展系统整合，互通有无，资源共享，整体趋同，局部差异，从而形成优势互补的乡村游憩带。

单从双举岭村域来看，基于良好的自然地貌和人文地理资源，可从"文化赋能"角度思考提质乡村游憩设计和助力乡村产业发展，主要包括三个方面的文化：传统建筑及装饰艺术、吴氏家族文化和"龙"文化。

双举岭村建筑及装饰艺术既有龙江乃至琼海地域的主要特征，也具有自身文化传承的独到之处，从图像学的角度出发，开展建筑装饰艺术的前图像志描述、图像志分析、图像学阐释三个层面的研究，核心是图像学阐释方面；从文化史出发，结合历史环境去阐释装饰艺术更深层次的内容意义；从结构主义角度论述建筑纹饰的阶级属性、意识形态属性、哲学意义、观念信仰、宗教崇拜、社会礼制、生存环境、历史遭遇等内容意义；从历史语境去理解装饰艺术，进而揭示传统建筑装饰艺术发展的深层逻辑，为双举岭村的乡村文化游憩提供最原初的文化意象和形而上指导。

双举岭村先祖为唐代名臣吴贤秀，也是海南吴氏迁琼始祖，是海南历史文化名人。系统梳理吴氏家族在海南的发展历史，以及双举岭村在吴氏族谱中的身份地位，既是深化研究村落历史甚至海南历史的主要支点，也是进一步探明村落文化深度和高度的必要途径。从现有资料来看，这方面显然还有很大空间可供挖掘，对于该村游憩设计来讲，也是一个可资利用的主要文化资源。

"龙"是华夏民族共同崇拜之图腾，中国龙以其神奇独特、精美卓绝的特性而成为东方装饰艺术设计的奇葩珍瑰，虽一度被古代帝王垄断，但庶民布衣历来将"龙"推崇为祥瑞福祉的象征、救世济民的神祇。龙不是该村独有的装饰形态，龙江镇的命名与"龙"是否有着必然的联系，也不得而知，但在镇域各村的脊饰和其他建筑部位装饰上反复呈现龙的形象，至少体现了这里的居民对于龙文化的格外重视和喜爱（其实在海南省域亦是如此），因此，可以将龙的形象作为该村或龙江镇的 IP 形象，强化区域乡村游憩的视觉识别，将乡村游憩渗透到"龙飞凤舞""龙腾虎跃""藏龙卧虎""龙凤呈祥""龙行天下"等种种吉祥情境之中，通过"龙"的形、意、美去感染受众，让受众在"稻田古村"中体悟该地的丰富、深邃寓意和富有复杂文史内涵的象征意义，从而强化传统村落文化游憩的内蕴品质。

第十六节　南望沟村

一、概况

南望沟村隶属琼海市龙江镇滨滩村村委会，距海口市区 112 千米，驾车用时约 96 分钟，距琼海市区 26 千米，驾车用时约 37 分钟。村民先祖在清代康熙年间从福建莆田迁居于此，村史 300 余年，1973 年台风"玛琪"侵袭该村，导致大部分建筑被摧毁，现存建筑大都为灾后重修，基本保持原样，是较为典型的琼海地区传统风貌的古村落。2019 年 6 月，该村被列入第五批中国传统村落名录。

二、环境（规划）状况

南望沟村（见图 2-16-1）位于琼海市域的西南部，龙江镇墟西侧，万泉河南岸。自 G98 海南环岛高速白石岭互通经 X356 往西约 16 千米处，县道为双车道柏油路，路宽 7 米，路面整洁，沿途椰树婆娑，凤凰木娇艳，景色秀美宜人（见图 2-16-2）。南望沟村坐落于万泉河畔的小高地上，背后有坡地作为屏障，村落的前面，万泉河似弯月形流过，河流水道向南突出，为"冠带水"，其选址遵循"负阴抱阳，背山面水"的风水学基本原则。南望沟整个村子被郁郁葱葱的林地围绕，林地外南面及西面为水田，田洋宽阔、风光优美，村落东面距龙江镇墟仅一路一河（万泉河支流）之隔，与万泉河也仅隔数十米。

图 2-16-1　南望沟村卫星图

图 2-16-2　X356 线沿途的传统建筑

村落大致分为三个部分，主体部分为中间三列较为典型的琼海制式的民居，往西南向，每列9栋三开间青砖墙面建筑，古朴厚重。除此之外，村北面龙江派出所西侧有一列三间带从厝民居，西南面有十列南北向民居建筑。全村传统风貌建筑约占74%，现代风貌的建筑约占26%。

村落内部植被较少，村落南部为槟榔树林地，林间修筑着木栈道。外围以槟榔树、黄花梨、番木瓜、椰树等常见的热带景观植物为主。村入口有村名石、"传统村落"牌匾及二维码介绍。龙江镇派出所坐落在村落东北部。

三、特色资源

南望沟村主体部分为青砖灰瓦的典型琼海传统民居，传统风貌保存较好，面积约为7 000平方米，村内建筑分3列9行，房栋排列整齐近乎直线，布局之严谨令人惊叹。保存完整的传统民居亦有观赏性很强的建筑装饰。

四、自然资源

南望沟村位于万泉河与支流交汇处，万泉河在此转弯，形成面积较大的河流沙滩，周边有广袤的山林、田洋。该村地势较为平缓，村民种植槟榔、橡胶、瓜菜等经济作物。村落内部植栽较少，南部有槟榔树林地。

五、人文资源

南望沟村始建于康乾年代，现存传统建筑主要修建于20世纪50—70年代，约有50栋。其中以三列主体建筑最为典型，占地面积约为7 000平方米。建筑为青砖砌清水外墙，墙体前后檐墙为全顺式砖墙，左右山墙为无眠空斗墙，屋内部墙面多贴瓷砖，亦有少部分新建建筑外墙贴瓷砖，建筑风格整体趋于统一，古香古色。建筑均为三开间，设有四檐柱，主间开门与墙同高，上设门楣，主间门两侧一般再开四个窗，两两相对，下长上短，次间亦设窗，均为上下两个，因此正立面呈现一门八窗构图。正面上部四窗窗格和下部四窗窗楣、门楣部位均饰有"福、禄、寿、囍、荣禧、万寿"字样，采用木条横平竖直排列而成，部分结合万字纹、步步锦或其他吉祥寓意（如松鹤延年、喜上梅梢、五福临门等）的纹样，通过木条巧妙地组合构成吉祥文字图案，耐人寻味，很有特色。年代较久的建筑一般采用十字如意琉璃窗花。檐影部位绘制带边框壁画，画心多绘制风景、花鸟等，边框为几何纹、花草纹等二方连续纹样。大门外设矮脚门，有卷草纹和宝瓶装饰，内设木板门，大都无装饰。主间堂屋一般为待客之处，屋心墙八字带绘制壁画，内容大都为风景、花开富贵图样和吉祥字样，堂屋未设公阁案几，但仍为对称式布局，中放置八仙桌，座椅分置两旁，主梁悬挂华丽吊灯。建筑山墙外八字带、正脊两端和垂脊部位均饰有灰塑装饰，以草尾龙和云头纹样为主，经岁月洗礼渐成黑灰色，或云舒云卷，或盘虬卧龙，既古朴厚重，亦曲折灵动（见图 2-16-3、图 2-16-4）。

图 2-16-3　民居正立面

图 2-16-4　民居内景

南望沟村建筑壁画装饰在不同年代有不同风格，下文以有落款的画面进行比较，落款为"一九八五年"的壁画（见图 2-16-5）主要用色为群青、桔黄、赭石、湖蓝、黑色等，设色较为朴实，内容多为山水花鸟或折枝，画法写意，画面留白较多，仿中国画技艺绘制；落款为"甲戌年"（1994 年）的以土黄、土红、群青、黑色为主，题材风格与落款为"一九八五年"的款类似，甚至设色更清淡质朴，有时也直接用文字装饰，如"花香不在多、室雅何须大"；落款为"丙戌年"（2006年）（见图 2-16-6）的壁画用色富丽堂皇，色系丰富，绘画写实性加强，用丙烯材料绘制，画面填实不留白，为模式化通俗性的"行画"风格。

图 2-16-5　落款为一九八五年的壁画　　　　图 2-16-6　落款为丙戌年的壁画

南望沟村三列前后对齐、高低有序、房屋相连的多进院落，每列院落中都住着九户人家，据了解，村里房子建造时，暗含着"兄弟同心，邻里不欺"的寓意。所谓同心，是指每列屋子内住的都是由同一房分出去的兄弟辈直系亲属，在"列"的中轴线上，每进房屋的正厅前后大门都要上下对齐，以示"同心"，同辈的房屋必须高度相等，以示邻里相互平等。站在正屋的庭院上看，各家各户的正厅前后大门洞开，由顶端可以一直看到底端的房子，视线非常通透。在中间三列正屋的两侧各有一行侧屋，作为厨房和卫生间。每列院落间都留有相当间距，形成村巷，是各户人家出入的主要通道。

南望沟村头有冯联京公祠，为新建建筑。南望沟村还有古井两处，村东井和村西井。

六、目的地内部交通状况

南望沟村内从东北到西南有一条 3 米左右宽的人字形道路贯通村落建筑，其余通道均为建筑间的纵横巷道，2 米左右宽，水泥硬化路面，干净整洁，有较好的通达性。

七、政府重视及参与程度

南望沟村保有完整的历史村巷和传统风貌建筑，在该地小有名气，相继开展了文明生态村和美丽乡村建设，完善了该村的基础设施和村容村貌整治。通过新闻报道得知，各级政府官员和电视台经常到此进行考察调研，中央电视台、海南省电视台也曾到该村进行拍摄。

2014 年初，龙江镇委镇政府通过充分论证和前期准备，在市委宣传部的支持帮助下，决定在南望沟村开展"美丽乡村"建设项目，在建设过程中，对该村进行了地下排污、电线地下管网化，同时也对该村建筑立面进行了统一改造，建造了沿河观光长廊、广场、木栈道等。2019 年 6 月该村被列入第五批中国传统村落名录。2022 年 11 月琼海市住建局发布了《琼海市龙江镇滨滩村南望沟村传统村落保护发展规划》，对该村的物质文化遗产进行了整体保护，包括传统村落保护、建筑分类保护、村落发展规划等，近期（2022—2024）预算资金为 1 380.2 万元。

八、当地居民意识（状态）或访谈情况

南望沟村居民 53 户，常住人口 160 多人，村民以种植槟榔、橡胶、瓜菜和外出经商为主要经济来源。村民因自身拥有的传统文化而自豪，在维护传统风貌建筑上保持乐观态度。村民对外来人员十分友好，特别是老人，非常热情地介绍该村历史和民居建筑的状态，整个村落的人们呈现出怡然自得的乐居状态。

九、公共服务设施状况

南望沟村入口有"南望沟村"村名石和"传统村落"牌匾，该村东北面村头有一处冯联京公祠，村西南槟榔园内修建有木栈道（部分损毁），其他公共设施较少。

十、目的地商业行为与民俗活动

南望沟村除正常的农业生产外，无其他商业行为，但其紧挨龙江镇圩，购买日常所需十分方便。每年农历二月十五日为南望沟村军坡节。

十一、已开展或可能开展的游憩活动

南望沟村尚未开发任何可供外来游客游玩的游憩活动，但部分游客慕名前来参观。

十二、简要评述

从沿途的龙江镇村落来看，类似南望沟村传统风貌的民居建筑集群着实不少，在高大椰树、凤凰木等热带乔木的掩映下，古朴建筑和生机盎然的清新绿色融为一体，呈现出一种别有风味的琼海地域特色，具备极佳的乡村游憩肌理，是城市居民寻找诗意的好地方，与龙江镇提出的"碧野仙踪、世外桃源"主题的环境规划定位相契合。该村又以较为整齐划一的集中建筑布局，成为该地域较为独特的存在。其具有海南传统村落选址与格局的典型性和代表性，在村落选址、聚落结构、建筑形制以及节庆习俗等方面的历史信息，传达了传统聚落寻求安全、适应气候环境、选择山水宜居生活环境和良好风水格局的理念，对研究古代海南东部地区的社会经济文化具有极高的历史价值。

但该村本身的空间较为有限，大规模发展各类游憩活动并不现实，该村应与周边资源协同发展，从小范围来看，通过充分利用龙江镇的各类公共资源，可以为该村开展游憩活动提供便利；从中域来看，该村应该与附近的其他传统村落如石头岭村、双举岭村等具有传统风貌的村落共同构成传统文化景观廊道；从广域来看，该村可以和附近知名景点进行联动，成为诸如母瑞山、白石岭、红色娘子军纪念园以及博鳌等地域的次要游憩景观节点。该村除保持人居和建筑的传统风貌外，还应适度完善村内相关公共设施，如停车场、道路标识、旅游公厕以及其他方便游客游览、提升村落景观质量的必要游憩设施。

第十七节 留客村

一、概况

留客村隶属琼海市博鳌镇莫村村委会，距海口市区 119 千米，驾车用时约 95 分钟，距离琼海市区 28.8 千米，驾车用时约 40 分钟。村落已有 400 多年的历史，是海南古代环岛驿路的重要交通节点，据正德《琼台志》记载："琼环海为郡，北始琼山，南极崖州，道虽分东中西三路，然皆自北抵南，东西横则各限黎海。故驿因分列，而铺舍亦随以书，庶便观览云。"留客村位于万泉驿和温泉驿之间，曾是琼东水旱两路的交会点，是元明清三代数百年间官渡——"流马渡"的所在地，作为重要的交通枢纽，行人增多，定居者逐渐汇集，此地因此慢慢成了商业聚集区，可见留客村是因驿站而生。琼海是著名的侨乡，近代风起云涌的下南洋潮流席卷了该村，清末民初，"去番"谋生在村里蔚然成风，家家户户皆有出洋的人，该村也是典型的侨乡。2016 年，留客村入选第四批中国传统村落名录。

二、环境（规划）状况

留客村（见图 2-17-1、图 2-17-2）位于博鳌亚洲论坛永久会址以西 4 千米，迎宾路以北 1.5 千米处，村北临万泉河，是琼海田园绿道上的景点之一，绿道沿途植被茂密，标识齐备美观。聚落分上、下留客村，地形为高差较小的丘陵，自然环境秀美幽静。村内设置了大量服务外来游客的公共设施，环境卫生状况良好，村道通达，路旁多为笔直的槟榔树。几处古民居聚落分散在水稻田和苍翠林地中，以印尼侨民蔡家森和其兄弟归国修建的四座宅院最为世人瞩目，其余民宅为普通古建和新建建筑混杂，排列较为规则，大多以西北朝东南向。

图 2-17-1　留客村卫星图　　　　　　　　图 2-17-2　留客村航拍

三、特色资源

　　蔡家宅文物建筑是该村最为重要的人文资源。近代留客村民众多加入"去番"大潮，15 岁下南洋闯荡的蔡家森经过多年打拼，成为印尼赫赫有名的富商和侨领，发家致富后衣锦还乡，修筑了富丽堂皇的蔡家宅。蔡家宅由四栋宅院组成，即蔡家森宅（见图 2-17-3）、蔡家锦宅、蔡家炳宅（见图 2-17-4）、蔡家宏宅，总占地面积 75 亩，总建筑面积 3 670 平方米。宅院选址极为讲究，由蔡家师爷陈俊明设计监造，所用钢筋水泥和花纹彩砖等建筑材料专从印尼和中国香港运回，装饰华美，是海南传统建筑文化与南洋建筑文化的结合产物。蔡家宅始建于 1924 年，落成于 1934 年，在近半个世纪里，这里驻扎过琼崖工农红军，盘踞过侵华日军，充当过国民党军队的指挥部，新中国成立初期被用作政府办公地和乡粮所，公社化时期办过公共食堂，20 世纪 80 年代初，蔡家后人重新接管了老宅，可谓"一座蔡家豪宅，半部中国近代史"。因其独特的历史文化价值，2006 年被列入第六批全国重点文物保护单位名单，是海南为数不多的民居国保单位。

图 2-17-3　蔡家森宅　　　　　　　　　图 2-17-4　蔡家炳宅

四、自然资源

留客村为缓坡丘陵地形，万泉河从村落北部流过，村内外遍布水稻田和槟榔林地。在非景区多为自然生长的槟榔树、椰树、秋枫树等热带乔木，但树形笔直的槟榔树居多，以蔡家宅为核心的景区植被显然被进行了更多的人为调整，在原自然生长的植栽基础上，增加了诸多形态、色彩更为丰富的树种，更加注重植物设计与山石、水体、建筑以及景观小品搭配的视觉效果，形成了多层次、更优美的植被生态群落。在蔡家宅后部坡地上专门规划了一个热带珍奇果园，主要品种有棕榈科乔木、美丽异木棉、小叶榄仁、太平洋橄榄、非洲楝、秋枫、黄槐决明、马缨丹、翠芦莉、水蜜无籽芭乐（番石榴）、薛荔、旅人蕉等。村落中部靠近万泉河处是农田改造的荷塘，景致优美，近年还兴建了滨河景观带、鱼稻共生园等。蔡家宅后有一株逾 800 年树龄的重阳木，树形巨大且造型奇异。

五、人文资源

四栋蔡家宅围绕荷花池而列，依坡顺势而建，建筑风格近似，外观颇似城堡。其中以蔡家森宅形制最大，最为华丽，也是四栋建筑中唯一对游客开放的古宅。蔡家森宅占地面积约 3 亩，建筑面积 1 200 平方米，面朝西向。两进院落，两进正屋，两侧横屋为两层建筑，与西南向围墙合围成三合窄廊式院落，院落的两个房门入口分别位于北侧两进横屋一楼，没有做门楼处理，仅通过空间的凹进来强调入口。正屋形制为一明两暗三开间，明间为单层挂厅，用于会客、祭祖，前为关公堂，后为济阳堂；次间分别为蔡家森、蔡修友（长子）、蔡修桢（次子）、蔡修权（三子）居室；横屋一楼主要做房门空间、海棠书屋、槟榔书斋、会客厅、粮食房、厨房、食厅等，二楼分别为蔡家森母亲、蔡修莲（长女）、蔡修兰（次女）、蔡修金（三女）居室。从建筑布局来看，既兼顾了功能性，也反映了中国长幼有序、尊卑有别的儒家伦理观念。

蔡家森宅的建筑布局（见图 2-17-5）及装饰艺术以海南传统建筑的风格为主，局部融入南洋建筑元素，兼具了西方设计理念，为砖、瓦、木、水泥、钢筋混合结构。建筑西面围墙立面（见图 2-17-6）严格按中轴对称布局，为全顺丁砖清水墙面，离地面较高位置设五处十字如意琉璃花窗，女儿墙中部装饰五列琉璃宝瓶栏杆，正中宝瓶栏杆下做嵌瓷花卉，两旁各有四面琉璃十字如意花窗、一个琉璃宝瓶加多层多色线脚装饰形态形成围栏，外形有正方形、长方形、八边形和圆角方形，形式多变。两侧为横屋屋顶延伸出来的瞭望栏杆，墙面下部为全顺丁砖清水墙面，女儿墙及瞭望栏杆同样装饰宝瓶栏杆和十字如意花窗，施用赭石、土黄、群青等色彩，设色华丽。外围墙离地3米左右才开窗，加上两侧的瞭望孔，显示出该建筑极强的防御性。两侧外墙一楼窗户设半圆形窗楣，装饰花草、云朵和几何纹饰，显示出南洋风格的影响。建筑屋顶亦装饰丰富，横屋部分通过中部镬耳墙分割为两部分，镬耳墙饰精美卷草纹和云龙纹灰塑，正屋为硬山顶，两侧山墙装饰花卉灰塑，屋脊饰龙形祥云，屋顶饰瓦面，留有通行廊道。

图 2-17-5 蔡家森宅和蔡家炳宅航拍

图 2-17-6 蔡家森宅西面围墙立面

作为会客和祭祖之用的海南民居建筑中地位最高的挂厅，是蔡家森宅整个建筑装饰艺术的高潮部分。蔡家森宅设计了两个挂厅，为关公堂（见图2-17-7）和济阳堂（见图2-17-8）。前院的关公堂是接待宾客、宴请好友、祭祀神灵的重要场地，故而建设得富丽堂皇、气势恢宏。处于主体部分的正厅，举架高约 8 米，是典型的跃层厅堂，厅堂设高大主公阁，上部为四层递进的神龛，内部供奉关帝，外层神龛罩落为素面，二、三层罩落饰镂空木雕，饰花鸟、瑞兽、草纹龙、万字纹等，第三层罩落是绘制在墙上的彩画，中为十字窗口叠加钱币纹琉璃透空花窗，两侧对称绘制花瓶、卷草、几何纹样。神龛形制很大，可从二层厢房至此，本身也是连接两边厢房的一个约半米宽的通道。公阁中部悬挂"忠孝传家"的匾额，下部中堂为对称安排的饰"喜"字隔板，隔板较为朴素，两侧设门可通向后堂，挂厅前堂为对称布置的家具，包括翘头几、八仙桌、太师椅，以及两侧靠墙的官帽椅，家具饰有较精美的木雕纹饰，屋梁悬挂灯饰。从多次调研情况对比来看，中堂家具和陈设大都更换过。墙面内八字带和檐影部分绘制壁画，画心为花鸟为主，画框饰花草、盘长纹。二进厅堂为济阳堂，是家族位尊之地，公阁奉祀先祖灵位，整体的形制、尺度、陈设、装饰等与关公堂并无二致，仅细节部分略有差异。

图 2-17-7 关公堂　　　　　　　　　图 2-17-8 济阳堂

在蔡家宅的装饰艺术上，还有两点值得关注，其一是庭院环廊围栏装饰，其二是地面铺装。高墙、深院、封闭、保守是蔡家宅的一大特色，但建筑内部通过四通八达的廊道将各建筑空间进行连接，廊道外向空间部分的围栏（包括屋顶围栏）均作了较为精美的装饰，装饰形式主要为花窗、栏杆、浮雕、垂花，装饰元素主要有琉璃宝瓶栏杆、琉璃十字如意花窗、琉璃钱币花窗、工字形花窗，花窗和栏杆边框均饰多层线脚。灰塑浮雕题材主要有卷草纹、各类花卉、佳果、金石博古、钱币纹、云头纹等，此类灰塑装饰较少，仅在局部点缀，偶与嵌瓷工艺相结合。垂花装饰是海南建筑装饰中较为少见的部类，此宅也仅在两个挂厅檐廊下作对称装饰，其中关公堂装饰双瓜，济阳堂装饰双宫灯。在廊道外向栏板空白部分板素板突起，与花窗、栏杆、灰塑纹饰等共同构成围栏。在建筑外部以及两进内部庭院观摩蔡家宅外观，墙体绝大部分为青砖砌清水墙面，是整个装饰的图底，装饰主要施用在窗楣和各层廊道栏板之上，在上述装饰元素的基础上，这些部位均施用了纯度较高的色彩（见图 2-17-9），主要有赭红、土黄、群青、翠绿，种类虽少，但均为对比强烈的互补色系，天然和谐且视觉差异突出，虽施用范围较为节制，但在整体感官上仍给人热烈炫彩、富丽堂皇的感觉，这在以朴素面貌为主的琼海地区乃至整个海南全域民居建筑中显得无比夺目，或许这也是蔡家宅吸引世人的主要因素之一。

图 2-17-9　蔡家宅的色彩

另一个助力蔡家宅成为"海南侨乡第一大屋"的装饰艺术部类是绚丽的地面铺装，其地面铺装分三种类型，第一类是花砖铺地（见图 2-17-10），第二类是红毛泥（混凝土）印模铺地，第三类是水磨石铺地。花砖种类繁多，按材料有陶瓷、水泥基等，按工艺有上釉、不上釉、界填、转印、浮雕等，因其造价相对低廉、牢固耐磨、防潮防湿，盛行于地中海沿岸国家，水泥花砖最早可追溯到 19 世纪50 年代的加泰罗尼亚。蔡家宅花砖铺地运用在两个挂厅地面，图形为红心八瓣几何纹饰，交叉线框形成正菱形的四方连续图案，墙脚内收两砖饰两层红色回纹加黑色线条，形成长方形线脚。两厅堂铺地形制、花纹、色彩一致，色彩搭配红、黑、土黄、白色，对比强烈，效果绚丽，衬托出了两个厅堂不一样的尊贵地位。这些彩色花纹地砖是屋主人从南洋用船运输过来的，虽历经近百年岁月沧桑，但依旧光亮如新，彰显着营建者的富有与讲究。红毛泥印模铺地主要施用在卧室等次要房间地面及廊道地面，依据现场观察，应是在红毛泥未干之时，用磨具压印而成，纹样主要为十字海棠，通过 30 厘米见方的正方形串联成四方连续，在围栏栏杆上部亦使用此类铺装。红毛泥一般呈红色，亦有灰色材质，红毛泥印模铺地在琼北地区十分普遍，使用几十乃至上百年后，经常踩踏之处已渐磨平，隐约之间暗藏着岁月密码。第三类是水磨石铺地，是补充铺装材料，使用部位面积较小，以黑灰色为主（见图 2-17-9、图 2-17-10）。

图 2-17-10　蔡家宅的花砖铺地

留客村内还广泛分布着大量的传统古建筑，多为四合院落，青砖修建，屋脊饰龙形云纹灰塑，外八字带饰卷草纹或云纹，檐影和内八字带大都不绘壁画，整体观感古朴雅致，另外还有规模较大的卢家大院坐落在村落西南部。

六、目的地内部交通状况

主干道 161 乡道（琼海田园绿道）南北向贯穿留客村，近几年道路改为整洁的柏油路面，并在村落东面重新开辟出一条公路，原有乡道变成村落内部道路，仅限游客入内。自八方留客旅游文化开发有限公司投资开发留客村后，对原有村内小径进行了全面改造，游览道路设计得也更加合理，沿途景致更美观，并依据历史史实复原了留客渡、古驿道、乐兴桥、文翰塘等。对蔡家宅周边道路进行了疏通，增加了更具视觉美感的道路标识，设计出了廊道、步石、阶梯、石桥等形态更丰富的交通通道，方便通行的同时，也增加了文化厚度和景观美感。其他地域民居建筑排列整齐，内部交通良好。

七、政府重视及参与程度

留客村因其独特的文化资源以及良好的地理位置，成为博鳌镇旅游圈的一个重要节点，距离博鳌亚洲论坛会址仅 4 千米，是当地政府重点打造的一个侨乡文化旅游点，曾多次接待各方宾客，如 2021 年博鳌亚洲论坛期间，留客民间会客厅接待了来自 20 多个国家的大使和与会代表。2018 年引入八方留客旅游文化开发有限公司投资开发留客村，通过"公司＋村集体＋农户"合作模式，对村落进行了升级改造，使村容村貌、基础建设更为完善，现留客村已成为海南较为知名的乡村文化游憩目的地。

蔡家宅 2004 年被录入琼海市重点文物保护单位，2006 年被列入国家重点文物保护单位。2016 年留客村被列入国家传统村落目录。

八、当地居民意识（状态）或访谈情况

自留客村开发以来，诸多在外务工人员纷纷返乡工作，据留客村农业专业合作社社长蔡仁汉介绍，目前（2023 年）留客村有 35 人在景区实现就业。另有当地许多村民在村内文化广场或停车场旁摆摊设点，售卖特色小吃给游客，热情好客。蔡家森宅现在的守宅人为蔡家森的长孙媳妇王普君，从印尼归国，如今年近七十，仍默默守护着这栋祖业。

九、公共服务设施状况

经过近几年的建设，留客村的公共设施十分齐备，品质也十分优良。村外有大型停车场和气派的"八方留客"村门（见图 2-17-11），并配备电动游览车、公共洗手间、售卖机、各类宣传招贴，现场也有诸多员工提供各类服务。村内道路系统完备，标识众多，设置各类廊道、景观小品、导览图、停车场、文化广场、休憩设施、旅游公厕、语音导览微信平台等服务游客的公共设施。修筑了多个具有琼海民居建筑元素的高大门楼、照壁，强化了留客村的文化意象（见图 2-17-12）。公共场所以及蔡家宅内部的各类文字介绍彰显出开发者对留客村文化研究的透彻，使游客能够在表层视觉感观基础上，更进一步地感悟琼海深层次传统文化的魅力。

图 2-17-11　"八方留客"村门　　　　　　图 2-17-12　侨乡第一宅标识

十、目的地商业行为

笔者考察之时，该地尚未售卖门票，但据服务员工介绍，试营业一段时间后将开始收取门票，村外停车场将收费，电动游览车也将收费。村民摆摊售卖水果、椰子糕等小吃。另有农家乐、小卖部等商业活动。

十一、已开展或可能开展的游憩活动

留客村已开展绿道游览、骑行、田园风光游览、蔡家宅历史考察、海南侨民文化考察、建筑装饰艺术赏析、野外拓展等游憩活动，游客亦可品尝嘉积鸭、万泉河鲜等琼海本地特色美食。

十二、简要评述

留客村作为传统村落，历史文物建筑众多，装饰富丽堂皇，南洋侨民文化氛围厚重，环境风光秀丽，各类基础设施建设良好，本身的游憩资源在省内来讲非常突出，特别是地处知名度非常高的博鳌镇，多年来都是海南旅游的热门线路。琼海田园绿道将本地域众多游憩点串联在一起，类似"翡翠项链"，成为在琼海市、海南省、全国乃至全世界都有一定影响力和知名度的旅游带，留客村是绿道上的重要节点，地位突出。在政府的未来规划中，将以蔡家宅为核心，建设一处集合古村落发展主题旅游文化、餐饮以及博物娱乐等功能，吸引游客停留的传奇古镇娱乐区。

自海南八方留客旅游文化开发有限公司入驻以来，在留客村基础设施、环境景观品质、游憩项目设计等方面进行了全面的提质，可以预见留客村在今后将会成为省内外游客重要的传统村落游憩目的地，而以蔡家宅为代表的留客村传统民居和传统文化，将在乡村文化游憩产业的兴盛中留存，得到有效的保护和发展，这也为海南其他传统村落在文化保护与开发、乡村游憩设计等方面提供了以资借鉴的宝贵经验。

第十八节　仙寨莲塘村

一、概况

仙寨莲塘村隶属琼海市中原镇，距海口市区 106 千米，驾车用时约 90 分钟，距琼海市区 17 千米，驾车用时约 30 分钟。据该村"中医康养美丽乡村"规划展示资料显示，仙寨莲塘村形成于元代，距今已有 700 多年的历史，这里有 500 多年历史的莲塘文化，传承百余年的"椰胡"传统技艺，近百年历史的王家大院，传统文化底蕴深厚。2016 年该村入选第四批中国传统村落名录。

二、环境（规划）状况

仙寨莲塘村（见图 2-18-1）地处琼海市域中东部地区，距 G98 海南环岛高速、G9812 交会处以及海榆东线直线距离不足 2 千米，村落东部 2 千米处为万泉河，环岛高铁东段轨道紧挨村落西部，沿途交通便捷，道路标识指引明确，植被景观秀美。村落地势平坦，分布七处村寨（其中主体为仙寨一村），被槟榔树为主的热带植被和田园（见图 2-18-2）环绕，自然环境十分优美。七处村寨均为青砖所砌的传统建筑，素雅质朴，民居为梳式布局，各处朝向不一，但排列十分规则。仙寨一村面积最大，座西北朝东南向分布着 16 列笔直的建筑群，大部分为典型琼海地域风格的传统建筑，村前为 15 亩左右的莲塘，分两部分环绕村落东南部。村内环境整洁，建筑的传统面貌整体保持良好，但新建建筑日渐增多。公共设施较多，主要为村民自用设施。村落素雅宁静，宛若世外田园。

图 2-18-1　仙寨莲塘村卫星图

图 2-18-2　仙寨莲塘村田园

三、特色资源

位于仙寨一村的王家大院是仙寨莲塘村较为突出的民居建筑，也是海南侨民返乡建造的兼具本土风格和南洋风格的代表性建筑。王家大院的建造者为马来西亚华侨王业珍，王业珍十几岁跟随"去番"大潮远渡重洋到马来西亚谋生，几番拼搏，创建了"锦和信局"，经营钱庄汇兑的业务。1927 年王业珍寄钱回乡营建宅院，除青砖和屋瓦在本地烧制，其余建材均从海外运回，建材准备达三年之久，宅院修成之后，屋主本人却从未回来过，但其后人曾返乡探亲到过此屋，大院现居住一对老年夫妇，男主名为王礼致，是屋主远房亲戚。基于该建筑的典型性，王家大院于 2015 年被列入海南省文物保护单位。

四、自然资源

仙寨莲塘村主体聚落仙寨一村的南面和东南面有两个水塘，一个长满草甸，一个植有荷花，面积为十五亩左右，以石基木桥隔之。村落地势平坦，间以农田和树林，农田种植以水稻为主，树林以槟榔树、椰子树为主，同时杂植着其他热带树种，郁闭度高，生态良好，视觉效果好。

五、人文资源

王家大院坐落在仙寨莲塘村东南角，占地约980平方米，为三进正屋单长横屋的多进院落。路门（见图2-18-3）正前居中，为二层阁楼结构，三段式，下段为内凹镜面墙体和趟栊门，门楣为套方锦花格装饰，中部为阁楼，阁楼窗楣三连拱券造型，上部女儿墙中部饰祥云装饰板，板上饰两段交织绳索灰塑，两侧设"凸"字形方垛，屋顶为硬山顶，屋脊饰兽形灰塑。路门阁楼内部两层，中部设隔断门，门楣饰万字纹，地板为黑红两色八瓣菱形纹花砖铺装。路门形制高大，但装饰简朴，拱券和女儿墙透露着南洋风格的影响。通过路门拱券进入前院（见图2-18-4），前院宽敞，进深约20米。右侧为纵向四间敞开式屋檐，通过楼梯可上至二层，连接路门的开间设拱券门窗，二楼平台设宝瓶栏杆和砖砌花窗。前院左侧为高墙，上部砌钱币纹花瓦顶，下部墙脚砌小型花坛，向院内两米左右砌半米高镂空矮墙，合围成小花园，主人种植着多种盆栽及莲雾树、杨桃树等乔木。

图2-18-3　王家大院路门

图 2-18-4　王家大院内院

正对三进正屋纵向排列（见图 2-18-5），分为前屋、中屋和后屋，首进前屋设置有檐廊，采用三个并联的券拱，上部女儿墙中部为五券栏板，板饰花瓣纹并开风洞，两侧为三券栏板并饰托架开风洞。这是较为典型的南洋风格，在海口骑楼建筑的女儿墙上，类似装饰构架不胜枚举。前屋檐墙三开间，为一门六窗立面，上部四窗为钱币纹琉璃花窗，视为镇物。下部窗户为简单直棂格带板门。门楣下部饰三块圆角方形玻璃窗，上部内凹的板材利用直角相接的折线木条不仅强化了收分视觉效果，也强化了空间透视感，内凹部分为圆形镂空宝瓶木栏杆，板材均为素面无装饰，檐影部位亦无装饰。前堂内部设公阁（见图 2-18-6），上部为素面板材，仅装三块彩色玻璃和镂空十字如意纹漏板。公阁下部与海南其他建筑不同的是中间开门，两侧用隔扇门封闭，中部通行，家具摆放两侧，太师椅和小案几刻饰较为精美的镂雕，主要纹饰有蝙蝠、寿字、喜字、钱币纹、对称如意、寿桃、梅竹、梅花鹿、云纹等。前屋地板为黑红两色八瓣菱形纹花砖铺装，屋心墙面做批荡并印砖纹线，无彩画装饰。中屋室内陈设与前屋基本一致，公阁彩色玻璃板上书"赐锦堂"，饰万字纹漏板，地板为红毛泥模印简单菱形线。后屋恢复常见的海南公阁制式，上部设神龛，两层素板罩落递进，下置翘头案几、八仙桌、方凳等常见中堂家具陈设，家具仅在局部饰简单卷草纹、云纹和兽面纹，大都素面且成色较新，应非原物。房子两侧放置长条形靠背罗汉床，其中案几、桌椅的腿足部位均饰海南常见的兽面加兽爪式足纹，这是古代"制器尚象"思想的体现，也是古代仿生学的具体运用，其夸张、威猛、神秘的形象无疑是作为镇物的存在，但在造型上，把实用性和艺术性结合起来，使其既具有实用的功能，又富有艺术的情趣，同样也反映了人们的观念形态、文化、思想、审美意识等方面的面貌（见图 2-18-7）。

图 2-18-5　王家大院前屋立面

图 2-18-6　王家大院前屋公阁

图 2-18-7　王家大院家具雕饰的吉祥意象

后屋的后檐墙与外围墙间隔约一米距离，十分紧凑。正屋左侧设置长横屋，横屋分两部分，一部分与正屋平齐，空间宽度较小，顶部采用混凝土平顶横廊，而正屋与横屋距离半米左右，仅能容一人通行。横屋延伸至前院后增加了檐廊，空间变得开阔，并设置硬山顶。正屋建筑主要为会客、奉祀和起居之用，而横屋为主要的生活场所，包括厨房、餐厅、储物间等，横屋空间均较为局促。大院正屋屋顶为硬山顶，正脊和垂脊均饰有本村落其他建筑脊饰亦大量施用的兽头纹，此兽头纹造型较为抽象，部分兽头可辨别口鼻、眉眼及鬃毛，较之曲折动感的广曲纹、草尾龙纹等显得敦厚朴实，此类兽头脊饰在其他村落极为少见（见图2-18-8）。

图 2-18-8　仙寨莲塘村民居脊饰

整体而言，王家大院空间紧凑，在有限的地基上通过精密的规划设计，提高了空间利用率，最大限度地满足了功能需求，建筑内部装饰较为简朴，与琼北地区其他侨乡的"豪宅"相比较，屋主的表现欲极为节制，但其高大的门楼还是彰显了"大院"风范。

仙寨莲塘村拾柱房民居亦是较为特别的建筑部类，此建筑坐落在村中央，明朝有"夜建九屋"的神奇传说，相传王家祖长迁来之初，看中仙寨这块风水宝地，一夜之间齐建九座"拾柱屋"，"拾柱屋"即用十根大木材柱子撑起来的土木砖瓦结构的房子，非常坚固，现仅存一座。

该村其他传统建筑大都为三四十年历史的青砖民居，清水墙面，素雅厚重，布局整齐划一，典型梳式布局。大部分古民居都有人居住，保存良好，有较强的文化价值和古朴的视觉效果。

该村的椰胡制作技艺入选海南省第二批非物质文化遗产代表性项目名录

（2010年），椰胡形似板胡，音箱用椰子壳制作，是海南、广东、福建等地常见的民间乐器。王仕国老人是该村椰胡制作技艺的第四代传人，也是椰胡非遗传承人，多年潜心钻研椰胡制作技艺，在王家大院菜园隔壁，专门有一栋悬挂"椰胡制作技艺传承示范点"牌匾的平屋，为传承人制作并销售椰胡的地点。

仙寨莲塘村还流传着"并蒂莲"的传说，在明代就因盛产"并蒂莲"而扬名，嘉靖年间曾多次出现，整个清代和民国时期从未出现过，新中国成立后，1954年出现过一次。最近一次出现"并蒂莲"的时间是2011年农历五月，人们常用"花开并蒂"来形容温馨浪漫的爱情。

在村落各处还存在许多古时建筑的构件，如大量莲花纹须弥座式的柱础、抱鼓石、拴马柱等，还有清代康熙甲申年（1704年）所建的"活水泉"，这些古物蕴藏着古村落文化的密码，期待人们的解读。

六、目的地内部交通状况

仙寨莲塘村内主干道大都为近年修筑的4米左右宽的柏油道路，干净整洁，沿途槟榔树林立，风光秀丽，主要拐角处均有清晰标识牌。因建筑布局规整，村内巷道笔直，宽度大多1米左右，部分巷道仅能容一人通行，路面为青石或水泥铺地，整洁且通达性强。

七、政府重视及参与程度

作为具有悠久历史的典型琼海传统村落，当地政府十分关注仙寨莲塘村的基础建设和开发利用。据相关新闻报道，当地政府领导多次到村视察，了解村落文化保护传承和发展情况，指导村落持续改善人居环境，依据自身优势做好乡村建设和产业发展，并引进博鳌一龄集团开展"中医康养美丽乡村"示范建设项目（见图2-18-9）。博鳌一龄集团充分利用仙寨莲塘村特殊的地理位置和自然人文资源，将"一龄模式"赋能乡村振兴，建设集多元文旅、健康养护、特色旅居、户外营地等多业态元素于一体的自然医养型美丽乡村。依据村落展示的"中医康养美丽乡村"示范建设项目规划图纸，该集团计划打造产业兴旺、生态宜居、乡风文明、治理有效、生活富裕的农村新场景，形成国际康旅融合发展区、莲塘村传统村落提升改造区、莲塘村传统村落景观改造区，以及完善公共服务设施等建设项目。村内各处展示了许多游憩项目设计以及改造后的概念效果图,建设前景令人期待。

2016 年该村入选第四批中国传统村落名录,王家大院 2015 年被列为海南省文物保护单位,椰胡制作技术 2010 年获得海南省第二批非物质文化遗产称号。

图 2-18-9　"中医康养美丽乡村"项目规划

八、当地居民意识(状态)或访谈情况

仙寨莲塘村民以务农为主,对外来者较为热情,对古建筑保护较好,但部分村民开始在原宅基地上修建新建筑。王家大院现居住者王礼致夫妇对于来访者较为友善,同时也期待政府加大对王家大院的保护修缮力度。

九、公共服务设施状况

仙寨莲塘村公共设施较为齐备,主要以村民自用设施为主,如篮球场、健身器材等,也有部分水上栈道、廊桥(见图 2-18-10)、水心榭、廊架、休憩座椅等可以供外来游客使用的游憩设施,但数量较少,部分木制栈道因年久失修而破损。村内树立诸多由博鳌一龄集团公布的"中医康养美丽乡村"示范建设项目规划平面图和效果图,向人们展示了未来仙塘莲塘村公共设施的建设前景。

图 2-18-10　莲塘廊桥

十、目的地商业行为

除正常的农业生产活动和在非遗传承示范点售卖椰胡外，仙寨莲塘村无明显商业行为。

十一、已开展或可能开展的游憩活动

仙寨莲塘村可开展海南侨民文化、侨民建筑文化的研学，琼海古建筑文化考察、田园风光游览、疗养等游憩活动。

十二、简要评述

作为较为典型的琼东北传统聚落，仙寨莲塘村稻田和棕榈科植被密布交错的田园风光秀美旖旎，极具自然审美意蕴。该村人文厚重，侨民文化突出，传统建筑遗存多，存在状态良好，特别是省保单位的"王家大院"，古朴典雅，保存完好，是了解和研究琼海移民文化的重要文物建筑。但也应注意，第二次考察时观察到村落诸多传统建筑进行了拆除重建，部分失去了原貌，传统村落的风貌如何保持需要进一步思考。另外省级非遗椰胡、有"并蒂莲"传说的莲池均是较好的游憩吸引物。

该地域位于海南省琼海市博鳌乐城国际医疗旅游先行区附近，距此地不到 1

千米处为上海交通大学医学院海南国际医学中心，良好的自然环境可以提供疗养服务，而"一龄集团"的仙寨·莲塘"中医康养美丽乡村"项目规划的定位即康养休闲乡村旅游——将美丽乡村和博鳌乐城国际医疗旅游产业交融互动，形成医养生活和医疗产业的新场景。

第十九节　大礼村

一、概况

大礼村隶属琼海市嘉积镇，距海口市区 90 千米，驾车用时约 67 分钟，距琼海市区 5 千米，驾车用时约 13 分钟。大礼村下辖的自然村大园古村肇始于明代万历壬午年（1582 年），开村始祖为明代举人黎梦祯，距今有 440 多年的历史。该村自古重视文化教育，人才辈出，近代村民陆续"下南洋"，华侨之家占 80 %以上。2023 年 3 月，该村入选第六批中国传统村落名录。

二、环境（规划）状况

大礼村（见图 2-19-1、图 2-19-2）是隶属琼海市嘉积镇的行政村，位于琼海市区西部，处于城市边缘，与市区建筑群仅相隔一条 G98 海南环岛高速，可达性强。下属 10 个自然村，分别为大园古村、松园村、枇杷树村、累村、上村、黄土尾村、东村、翰岭村、朝新村、白水塘村，分布在 G98 海南环岛高速西侧，其中传统文化资源较为突出的自然村为大园古村。村落建筑布局基本为传统的梳式布局，规则有序，但也有朝向较为自由的建筑群体。沿主干道建筑多为 2～3 层临街铺面，村内部多为 30～50 年房龄的具有琼海地区典型形制特征的传统民居。5 米左右宽的水泥硬化主干道连接并环绕各村。村落整体地势平坦，自然村之间为水稻田或槟榔林地，村内部多槟榔树等常见海南热带植物。整体环境清净幽雅，富有古韵。

图 2-19-1　大礼村卫星图　　　　　　图 2-19-2　大圆古村航拍

三、特色资源

"乡贤"文化是大礼村较为悠久的传统，从明代万历年举人黎梦祯创办"望江楼书院"伊始，该村以耕读传家为祖训，家无白丁，习文颂德，直至近现代也是人才辈出。乡贤文化体现在对文化传承赓续的重视，以及善行的推崇，大园古村内的世德园（2011 年重建）、诗文廊、求学古道等景观构筑物展现了浓郁的文化气息。相关资料显示，该村近年多次举办国学教育、慈善活动，自觉地继承和发扬古代社会的乡贤实践。

四、自然资源

大礼村地势平坦，林地和水稻田相互间隔，呈现出静谧淡泊的田园风貌。田洋大都种植水稻，郁郁葱葱，间或菜地、槟榔园，稻田规则修直，平远舒展，槟榔林地直立高耸，二者形成视觉效果对比强烈的人文地理景观。村内植以椰树、槟榔树、菠萝蜜树、花梨木树、番木瓜树等热带常见植物，偶有冠大荫浓的荔枝木古树，但村内外的主体植物仍为槟榔树。

五、人文资源

大礼村（大园古村）古韵悠长，强调耕读传家、行善积德的乡贤文化。据石刻《大园古村记》以及相关网络新闻资料显示，该村历史上文教兴盛，贤才辈出。开村始祖黎梦祯便是一位著名乡贤，曾任四川江津知县，荣休返乡后创建"望江楼书院",是该地教书育人的滥觞。家谱记载:"公笃志力行,与叔伯兄弟共相琢磨。每月课七艺者,再群登望读楼,推公评文,燃藜达旦,议冠拔者,其家供鹅酒一席,为卜夜之庆,自是文人继起,蝉联科第。吾乡荐贤自公始"。清代乾隆三十六年(1771年),乡贤黎以瑄以自家大房屋为学堂,以自家田园租金聘任本村秀才掌教,创办"景山义学"。清代贡生黎以佑"以扶襄式靡为己任",以文会友,以诗传世,曾组织诗友"日相与赋",成《八景诗集》。清代廪生黎公允,敦厚处己,易直待人,为后人留下"先德行而后文艺"的家训,家谱称其"家无白丁,鲜有败类,盖公义方使然也"。在乡贤们的传承下,大园古村成为"问字到大园"的钟灵毓秀之地,明清时期共出了3位举人、7位贡生、63位秀才,民国时期出了10位大学生,中华人民共和国成立后依旧文风蔚起,据1995年版《琼海县志》记载,当时全县出了4位博士,大园村占了3位。到了近几年,该村充分调动现代乡贤的积极性,举办了多项重教行善的公益活动,使乡贤文化得到了进一步发扬光大。

该村在硬质景观上也充分展现了自身的人文特质,主要有世德园、春晖园(见图2-19-3)、《弟子规》长廊、大园治学古训石、节孝坊、求学古道、诗文廊、石泉古井、士友诗屋、孝母亭等。世德园书院始建于清代,是大园古村耕读文化的象征,三百余年间,三毁四建,现新修的世德园为五开间平层建筑,外围檐廊合院,围廊路门面朝西南,上书楹联"世传忠孝承先辈,德贯诗书启后昆"。与世德园相背而建的是春晖园,是为了旌表世代慈母们在村落发展、人才培养上含辛茹苦默默奉献的功德,园门书楹联"春风润物慈亲意,晖日映门孝子心",园内竖立复建的"节孝坊",是旌表该村王氏的"母爱丰碑"。村落中部南向有"石泉"古井,其后为数排整齐排列的民居建筑,前排几栋建筑的外围墙悬挂着许多碑刻牌匾,是大园古村的诗文廊(见图2-19-4),诗文廊收集展出了20块历代本村所出人才的碑文以及名校教授书写的书法作品。诗文廊右侧为求学古道(见图2-19-5),该古道始于明代崇祯十六年(1643年),是大园及附近乡村孩童上学读书的必经之路,是大园文脉绵延的历史见证,古路在800米长的石质铺装道路两旁设置了"大园治学古训"篆刻碑林(见图2-19-6),收集了来自全国18位篆刻家的作品,刻录着从中华文化奠基者孔子到本村乡贤黎梦祯等18位先人有关治学的箴言,如"学然后知不足""满招损谦受益""禹寸陶分"等。这些硬质景观无不彰显了大园古村深厚的文化教育底蕴，更有效地赓续了优秀的传统诗文之道和世祖长风。

图 2-19-3　世德园和春晖园

图 2-19-4　诗文廊

图 2-19-5　求学古道

图 2-19-6　"大园治学古训"篆刻碑林

　　村落传统建筑（见图 2-19-7）亦是古村的人文资源之一，以大园古村为代表的各自然村落分布着大量形制统一的典型琼海风貌的传统建筑群，修建年代多为 20 世纪八九十年代。建筑群呈不同朝向，纵向修直排列，带檐廊三开间，设四檐柱，屋檐设拱券，下接檐柱，檐影之下做简单石灰批荡，无装饰。墙体大都为全丁砖砌的清水墙面，正立面檐墙普遍安装多扇窗户，为一门八窗制式，上窗多为十字如意琉璃窗花，下窗窗楣与门楣装饰木刻。脊端、垂脊饰卷草纹、草尾龙纹或拐子龙纹灰塑雕刻，外八字带饰卷草纹灰塑浮雕，灰塑线条曲卷流畅，极富动感（见图 2-19-8）。堂屋家具及其他陈设品按中轴对称式布局，室内大多在后檐墙上布置简易神龛用于奉祀先祖，也有很多不置公阁或神龛，极少数设置完整的公阁，但其装饰较文昌地区而言较为简朴，且大多为当下雕刻机产品，几无年份老旧的装饰遗存，室内墙面无壁画装饰。总体而言，该村传统建筑面貌较为质朴。

图 2-19-7　古村民居　　　　　　　　图 2-19-8　灰塑脊饰

近代历史上该村村民有非常广泛的下南洋经历，但其建筑和其他硬质景观上几无南洋文化的印迹，仅在部分建筑的门楣之上悬挂有"华侨之家"篆书匾额，同时也有彰显家庭重教德行的"书香之家""教师之家"牌匾。

六、目的地内部交通状况

大礼村紧挨 G98 海南环岛高速琼海互通处，直线距离仅数百米，距市区亦数百米而已，距琼海市政府为 5 千米，主干道交通十分便捷，市政路"银河路"连接该村。村内各自然村均建环村硬化水泥路，路宽 5 米左右，各村有干道相连。村内建筑排列规则，自然形成交通巷道，纵向间隔 1 米左右，横向间隔 2 米左右，可通行（也有部分建筑设地坪），均为硬质铺装，彼此通达可行。整体而言，该地交通可达性强，内部道路通畅。

七、政府重视及参与程度

大礼村是传统耕读文化名村，有一定的文化资源条件，在一定程度上为政府所重视。该村为海南省青少年教育基地，2021 年 11 月 12 日，入选农业农村部办公厅公布的 2010—2017 年中国美丽休闲乡村监测合格名单。2023 年 3 月，入选第六批中国传统村落名录的村落名单。2023 年 11 月，琼海市住房和城乡建设局发布《琼海市嘉积镇大礼村第六批中国传统村落保护发展规划》编制公示，提出要充分挖掘大礼村传统村落特色文化资源，提升传统村落的文化品位。有效保护大礼村的文化遗产、改善基础设施和公共环境、合理利用文化遗产、建立保护管理机制，实现传统村落的可持续发展。提出村落发展定位为"以耕读文化、琼北传统民居建筑为发展特色，建设保护为先、文旅相融、休闲娱乐的琼海市近郊型特色传统村落。"并明确近期建设时间为 2023—2025 年，预算建设费用总额为 1 907.25 万元。

八、当地居民意识（状态）或访谈情况

从相关媒体报道可知，大礼村村民在乡贤带领下，知书达理，热心公益，展现出浓厚的厚德崇文的民风。考察所接触的村民亦展现出淳朴本质，对外来人员友善，生活怡然自得。

九、公共服务设施状况

大礼村公共设施较为齐全，除展现该村文化底蕴的公共建筑和公共景观小品外，村委会、道路标识、宣传栏、球场、公共洗手间、垃圾回收站、游览路线图、景观亭等公共设施齐全，道路铺装、古井、休憩座椅等都修饰规整。一些家庭也被设置了"书香之家""教师之家""华侨之家""绿色家庭"等匾额，政府也因地制宜地为村民庭院修建了围墙、庭院小品等。

十、目的地商业行为与民俗活动

在大礼村，除沿街部分有数个小商铺和村内有个别小卖部外，未见其他商业行为。但因距离琼海市区非常近，商品购买较为便捷。每年农历二月十一为大礼村军坡节。

十一、已开展或可能开展的游憩活动

从网络资料可以得知，有部分游客慕名而来到大礼村游历，但未形成常态。村内除展现文化底蕴的建筑和景观小品可供游人驻足外，暂无其他游憩活动开展。

十二、简要评述

交通便利是大礼村最大的优势，琼海市区民众若到此游憩，时间成本极小，部分市民甚至可步行至此。因此，大礼村应充分挖掘自身优势资源，包括大园古村的人文资源以及差异于城市景观的乡村田园风光，以吸引本地市民作为游憩发展的宏观方向，在游憩规划定位、游憩活动设计、硬质景观设计、公共设施设计以及管理规划方面均以市民游客的需求为出发点，从而使该地成为琼海市区民众日常性的游憩地。

该村周边地区有万泉河旅游区、红色娘子军纪念园、周士第将军纪念馆、北仍村等较为知名的旅游目的地，再远地域有官塘旅游区、白石岭风景区等。在这些成熟的旅游区附近，大礼村可根据自身资源，融入旅游带，一方面走差异化发展道路，成为上述优势产业的有益补充，同时也应充分研究当下民众的游憩心理，创造出新的有核心竞争力的游憩产品。

但从现状来看，该村除环境美化和基础的公共设施较为齐全外，物质文化遗存相对普通，新建的文化景观建筑无法满足民众怀旧和了解多元文化的需求，要形成游憩产业还需要另辟蹊径。

第二十节 老丹村

一、概况

老丹村隶属乐东黎族自治县佛罗镇，距海口市区 287.2 千米，驾车用时约 3 小时 15 分钟，距乐东市区 72 千米，驾车用时约 1 小时。明朝嘉靖庚子年（1540年），从儋州迁来的几户石姓人家最先到此落户，村址在原月村（今佛罗）以西500 米港边，为表乡情，起村名为"儋村"，后随着迁徙到此的人员（主要为清初迁此的明朝官兵和子民）增多，文化成分逐渐多元，在顺治辛卯年（1651），村民商议改为"丹村"，表效忠明朝之意。丹村历史悠久，传统建筑遗存众多，是典型的琼南崖州风格建筑，并有隋朝延德县衙、虎鼻古镇、唐造币厂等多处古代遗址。2014 年 11 月，老丹村入选第三批中国传统村落名录。

二、环境（规划）状况

老丹村（见图 2-20-1、图 2-20-2）位于乐东黎族自治县西部沿海，也处于整个海南岛的最西南角，距被誉为海南"最美落日海滩"的龙沐湾的直线距离约 3千米，离佛罗镇圩约 1 千米。从 G98 海南环岛高速龙沐湾互通经海榆西线，数千米后即可到达该村，环岛高铁尖峰站距此地 7.3 千米，海南环岛旅游公路在村落西部约 2.5 千米处经过，交通很方便。老丹村村落体量非常大，建筑群占地面积逾 400 亩，丹村河从西南部蜿蜒流过，村落外围围绕着广袤的水稻田，间或水塘和养殖池。村内分布着砖瓦结构的旧式民居和现代混凝土楼房混杂的建筑群，因大部分居民已搬至新丹村，此地的旧式民居仅有少数老人居住，大多数无人居住，在莽莽植被中，部分已损毁。建筑布局一般坐北朝南，除部分民居呈三五栋横向规则排列外，大多布局为不规律状，迥异于琼北严格的梳式布局。

图 2-20-1　老丹村卫星图　　　　　　　图 2-20-2　老丹村航拍

三、特色资源

作为琼南典型传统民居较为集中的聚落地，传统旧式民居是老丹村较有特色的文化资源。

四、自然资源

老丹村处于海南环岛滨海平原地带，地势平坦，河网纵横，有面积广袤的港湾和湿地，自然资源丰富，是适合耕种及养殖的"鱼米之乡"，有"五步下田，不

误农时""老谷老米装满厝，坡粘坡德红满园"的乡谚。从较大范围来看，该村被
"东岭、西湾、南港、北河"围绕，东岭为村东 8 千米处群峰俊秀、烟岚缭绕的国
家级森林公园尖峰岭；西湾为村西 2 千米处的龙沐湾，是海南最优质的海滩之一，
日落景观迷人（见图 2-20-3）；南港为丹村港，村西南 4 千米处，是丹村先民最早
迁来靠岸之地；北河为村北部 5 千米处的白沙河。老丹村内部植被茂密，分布着
酸豆树、榕树、印度紫檀、小叶榄仁、椰树、木麻黄、苦楝树、文定果等高大乔木，
其中以树型巨大的酸豆树最引人注目，该树种在琼南各地的村落分布极为广泛，
且大都年代久远，老丹村内现存一百多株百年以上的酸豆树（见图 2-20-4），是老
丹村村树。酸豆树高大的树干盘曲嶙峋，尽显岁月沧桑，与苍翠欲滴的小巧羽状
复叶和欣欣向荣的灿烂小黄花形成强烈的视觉差异，成为村内独树一帜的自然景
观。村内有一棵植于明末的古榕，经历了 500 多年的时光荏苒，现如今仍郁郁葱葱。

图 2-20-3　龙沐湾落日

图 2-20-4　百年酸豆树

五、人文资源

最具典型性的琼南传统民居建筑，在老丹村数量众多，现存的传统建筑主要有单体式和院落式民居，二者区别为有无合院。单体正屋（当地也叫正厝）是主体建筑，这种单体建筑是海南"一明两暗"建筑的分异形式，整体布局依然是三开间，中为堂屋，作为会客、祀祖之用，两侧次间为卧室。结构上最大的区别在于檐廊的变化，该地域的檐廊增加了"接檐"，出挑进深变大，一般出檐2～3米，以压低屋檐高度。立面两侧空间合围成房间，作为储物间和厨房，似在海南常见的传统三开间基础上伸出了两侧"鸡翼"，这有效地增加了建筑的功能空间。中间仍为通透的檐廊，是居民纳凉休憩以及从事家务的重要空间。这种变化一方面是气候因素的影响，琼南气候干燥闷热，低矮通透的檐廊有利于遮挡阳光，另外汉族文化的影响力到了琼南逐渐弱化，建筑形制也因地制宜出现了更多变化。

因屋檐压得很低，单体正屋建筑立面的大屋檐占据了主要视觉区域，屋顶为"一剪三坡三檐"，即除了正常的硬山顶的两檐，在前檐部位增设了一段"接檐"，该结构增加了屋内的透气性。屋脊装饰灰塑，脊端大都为卷草纹，垂脊为云朵纹（也有很多建筑不饰），偶有正脊饰灰塑浮雕加嵌瓷，总体上相对琼北而言比较简单。堂屋为建筑的中轴，屋心墙大木作为插梁式结构，整体而言该村建筑室内装饰较为简洁朴实。建筑外墙为红砖，部分墙体做了石灰批荡，但年代久远，因风雨侵蚀剥离者多，加上一些砖块的脱落，墙体尽显岁月沧桑。单体式民居虽然不做合院，但也会适度修建一些简单横屋作为辅助用房。

单体式民居建筑在老丹村为主流，院落式民居较少，一般是历史上的大家族所建，但院落式民居也不乏精彩之作，其中以丹村村委会四队8号民宅最为典型。院落式建筑一般包括五个部分：门闸（路门）、大院、正厝（主屋）、横厝（横屋）和文墙（照壁）。

8号宅的门闸（见图2-20-5）位于院落东南角，为两层门楼，下层开门，上层可作为夜间值班人员住所和瞭望之用，门楼装饰精彩，屋脊饰高挑的卷草纹灰塑，正脊和垂脊饰祥云及佳果，瓦当和滴水部位亦装饰"寿"字和花卉纹。二层门楼檐影饰折页式画卷，内容为山水风景加"喜（喜鹊）上眉（梅花）梢"，两侧为墨竹图，画卷下部为毛泽东同志画像和宋体"忠"字，两侧饰"万"字镂空花窗。院落（见图2-20-6）面积较大，由四栋建筑合围，其中两栋正厝南北向并列分布，东西各一栋横厝。两栋主屋（正厝）相连而建，这与琼南传统村落建筑的横向布局习惯一致，两栋建筑结构大致相同，但西侧正厝明显年代较早，高度约比东侧高出50厘米，加上较为丰富的屋脊装饰（见图2-20-7），外貌显得更为伟岸，该单体建筑为红砖砌清水墙面，属于典型的"一剪三坡三檐"，下层屋檐挑出形成两侧的储物间和中间的开敞空间。屋脊正脊两侧饰流畅飘逸的云纹，中置果盘和花树灰塑，脊端饰高挑的云纹与植物纹，纹样辗转回旋，充满曲线的动感，为厚重的屋栋增添不少灵动，垂脊饰云朵灰塑，从残留的色彩看，屋脊装饰以群青、赭红、土黄三色为主。檐影下绘制黑底白云，显示出波谲云诡的姿态，颇似汉代漆器上的云气纹。屋心墙的大木作为插梁式结构，从正屋内一直延伸至屋外挑檐，是构成内部正屋、卧室，以及外檐两间储物间的主要构架。上下梁之间除插接柱子，亦用瓜柱相承，梁头部位雕饰精美木刻，题材包括草尾龙纹、凤纹、花卉纹以及岭南佳果。正屋明间立面不设墙，开六门，室内不设琼北样式的大公阁和太师壁，不分前后庭，仅设案几和八仙桌，案几两侧刻"土德资生家庆永，神功庇佑室丰盈"楹联。后檐墙设水泥预制件十字海棠花窗，墙框饰黑底花卉和白底墨竹图。在屋脊大部之下的中梁上书写墨字"辛亥年选大木择良辰建华屋茂如松……"可见该建筑修建于1911年。

图2-20-5　8号宅门闸

图 2-20-6　8 号宅内院

图 2-20-7　8 号宅西侧正厝屋脊雕饰和接檐

　　东侧正厝修建时代较晚，形制更小，几无装饰，东部横厝形制与正厝无两致，屋脊饰简单云纹、卷草纹，红砖砌清水墙。而较为引人注目的是西侧横厝（见图2-20-8），其为双开间两层骑楼建筑，红砖砌，上层栏杆设六联拱券，之上为镂空女儿墙，是典型的琼北骑楼制式，且这类横厝建筑在该村以及琼南地域并不少见，据村民介绍，近代下南洋潮流中，琼南也是出发地之一，返乡的侨民修建了此类"南洋风"骑楼建筑。

图 2-20-8　8 号宅西侧南洋风格横厝

据《丹村志》记录，老丹村在历史上还有挪瓦厝和茅屋建筑类型，其中挪瓦厝与单体式建筑结构相同，但是是用黄泥砌成的，瓦片可移动，瓦脊裸露，简单朴素；茅屋经济实用，但不耐用。二者在社会发展进程中逐步退出历史舞台，现已不复存在。

《丹村志》记录该村有诸多历史遗址，包括隋朝延德县衙、县城旧址（石狗村和虎鼻镇）、唐延德郡造币厂旧址（"打冲"）、宋甘泉驿旧址、宋司马驿旧址、明旧丹村遗址、明砖窑遗址、明代丹村古港码头遗址、明古墓、明烽火台遗址、明番人城遗址等，但大部分遗址已难觅其踪。

六、目的地内部交通状况

老丹村由南北两条水泥硬化道路相夹，路宽 4 米左右。联通两条道路的南北向贯村的小道非常多，东部区域直线道路多，但往村落西部方向，道路大都蜿蜒曲折，加上众多分布不规律的建筑和茂盛植被的影响，行走者很容易在其中迷失方向。村内道路部分硬化，但也有部分为原始泥土路面。

七、政府重视及参与程度

老丹村历史悠久，文化底蕴深厚，当地各级政府给予了不同程度的关注。20 世纪 90 年代初，村民提出"移村还田"的建议，在政府支持下，1996 年新村奠基，该项目开始启动，后续经多期工程推进，迁村工作基本完成，扭转了占用农田建房的局面，自此绝大部分村民搬至老村以北 4.5 千米处的新丹村，村民居住环境和建筑质量得到提升。迁村也导致旧村大部分建筑无人居住，久而久之，逐渐破败且杂草丛生，但当地政府仍努力加强老村环境景观质量的提升。从 2018 年和 2022 年两次考察现场状况对比来看，公共设施、村容村貌等方面有一定程度的改善与提质。基于各级政府的支持，该村还获得诸多荣誉称号，如 2014 年入选第三批中国传统村落名录，2017年获评第五届全国文明村镇，以及"中国美丽乡村""中国乡村旅游示范村"等称号。

八、当地居民意识（状态）或访谈情况

历史上老丹村以"耕读文化"为传统，重视文教，此传统一直延续至今，村民虽在 20 世纪末到 21 世纪初有过一段迷失时期，但很快就积极行动起来，发展产业，重塑文明，改善村容村貌，开展各类乡土文化活动，如广场舞、篮球、排球、

书法、摄影等。2012年7月，在村民郭义忠主持下，《龙沐湾》杂志创刊，该乡土民间刊物致力于抢救、挖掘与弘扬延德文化，现已出版多期。2010—2013年，该村基于村落文化遗产的逐步消亡，为使丹村文化得以更好地续存，开始编纂《丹村志》，系统梳理了丹村从建村开始到今天的历史变迁、政治、经济、文教体卫、人物，甚至奇闻轶事等方方面面的数据、状态等情况，为丹村子孙留下了宝贵的精神财富。从海南省内来看，拥有乡土刊物的村落少之又少，编纂村志的更少，可见该村村民对于自身文化的热爱，展现了村民的文化自信和文化自觉。

九、公共服务设施状况

老丹村除公共道路交通外，在主要路段设置了村名石、道路牌以及部分文化遗址的文字介绍石牌，村落核心位置进行了环境整治，拓展了活动空间，增设了部分休憩座椅和景观墙，村委会有戏台、篮球场、健身器材等公共设施。但整体而言，该村公共服务设施有待提升。

十、目的地商业行为

老丹村产业以农业为主，种植水稻和反季节瓜菜，本地农产品品种多、品质优，是海南西南部热带瓜菜生产的重要基地，其中乐东哈密瓜产业已经成为该地较为突出的经济增长点。另外村内有数家供应村民日常所需的小卖部。

十一、已开展或可能开展的游憩活动

离老丹村较近的龙沐湾有各类度假酒店和"最美落日海滩"的滨海旅游度假地，该地各类旅游设施齐全，品质高端，风光宜人，且远离喧嚣，适宜进行环境安静、心灵舒适的静逸游憩体验。老丹村内部尚无游憩活动开展。

十二、简要评述

老丹村周边拥有较为丰富且优质的自然资源游憩景观，其中以尖峰岭和龙沐湾最具代表性。1992年国家批准建立尖峰岭国家森林公园，其是国内第一个以热带雨林为特征的国家森林公园，保存有全国面积最大的原始热带雨林，拥有丰富的动植物资源，是生物多样性很高的地区，被誉为中国十大最美森林公园之一。

老丹村距此地 20 余千米，驾车时间为 40 多分钟，从丹村附近遥望尖峰岭，重峦叠嶂，云雾缭绕，气势磅礴。龙沐湾距老丹村仅数千米，驾车时间约 15 分钟。龙沐湾处于海南岛正西方，是欣赏海上落日的最优地点（见图 2-20-9），此地有品质优良的旅游度假产业，拥有包括凯撒皇宫酒店、温德姆至尊豪廷花园酒店在内的多家五星级酒店（见图 2-20-10），拥有十分美丽的海滩，海滩上有沙滩车、摩托艇、桨板、水上自行车、皮划艇等水上体验项目，也有音乐烧烤吧等具有浪漫情调的临时活动，夕阳西下之时，海面映射着金色余辉，天空云蒸霞蔚，场面极为壮观。据此，从广域的角度来看，老丹村应依附于知名度较高的尖峰岭、龙沐湾等游憩地，规划以传承延德文化为核心的游憩产业，与以绝美自然景观为特征的尖峰岭、龙沐湾形成"山、海、村"的叙事结构，将老丹村的"村"文化进行深刻的挖掘利用（核心为古建文化），和周边自然景观结合成层次立体、项目多元的游憩构架，充分展现琼南地区自然、人文之魅力。

图 2-20-9　老丹村落日余晖

图 2-20-10　龙沐湾酒店群

从乐东至三亚一带传统村落的调研情况来看，老丹村与琼南乐东佛罗镇佛罗老村、九所镇镜湖老村、黄流镇黄流村以及三亚市崖城镇保平村的传统文化存在同质倾向，同属于琼南沿海汉族文化区系。因此通过区域资源整合、连线成片地开展琼南乡村传统文化体验之旅，是形成群化效应，扩大区域文化影响力，实现共同繁荣的重要规划手段，要在同质化的整体趋势下，去阐述每个文化节点的异质性，使得受众既能够感受区域文化的整体协调，但又能"移步异景"体验到小地域的文化特性。设计时不仅要在传统文化上寻找特异点，更要在现代游憩活动的创新设计上，在新技术和新思维上着手，在广域的琼南文化这片"锦"上，按不同节点去编织不同的"花"。

基于老丹村文化的丰富度，游憩设计思维应多层次立体化，开发出包含多元文化体验的游憩活动。在物质层面，如何充分利用古建遗存是重中之重，这不仅关系到老丹村作为传统村落存在的意义，也是促进丹村文化赓续的重要物质载体，同其他传统村落古建筑保护的重要手段一样，使其功能化是基本出发点。在老丹村以及周边地域，非物质文化遗存众多，如剪纸、崖州民歌等，均是可利用之资源。方言也是一种极具特色的文化存在，有很多学者对各地域方言的历史和特质进行了探究，但对于方言在乡村文化设计中的运用研究较少，因此这是一个值得探索的领域。老丹村方言为海南话，据《丹村志》介绍，该村的方言存在使用诸多古汉语的现象，如"汝""伊""糯"等，从中可以看到中原文化在琼南地区的传承以及丹村文化的深厚积淀。在设计游憩时，通过对方言源流的探析和阐译、谐音运用等，为各类游憩场所、建筑、活动进行命名，也可运用方言进行图像化设计，构建老丹村的品牌形象。通过传承方言文化，增加游憩设计的"意味"和"趣味"，为游客带来新奇的体验。当然要尽可能拓展受众范畴，并结合当下前卫的设计手段，以求在新潮的形式下展现深厚的传统文化。

第二十一节　保平村

一、概况

保平村隶属三亚市崖州区，距离海口市区 295 千米，驾车用时约 3 小时 15 分钟，距离三亚市区 55 千米，驾车用时约 1 小时。据诸多文献资料记录，该村历史悠久，始建于唐代，距今已有 1100 多年的历史，古时称毕兰村，此地与唐代政治家李德裕贬谪海南的历史相关，《崖州志》卷五古迹门载："毕兰村，相传于保平、港门之间，李卫公谪崖时，居此。"但也有学者对于李德裕谪居海南的具体地点有不同的看法，认为李德裕真正的贬谪地点应该在琼山，而非崖城（见卢业时的《李德裕在海南贬地考》，1985，海南大学学报）。这些学术上的争议不影响保平村拥有的丰富的传统建筑遗存和非物质文化遗产的现状，作为崖城历史文化名镇的重要节点，为世人瞩目。2010 年，保平村被列入国家历史文化名村名录，成为海南三个国家级历史文化名村之一，2012 年保平村入选中国第一批传统村落名单。

二、环境（规划）状况

保平村（见图 2-21-1、图 2-21-2）位于崖州区政府所在市区的西部，处于 G98 海南环岛高速和海榆西线 G225 相夹的地段，G225 从村落北部穿过，距离 G98 海南环岛高速入口约 1.5 千米。从较大区域来看，保平村北依宝平山，西南濒临崖州湾，距离海滩约 2 千米，东部有宁远河流过。作为传统村落的建筑群部分，是由北部的崖保路（此路是海榆西线 G225 和环岛旅游公里的重合线）、东部的深鸡田路、东部和南部的保漾溪（俗名波浪河）与铁炉塘（俗名保平河）合围的一个区域，地势平坦，西面和北面分布着大面积田原，东面和南面以城乡建筑为主。保平村核心保护范围为 9.23 万平方米，在这个区域分布有大量（建筑面积超过 5 000 平方米）的明、清以及民国时期的古建筑，虽然村落内也分布有数量不少的现代混凝土楼房建筑，但整体而言，此地的传统建筑遗存连排成片，较为集中。村落建筑布局较为自由，没有明显的规律性，建筑类型主要为古民居，亦包括部分书院、庙宇、宗祠等公共建筑。

图 2-21-1　保平村卫星图　　　　　图 2-21-2　保平村导游图

三、特色资源

保存完好、数量众多的崖州传统制式建筑是保平村的重要特色，以清代建筑为主体，其中不乏类似张家宅、明经第等省级文物保护单位，也有多处（如陈传亮、何绍尧、陈令传、麦图发、陈传荣、张远刚、张树琼宅等）公布为历史建筑的传统民居，其主体形制与琼南传统民居保持统一，亦有分异类别，是琼南民居建筑的典型代表，也是研究海南明清传统建筑的重要物质载体。

四、自然资源

保平村依山、傍水、滨海，村落与偷鸡墓岭、楠巅岭、碳穴岭、桌子岭、马鞍岭、坝头岭以及宁远河支流（保平河与波浪河）共同组成山水格局，南部濒临崖州湾，外围遍布田洋，种植着水稻、槟榔树、热带果蔬等经济作物，形成了美丽的农林景观。村内部地势平坦，生长有酸豆树、槟榔树、椰子树、海滨木巴戟、大叶紫檀树、榕树、花梨木等乔木，该村分布的酸豆树与琼南其他村落的一样，树型巨大，年代久远，其中百年以上酸豆树达 9 棵，亦有超 400 年树龄的古木依旧枝繁叶茂，成为村落较为典型的自然林木景观。另外在村容村貌改善后，通过种植一些三角梅、灰莉、结缕草、鸡蛋花、散尾葵、竹类等景观植物，美化了村落环境。

五、人文资源

保平村的传统建筑成排连片，是崖州乃至琼南传统建筑保存最好、规模较大的传统村落，现有 40 余处一类历史建筑和 100 余处二类历史建筑，其中张家宅和明经第是海南省第三批省级文物保护单位（2015 年），较为集中地代表了保平村传统建筑的风貌。

张家宅位于保平村核心位置偏东南部，是一座坐北朝南的四合院形制建筑群，包括院墙、门楼、正屋、横屋、照壁等建筑单元，占地面积 296 平方米。张家宅一度因居住人员的外流而几近荒废，2010 年该建筑被列为三亚市历史文化遗产保护建筑，2012 年政府拨专款进行修缮。张家宅有两座门楼，一个位于院墙东南（见图 2-21-3），是一个两层结构的门楼，是建筑的主出入口，下层连接院墙，为砖砌清水墙，上层正立面做白灰批荡，设三个圆形风洞和宝瓶栏杆女儿墙，依稀透露着南洋风格的影响；另一座门楼位于东边院墙，坐西朝东，不常开，但门楣绘制较为精美的壁画，中部为圆形寿字纹带多线角圆形边框，两侧为十字海棠琉璃花窗，花窗边框做多层线脚，线脚之上绘制曲折的卷草纹，寿字之上为圆弧状折页画卷，绘制一只公鸡及山石花草组合，寓意"世代功名"，两侧饰蝙蝠，寓意"双福临门"（见图2-21-4）。纵向门楣饰折页式画卷，画心分别绘制绿竹、牡丹、莲花、青松，"壬戌年"的题跋说明了绘制的年代（1922年），画框装饰细密的方格纹和卷草纹。

图2-21-3　张家宅东南角路门

图2-21-4　张家宅东面路门门楣装饰

　　张家宅南部庭院面积较为开阔，与前座正屋（见图2-21-5）正对的是五开间照壁，照壁正中饰形制较大的"福"字，两侧饰楹联"绕屋祥云呈瑞彩"和"庭中花木发奇香"，横批为"吉星高照"，边隅饰蝙蝠、草尾龙、卷草等纹样，照壁上部为圆弧状折页式画卷，绘制松鹤、锦鸡、山水。前座正屋立面为五开间，其主体为常见的三开间崖州接檐式传统制式，但两侧分别修建了两层的附属回廊建筑，形成了事实上的五开间，接檐形成的檐廊进深较大，但未似其他琼南建筑在两侧合围形成储物或厨房之类的空间，而是形成一体的开阔檐廊。前座正屋正厅设公阁神龛，神龛以素面未雕饰的木板材组构，太师壁悬挂"天涯之崖，千年保平"的楷书书法作品。正屋次间为展览室，分别有保平志、保平名人等内容，以刻字木板材悬挂。在正屋的东侧回廊外，修筑了一间较小的房子，体现了张家宅灵活多变的制式。前座主屋后部与两侧回廊相连的第二层栏板饰"堂堂乎"文字，该文字源自《论语·子张》中的"堂堂乎张也，难与并为仁矣"，两侧饰楹联和十字海棠琉璃花窗。前座主屋后为两侧厢房和后座主屋合围的小庭院（见图 2-21-6），建筑之间通过檐廊相连，形成便利的行走通道，避免了热带强烈的太阳辐射，内院两侧厢房均陈列传统家具，装饰古朴典雅。

图 2-21-5　张家宅前座正屋　　　　　　图 2-21-6　张家宅后院

后座主屋（见图 2-21-7）为三开间接檐建筑，门楣上悬挂"耕读学堂"，明间的正门内凹，形成更深的檐廊，次间在明间外的檐廊开门。主屋内设朴素公阁和太师壁，无小木作雕刻装饰，两侧次间陈列简单古典家具。张家宅在屋脊、内八字带、敬天香部位绘制有彩色纹饰，题材主要为祥云纹、花果、山水、卷草纹以及几何纹样，用色有土红、群青、土黄及黑白等。后座主屋主梁上书写"辛酉年冬肯构堂，月逢庚子复生……"字样，说明了该建筑的修建年代。张家宅的小木作装饰（见图 2-21-8）较为节制，仅在各建筑的梁头、门簪等部位装饰卷草纹、草尾龙纹样。保平村的张氏家族始于明代从广东惠州举家迁移而来的张成耀、张成宗两兄弟，此二人是唐代著名政治家张九龄的后裔。保平村张氏后人以耕读为生，积淀了深厚的文化底蕴。

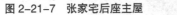

图 2-21-7　张家宅后座主屋　　　　　　　图 2-21-8　梁头小木作雕饰

明经第（见图 2-21-9）位于保平村中部偏北，现保留有清代修建的牌楼、主屋以及民国修建的厢房，以及其他附属建筑，"明经第"门楼是科举时代为贡生（明经取士）宅邸修筑的荣誉构筑物，保平村原有三座明经第门楼，现仅存清代贡生何焕故宅。何宅明经第门楼为单层单檐建筑，门楣正中为"明经第"三字，曾遭锤击破坏，伤痕累累，但字迹仍能辨识。两侧绘制"欢（獾）天"与"喜（喜鹊）地"壁画，檐影绘制黑底白纹的草尾龙。

图 2-21-9　明经第

崖州民歌是琼南极具特色的非物质文化遗产，保平村是其发源地之一，因此崖州民歌是当地非常重要的人文资源。崖州民歌是古崖州一带用崖州方言咏唱的一种古老的民间歌谣，主要以口头传唱和手抄文本的方式在乐东、三亚境内的汉族地区以及东方、陵水等县市的部分地区流传。崖州民歌题材广泛，有很高的艺术价值和独特的文化魅力，2006 年被列入第一批国家级非物质文化遗产名录。保平村村内设有"崖州民歌传习所"（见图 2-21-10），开展崖州民歌的手抄文本收集整理、节目排练、民间演出、日常培训、文化交流、讲演宣传等活动，对崖州民歌的传承与创新起到了很大的推动作用。

图 2-21-10　崖州民歌传习所

另外值得关注的是与保平村产生关联的历史文化名人资源，主要有唐代宰相李德裕、韦执谊和宋代宰相陈宜中，主要体现在这些名人贬谪地的争议上。诸多文献记录三者曾经流放至此，特别是 1962 年，郭沫若校点《崖州志》，著《李德裕在海南岛上》一文，发表于 1962 年 3 月 16 日《光明日报》上，肯定韦执谊、李德裕谪贬地完全相同，即唐代毕兰村。但有也学者认为唐代"崖州"应为海南琼山，至于宋代宰相陈宜中的最终归宿也有多个说法，包括海南崖州，具体史实还有待揭晓。

作为历史文化名镇的崖城，具有丰富的人文资源，与保平村交相辉映，诸如崖城学宫、崖城古城墙、迎旺塔、民国骑楼建筑群、水南村等古村落，共同构成了崖城地区灿烂的文化遗产景观。

六、目的地内部交通状况

保平村外部交通十分便利，G98 海南环岛高速、环岛旅游公路（在此地与海榆西线 G225 和崖保路重合）、环岛高铁崖州站均在村落周边数千米处。村落核心部分以崖保路、保平东路、保平南路、保平西路的合围环线为主，村中心以陈传亮宅前的小型广场为中心，南北纵向分布有保平中路、石沟涧路、上头号路、下头号路，东西横向分布有村中巷、上号头西路、五都路、老市仔路和九龄路。因房屋建筑分布的不规律，导致村内各条道路较为曲折，容易让人迷失方向。在近几年的古村落景观保护提升项目中，该村的村道面貌得到较大改善，由原来的较为简陋的水泥硬化路面改造为以条石、地砖为主的路面铺装，每条道路均有路牌指示，道路两旁的公共绿地进行了整改，增加了各类木质栅栏和景观植栽，提升了通行的舒适度和道路景观的品质。

七、政府重视及参与程度

保平村是海南为数不多的国家级历史文化名村之一，有较为集中的建筑遗产和传统文化，能完整地反映琼南明清以及民国时期的传统风貌和地方特色，有很高的历史、文化、艺术和科学价值，受到了各级政府不同形式的关注与重视。在《三亚市崖州区国民经济和社会发展第十四个五年规划和二〇三五年远景目标纲要》中，明确提出要大力发展乡村休闲游，开发三亚乡村游知名旅游路线，"提升保平村乡村古建筑"；推动保平村等村落的乡村生态建设工程；推动保平村等历史遗迹保护开发利用，"将保平村等打造成为'三亚非遗传习基地'，构建全市知名非物质文化遗产研学基地品牌"；并且要开展对保平村等历史地段和重要文化遗产周边环境的微改造。在2023年8月制定了《三亚市保平历史文化名村保护规划（2021—2035年）》，该规划在古村的保护、历史文化遗产展示与利用等方面制定了详细的措施。在笔者近几年持续的现场考察中，该村的古建筑保护、村落景观提升、传统文化利用开发方面有显著的发展，已经成为琼南传统村落的一张文化名片，各级政府官员也曾多次到此地进行参观考察，了解并指导该村的经济社会和文化发展。2010年，该村获住房和城乡建设部、国家文物局授予第五批"中国历史文化名村"荣誉称号，2012年入选第一批中国传统村落名单。

八、当地居民意识（状态）或访谈情况

据相关资料和实地考察，保平村居民主要以务农为主，主要种植水稻、热带瓜菜等，与大部分中国传统乡村境况大体相同，常年居住在古村的以中老年人为主，青少年大多外出务工或上学。在该村存在古建筑保护和居民生活条件改善之间的矛盾，村民所居住的大部分老房子因年代久远，构件损毁程度较为严重，居

住条件较差，但却又是政府挂牌的保护建筑，无法拆除重建，保护建筑需要专业修缮，村民经济条件难以支撑较高的维修费用，因此相当部分村民仍居住在危旧房内。随着政府修缮资助力度的加大，以及异地安置政策的逐步推进，这种局面有望得到改善。部分旧房通过功能改造和租赁方式，实现了建筑的保护和文化传播的双赢效果，如该村典型的张家宅，在政府修缮完成后，建设成了"保平历史文化馆"，还有屋主出租后改造的"保平故事""保平书屋"等，这些"重见天日"且"华丽转身"的老房子已经成为游客了解保平及崖州文化的重要窗口和平台。

九、公共服务设施状况

经过政府对保平村古建筑的多次保护修缮及环境改造，保平村的公共设施日趋完善，近期改善了路网的铺装，道路标识、围墙墙绘、道路绿地景观等公共设施均有较高品质，沿路设置了保平村文字介绍牌匾、导游地图、历史故事宣传栏、健身器材等。保平历史文化馆、保平故事、中心广场和崖州民歌传习所这几个地点都是和保平村村民息息相关的文化空间场所，是了解保平历史、传播优秀文化的重要公共空间，这些地方设有各类展示保平历史文化的展馆，以各种形式陈列着各类历史信息，包括导游图、传统民居建筑的研究图示、近期实施的规划方案、保平村及周边历史景观的介绍、保平史志、保平名人志等，也包括休憩的茶室、餐厅、包厢等。

十、目的地商业行为

保平村北沿的崖保路是一条较为典型的乡镇商业街，除了有大量满足村民日常生产生活需要的商业铺面，也有很多诸如餐馆、旅社等服务外来游客的商业点。同时，保平村紧挨崖州区政府，各类商业活动较为丰富。

十一、民俗活动

保平村的民俗活动有槟榔下聘和礼宾、春节妆军、正月初三"禁口"、元宵迎灯、寒衣节、盂兰会等。

十二、已开展或可能开展的游憩活动

2019 年，三亚崖州区一家国有企业派出专业运营团队入驻保平村，探索传统村落旅游发展之路，逐步通过文物建筑保护修缮、场馆的陈设布置以及各类文化活动，大大推进了保平村乡村游憩活动开展的步伐和品质的提高，如 2022 年，保平历史文化馆就开展了 24 期"耕读学堂""保平雅集"活动，活动内容包括书法写作、手工织布技艺体验等，并充分利用新媒体进行推广和传播，这吸引了远近大量家庭的参与，扩大了保平村的文化影响力。

十三、简要评述

无论是从多次的现场考察来看，还是从相关新闻报道、文献来看，在政府引导下，保平村从古建保护、文化挖掘研究、文化传播到环境提升等多方面都取得了不菲的成绩，已经成为琼南乃至海南省较为知名的传统文化聚集地，该地丰富的古建遗产和传统文化是研究琼南建筑文化、民俗文化以及其他非物质文化的重要载体。便捷的交通、优质的环境和当下较为丰富的文化游憩活动也吸引着越来越多的游客的到来，其文化效应正在逐渐展现。

从面上看，保平村属于崖城历史文化名镇的范畴，是其重要的文化节点。崖城是海南历史最悠久的城郡之一，2007 年 6 月被评选为第三批中国历史文化名镇，拥有诸多文物保护单位和非物质文化遗产，其中的崖城学宫为国家级重点文化保护单位，学宫距保平村仅 4 千米。从区域来看，崖城多个文化节点的互动是这片区域游憩产业规划的重要思路，区域联动可发挥各文化节点的优势，形成聚集效应，保平村应与历史文化名镇的其他文化节点形成立体的、多层次的文化游憩区，通过整体筹划，凸显每个节点的特色，共同构建崖城文化游憩体系。

从线上看，一定的叙事构架是连接各地文化节点的"线索"，可以某种主题串联起多个节点，从而形成逻辑合理、引人入胜的文化体验路径。保平村以及崖城应该将历史文化名人足迹、居民传统生活生产场景进行部分复原，按照历史故事或崖城传统为保平村的文化游憩活动注入"故事性"，使得游客在游历村落或体验文化活动时，有鲜明的线索引导和故事吸引。

从点上来看，保平村的建筑文化、崖州民歌等文化游憩活动需要与现代技术（数字化、虚拟现实）、历史故事等进行深度融合，从而形成年轻人熟悉、喜爱的清新、艺术、浪漫的新文化潮流，使传统文化通过现代技术焕发新的生命力，吸引年轻一代关注、学习、传播保平文化。

第二十二节　疍家渔村（海鹰村、海燕村、海鸥村）

一、概况

　　陵水黎族自治县新村镇疍家渔村是海南最典型的疍家海上聚落，距离海口市区 213 千米，驾车用时约 3 小时，距离陵水市区 15 千米，驾车用时约 34 分钟。聚落包括三个"以舟为家、以渔为业"的渔村——海鹰村、海燕村、海鸥村，三个村的村委会驻地以及村民居住地在新村镇圩，而其最具特色的村落景观是位于新村港海上的养殖网箱，成排连片 500 户左右的渔排和海上小屋，犹如海上阡陌，蔚为壮观，是海南保存最为完整的"疍家部落"。关于渔村形成的历史，有学者认为是清末民初部分人从福建泉州和广东的顺德、台山、阳江等地一带逐渐迁入该地，但也有文献认为，在唐宋时期就有大量两广的疍民流入海南，另据明正德《琼台志》统计的正德七年（1512 年）陵水县疍民的户口数为 100 户，人口为 457 人，[①] 可见陵水疍民的历史可以追溯到更久远的年代。基于该地疍民文化的悠久历史和聚落景观的独特性，2019 年 6 月，新村镇疍家渔村被列入第五批中国传统村落名录。

二、环境（规划）状况

　　陵水疍家渔村（见图 2-22-1、图 2-22-2）位于陵水黎族自治县南部的新村泻湖海面，在泻湖入口往东北向，500 户左右渔排、千余艘船舶依序排开，连绵约 2 千米。从较大范围来看，疍家渔村的西南面为宽广美丽的陵水湾。西北面为新村镇镇圩，镇圩面积超过 1 平方千米，是规模较为庞大的建筑群，镇圩建筑多为十层左右的商住建筑，建筑布局呈东北西南向，排列规整，主要道路包括新港大道、望海大道、中山路、解放路等，沿街铺面繁多，非常繁华与热闹。镇圩最南

---

　　① 张朔人 . 海南疍民问题研究 [J]. 安庆师范学院学报（社会科学版），2007，（02）：53-55.

端为南湾猴岛生态景区游客中心，此处可乘坐高空索道前往南湾猴岛，同时也有游客从码头前往猴岛和疍家渔排。镇圩外围往西为清水湾大道（海南环岛旅游公路在此与之重合）和海榆东线（G223），这段区域拥有十分美丽的海滩，开发出众多的地产、酒店产业，如海南绿城蓝湾小镇、雅居乐山海间、雅居乐清水湾等。渔村南面为海南著名的 4A 级景区——南湾猴岛生态旅游区，是游客领略海岛风情、观赏野生猕猴的生趣之地。新村港泻湖以及其东面的黎安港泻湖是海南省东南海岸线上的两大天然泻湖，其中新村港泻湖约 24 平方千米，除西部有一道宽度不足 200 米的通道与陵水湾相连外，其余均被陆地包围，是优质的天然良港。近几年在政府的大力整治之下，新村港水质得到很大提升，通过现场考察观测，泻湖大部分区域海水清澈见底。

图 2-22-1　新村镇疍家渔村卫星图　　　　图 2-22-2　疍家渔村航拍

三、特色资源

南宋周去非《岭外代答》中记述："以舟为室，视水为陆，浮生江海者，疍也"，由此可以窥见原初疍民的基本生活方式，但随着时间的推移，疍家人也做出了适应性的改变。历史上，疍家人曾在海南的陵水、三亚、海口等沿海地区广泛分布，但现在大部分已经上岸并逐渐隐没，因此陵水新村港成了现存海南最大的疍家聚居地。疍家人独特的生产生活模式，造就了独特的建筑、文化和生活景观。在新村港约 70 万平方米碧波荡漾的海域上分布的数百户渔排及附属建筑，成为陵水乃至海南了解疍家文化的重要载体，也是该地最具特色的文化资源。

该地疍家渔排的数量、形态在历史上是动态变化的。海南的疍民主要从两广迁徙而来，特别是大量南宋末年兵败、元朝占城"番人"以及明末清初等政治性难民的移入。从前，疍民主要从事捕捞业，他们白天出海捕鱼，晚上在船上休息，居无定所，疍家船的形式也较为特殊："船首尾皆尖高，船身平阔，其形似蛋，故称疍船"（乐史，《太平寰宇记》），在夜晚休息时，疍家人会将各家的船连接在一起，以增加安全性。长期以来，疍民与陆地社会的交流有限，但也因其封闭性，一些传统文化得以传承下来。随着时代的进步，特别是新中国成立后，在政府的鼓励之下，疍民逐渐改变自身的生产生活方式，并慢慢上岸居住。1958 年，在公社党委的动员下，陵水疍家渔民陆续上岸盖房，到 1975 年，疍家人才统一迁移到陆地盖房了。除了完全筑于岸上的建筑，还有一种被称为"疍家棚"的建筑类型，这类建筑修筑在水岸边，采用原木、竹子、茅草等材料，是类似吊脚楼的干栏式滨水建筑（见图 2-22-3）。改革开放后，随着网箱养殖技术的发展，疍民逐渐放弃了海上捕捞，而改为渔排养殖，于是，在新村泻湖附近海域，疍民逐渐建立起渔排网箱，到 21 世纪初，疍家渔排已经形成较大规模，成为现今所看到的模样。在一段时间里，随着整体经济的发展以及南湾猴岛旅游产业的带动，新村渔排进入了快速但无序的发展阶段。到 2019 年，渔排面积较之 2005 年几乎增加了 3 倍，除了养殖，该地也衍生出了海水民宿、海上渔家乐餐饮等新生产业。[1] 如此庞大的养殖规模和其他产业的发展，给泻湖带来严重的生态危机。2019 年后在政府主导下，开始缩减养殖面积，大量拆除违规建筑，到 2022 年，渔排的规模恢复到与 2005 年大致相同的水平。2023 年 10 月，《消费日报》记述渔排户数为 456 户。[2]

图 2-22-3　疍家传统渔排

① 褚童 . 传统渔村空间演化特征及机制研究 [D]. 海南师范大学，2023. P33-34.

② 郑红梅，罗朴华，申军 . 海南陵水树立文化旅游新标杆 [N]. 消费日报，2023-10-23（A02）.

渔排是现代疍家人为了适应水上养殖而修建的集养殖、捕鱼和居住为一体的民居样式。从考察现场观察来看，新村港渔排（见图2-22-4）聚落呈横"Y"字形布局，从泻湖入口慢慢延伸到泻湖深处，是由数量众多、形制趋于同一的单元渔排构成的，多组渔排紧密相连，中间分隔出供船只通行的巷道。单元渔排从功能上来看分为两部分，一部分是网箱养殖区域，一部分是人居的船屋，各类渔排虽然在体量大小上有一定的差异，但整体形制差不多。其中网箱养殖区域是渔排的重点区域，承载着渔排的主要功能，由20～30厘米宽的木板搭建成9～12个方格的网箱，长宽约在12～18米之间，纵向木板下方使用泡沫板使其浮于水面约半米，横向木板作为固定和通行之用。每个单元方格面积8平方米左右，方格下系渔网用于养殖水产物，包括石斑鱼、军曹鱼、海龙鱼、金鲳鱼、青斑鱼、龙胆鱼、龙虾等。在网格的东南角一般设置人居的船屋，历史上的船屋木制者居多，现如今基本上采用钢架铁皮修建，面积从10平方米至50平方米不等，船屋下层支起约半米高的干栏，立于渔排之上。船屋内部也会进行功能分区，早期渔民很少上岸，船屋功能完整，但现在船屋仅作养鱼作业的临时休息场所，因此功能设施相对简单许多，据现场观察，一般分隔为卧室和厅屋两部分，内部用木制材料隔间和铺地，配备基本的睡床、座椅、电视、冰箱、电风扇、空调等家具，当然也有相当部分渔民选择大部分时间在水上生活，其房间功能相对丰富。单元渔排之间采用缆绳相互连接，用以对抗风浪，依次排开后，形成布局规整的庞大渔排群，由于体量巨大，在空中俯视，形成视觉效果十分震撼的海洋人文景观。

图2-22-4　新式渔排

随着社会经济的发展，渔排的功能和形态也产生了相应的分异，从功能上来看，除了养殖为主体的渔排，在南湾猴岛旅游业的强力带动下，21世纪初出现了民宿酒店和餐饮等商业设施的建设。为招揽顾客，这些水上商业建筑更多地注重了疍家历史文化的挖掘和建筑形态的创新设计，如造型雅致的新型水上木屋，以及仿古时"疍（蛋）船"的船屋民宿，甚至出现贝壳形屋顶的全新仿生建筑，丰富了疍家渔排的建筑形态。另外，随着政府管理的加强和民众自组织功能的发展，出现了诸多公共建筑，如海上警务室、疍家文化体验/展览馆、旅游码头、小型海上广场等。而养殖科技的发展，也使原来渔排的建造材料和形态发生了改变，如一些新建的渔排采用了新型模块化组装的塑料材质的网箱，除了方形渔排，也慢慢出现了圆形的渔排。总之，时代的发展促使疍家渔排不断变化。

四、自然资源

新村镇疍家渔村整体位于新村港泻湖，海洋性是其最大的特征。新村泻湖（见图 2-22-5）南北长 4 千米，东西宽 6 千米，面积约 24 平方千米。口窄内宽，东南两面有南湾半岛环抱，风平浪静，是新村渔民的天然养殖场。据海南陵水海洋渔业监测站调查，新村港港湾有 2/5 的海床生长着茂密的海草（主要为海菖蒲），已经具备了海草床的生态特征。海草是红树林和珊瑚礁以外的重要的海洋生态系统，大面积的连片海草被称为海草床，是许多大型海洋生物甚至哺乳动物赖以生存的栖息地。

图 2-22-5　新村泻湖的绿水青山

新村泻湖一度因海水养殖的过度扩张，导致水质恶化，当地政府近几年大力开展红树林湿地生态修复及退塘还林还湿工程，拆除违规乱建的渔排，使泻湖生态得以恢复，水质得以提升。从现场观测来看，泻湖水质清澈见底，重现了绿水青山的壮美自然景观。位于泻湖西北面的红树林湿地公园补种的蜡烛果、木榄、秋茄树、海桑等红树林（见图2-22-6）树种生长态势良好，林地初见规模，生态效益凸显，也成为游客观光之地。

图2-22-6　初具规模的红树林地

五、人文资源

疍家人在长时间的海上生活中，形成了自身特征鲜明、多元丰富的文化传统，因群体的相对封闭性，与外界的交流有限，因此其传统文化的传承状况良好。除了上述的渔排建筑，还包括服饰文化、饮食文化、信仰文化以及疍家调等人文资源。

海南疍家服饰是很典型的适应热带海洋生产生活的产物，具有浓郁的海洋风情。疍民一般上身着长褂，肥大宽松，易穿易脱，下身着七分裤或短裤，这既可以适应海上潮热的气候，也方便海上的劳作，服饰朴实无华，以蓝黑色为主。疍家帽见（图2-22-7）是疍家人常戴的竹编斗笠，帽檐宽大，利于遮阳挡雨，深受疍家人特别是女性的喜爱，已成为疍家渔民的一种服饰符号。

海洋信仰是沿海地区十分广泛的文化现象之一，古代疍家人在海上搏风打浪，凶险异常，命运的不可预测性，使得人们寄希望于各路神灵保佑。在海南疍家聚居地，海神的崇拜呈多元特性，主要有兄弟公崇拜、五龙公崇拜、海螺姑娘崇拜、观音崇拜、妈祖崇拜等。在新村镇的旅游码头旁的海边，有一座重修的"三江古庙"（见图2-22-8），前身为始建于宋代的天后庙，供奉的便是妈祖。

图 2-22-7　疍家帽　　　　　　　　　图 2-22-8　三江古庙
（图片来自网络）

"吃海"是疍家人饮食文化的典型特征。长时间的与海为生，疍家人在食材种类、烹饪方法、烹饪用具以及饮食爱好上形成了自身独特的文化。疍家人喜食的海产品有马鲛鱼、红鱼、鱿鱼、墨鱼、鲳鱼、青鱼、蟹、贝、蚝、紫菜、对虾等，烹饪方法主要是水煮，做出来的食物清淡且保持了食材的原汁原味，是非常健康的饮食文化。除新鲜海产品外，疍民还善于用发酵、腌制、晾晒等方法储存食物。因常年处于潮湿的环境，易患风湿，疍家人便用海参、海马、海蛇等泡制药酒，这种药酒有祛风、除湿、壮腰补肾、延年益寿等功效。现如今，疍家美食被发扬光大，新村港涌现了大量的海上疍家美食园、水上餐厅、渔家乐等，为人们提供了品尝疍家美食、体验疍家风情的完美去处。

疍家调又称"咸水歌"，是疍民海上操舟谋生时，面对凶险和压力，用于宣泄内心情绪的即兴哼唱，在节庆、婚嫁和乡友集会时疍家人也时常高歌一曲畅表心意。与其他疍家文化一样，疍家调广泛地分布于海南各地的疍家聚居地。2007年7月9日，陵水黎族自治县将疍家调列入该县首批非物质文化遗产保护名录，2012年11月27日，疍歌被列入海南省省级非物质文化遗产代表性项目名录，新村镇的郭世荣等是海南较有影响力的疍家调传承人。疍家调题材丰富，是疍民生产生活的真实写照，记述了疍民的文化历史，曲调时而高亢时而悠扬，是海南疍民共同的文化遗产，也是疍民的文化符号之一。

六、目的地内部交通状况

新村镇圩道路似棋盘，横竖交织，通达便利。镇圩南部角落有前往南湾猴岛的索道和码头，从索道俯视海湾，渔排鳞次栉比，船只来往如梭，与绿水青山交融在一起，形成了自然和人工共同创造的宏伟大地景观，震撼人心。在游客码头，有公司运营的"疍家港湾游"游船，也有很多可单独租赁的私家游船（约 200 元 / 次，可议价），乘坐这些游船可穿梭于疍家渔排和红树林之间，近距离观看疍家渔排和体验疍家生活。渔排一般数个或数十个不等形成一个个渔排群落，小群落之间间隔数米水道，大群落之间间隔数十米水道用于船只通行，形成了大小不一、错落有致的通行水道，既是渔民作业船只的生产航道，也是游客畅游渔村的观光通道。

七、政府重视及参与程度

新村镇渔村不仅具有重要的经济生产属性，也是泻湖生态建设的重点区域，更是海南疍家文化的集大成之地，历来受到各级政府的关注。疍民在封建社会时期地位低下，新中国成立后，疍民获得了平等的社会地位，政府帮助疍民改进生产模式，动员其上岸居住，使疍民结束了颠沛流离的生活。改革开放后，政府引导渔民大力发展渔业养殖，提升了渔民的经济收入。近期又针对新出现的生态问题，引导村民合理利用资源，提升生态质量，发展疍家旅游产业，实现可持续发展。在 2021 年 2 月公示的《陵水县新村镇疍家渔村（海鹰村、海燕村、海鸥村）传统村落保护发展规划》中，政府明确了该地受保护的范围和对象，对渔排建筑进行了分类管理，对建筑风貌管控（包括风格、立面、材料、色彩、高度等）有了明确的要求，并打造区域旅游联动规划和疍家渔村水陆结合旅游线路，构架渔排污水处理系统等，为渔村未来的发展勾画了蓝图。据《消费日报》（2023 年 10 月 23 日）报道，陵水县委、县政府立足海南自贸港发展大局，整合当地资源，挖掘新村疍家文化内核，致力于将新村镇疍家渔村打造成集生产、交易、文旅功能于一体的休闲文创类渔港。

八、当地居民意识（状态）或访谈情况

新村镇疍家人主要从事渔排网箱养殖，随着旅游产业的兴旺，部分疍家人开始在海上发展餐饮、民宿经济（见图 2-22-9、图 2-22-10）。

图 2-22-9　疍家渔民　　　　　　　　　图 2-22-10　海上民宿

据一位 50 多岁的大伯介绍，自己孩童时期，疍家人基本很少上岸，渔排之间是他们玩乐的场所。当时有水上学校，上学都在渔排上，因此那时的船屋是一个完整的家。大伯的渔排位于泻湖入海口的第一排，泻湖入口水流湍急，水质清澈，利于养殖石斑鱼，其渔排内的石斑鱼大都有 20～30 斤，长势喜人。大伯介绍，其祖上来自于广东阳江一带，疍家话与广东话比较接近。水产养殖主要供给大酒店，效益要看市场行情，渔民自身难以控制。大伯的孩子大学毕业后在外地工作，不愿回家经营渔排，问起年老后家中产业怎么办，大伯苦笑而不语。大伯每日按时到此地来照料渔排，饭点和晚上上岸回家，岸上家居为几层楼高的沿街建筑。

当然也有很多青年人在渔排上延续着海水养殖产业，包括一些返乡创业的有志青年，年轻人在外开拓视野后，与时俱进，发展渔排的民宿、餐饮和其他游憩功能，且更加珍惜和重视疍家独特的文化传统，有意识地收集整理疍家人的老旧物品、照片和文字等，并通过不同形式展现和传播疍家文化，在发展中不忘原本初心，展现出强烈的文化自觉和文化自信。

九、公共服务设施状况

疍家渔村是海南较为知名的旅游目的地，旅游产业发展较为成熟，"吃、住、行、游、购、娱"产业齐全。"吃"有新村镇大众化的餐饮店，也有在渔排上广泛分布的海上疍家美食餐饮点；"住"有距此地数公里远的海南绿城蓝湾度假酒店、蓝湾绿城威斯汀水疗度假酒店等位于清水湾大道附近的星级酒店，以及在新村镇上数量众多的旅租民宿；"行"有陆上公共交通，也有穿梭于空中的索道与海上的游船；"游"有知名的南湾猴岛和壮丽的渔排建筑，以及红树林与新村湾交织的绿水青山；"购"有疍家海产品；"娱"有南湾猴岛的人猴互动和海南海洋欢乐世界度假区（位于新村港泻湖东北角）。

十、目的地商业行为

疍家渔村基于公共服务的旅游产业商业活动内容齐全（见公共服务设施状况），游客的各类需求基本都能够得到满足。

十一、民俗活动

陵水疍家人的民俗主要有疍家婚礼、祭海仪式、正月游灯迎妈祖、端午赛龙舟等。

十二、已开展或可能开展的游憩活动

从外围来看，区域旅游联动主要节点及线路为：清水湾旅游度假区—南湾猴岛—新村渔港—疍家渔村—石贡遗址—海草床自然保护区—海南陵水黎安国际教育创新试验区—富力海洋欢乐世界—海风小镇—黎安旅游先行试验区其他区域—双帆石—桥山遗址等；从疍家渔村内部区域来看，已经形成南湾猴岛停车场—古码头—疍家渔排建筑群—疍家文化陈列馆—疍家渔排餐厅—海草床—红树林—中心渔港—渔村海岸休闲商业街的线路。

十三、简要评述

无论是疍家渔村隐藏于表象之下多元丰富的疍家生产生活文化，还是其展现于世人眼前壮美秀丽的疍家渔排和绿水青山，都是海南岛内极为突出的游憩资源，独树一帜的海洋人文景观散发着独特的魅力，极大地满足了游憩者体验异域文化的需求。疍家渔村资源的独特性以及周边旅游产业的丰富度和成熟度，使其成为海南岛内知名度较高的旅游景点。

从现场考察来看，应该明确的是，现有的疍家渔排仍是以渔业生产为绝对主导产业的地域，对于当地居民来讲，除了从事餐饮业和民宿业的生产者，现有的游憩产业于他们来讲是非必要选项，甚至在一定程度上是他们渔业生产的干扰因素（从大部分渔民拒绝游客观摩所经营的渔排可知）。对于此，该地的疍家文化游憩设计需要有清晰的认知：渔业生产和游憩产业之间的交汇共融、和谐发展是规划定位的关键所在。

疍家渔村自然和人文景观的瞩目度已然很高，但现有的游憩活动仅局限在被动观摩，而疍家渔排也以物质化的客观存在被动参与了游客的观赏行为，除了部分岸上基础设施，引导游客深度参与和体验的游憩活动并未呈现。想要更充分地展现疍家文化的魅力，以及为游客提供更高质量的游憩体验，设计者还需要进行更多的思考。

从现状来看，疍家渔村游憩设计应注重文化介入、设计介入、艺术介入。文化介入主要体现在游憩景观不仅要有静态式的自然和人文景观观摩，更要在游憩设计中挖掘疍家独特悠长的文化底蕴，特别是在时代发展中濒于消亡的且是疍家标志性符号的文化部类，通过传承人传承、博物馆展示、数字化保护、重新演绎等各种手段赓续之所以能被称为"疍家"的疍家文化，彰显其独特性。设计介入主要体现于通过创意的手段、独特的视角和合理的游憩路线规划将疍家文化景观和泻湖自然景观与游客的需求相结合，将游客置于游憩设计的中心，为游客提供一系列层次构架丰富、独创性强的游憩活动设计。艺术介入体现在通过艺术的手段提升游憩活动的品质，包括良好的视觉感观、深入人心的叙事方法以及多元化的展示手段等，使游客置身于能够暂时脱离日常生活的理想人生情景之中。

在具体操作层面，游憩设计需要拓展游憩活动的深度和广度，深度从文化入手，充分研究疍家文化的细节末梢，为游客呈现原汁原味的疍家生趣；广度从形式入手，如渔获的快乐、深潜海草床、流动餐饮、渔排制作、渔网编制、疍家出海等活动的开展。

总之，疍家文化的独特性和自然景观的秀美，使得新村镇疍家渔村具有了一定的关注度，但其被动式的游憩功能只是其潜力的冰山一角，想要实现效益的最大化以及疍家文化的传播，在规划设计层面还要多做功课。

第二十三节　联光村

一、概况

联光村隶属万宁市大茂镇，距海口市区 150 千米，驾车用时约 110 分钟，距万宁市区 9.3 千米，驾车用时约 21 分钟。黎族是万宁最早的居民，汉族人来此始于汉朝，历代有被贬官员迁居于此并留下后裔繁衍生息。唐代贞观五年（公元631 年）设立万安县，隶属琼州，贞观十三年（639 年），万安县隶属崖州，龙朔二年（662 年），划出崖州的万安县、富云县、博辽县 3 县，振州的陵水县，增置万安州，据史书和方志记载，当时万安州州治所位于现今大茂镇旧州村（联光村下辖自然村），筑有土城，教谕黎民。这里的土城在宋代后被荒置，久成废墟，直到明代，郑、林两姓人员到此定居，逐渐繁衍发展成村，并将"旧州"作为村名。旧州村现存的万安州古城遗址为海南省第三批省级文物保护单位。2023 年 3月，联光村入选第六批中国传统村落名录。

二、环境（规划）状况

联光村（见图 2-23-1、图 2-23-2）位于万宁市域中东部，万宁市区北部，从G98 海南环岛高速万宁北互通经万州大道（G223）、X426 县道可至。县道为 8 米左右宽的双向车道，沿途乡村建筑和乡土植物相间，有着有别于海南其他乡村道路的幽静。联光村下辖冯宅园村、塘尾村、旧州村、旧铺村 4 个自然村，以村委会和联光小学为中心，分布有诸多传统建筑和现代建筑相间的民居群落，外围为面积宽广的水稻田，村内植被茂密。民居建筑基本呈梳式布局，县道贯穿该村，新修建筑大都沿县道修建，传统民居大都掩映于茂密丛林之中，丛林旁空地多坟冢。

图 2-23-1　联光村卫星图

图 2-23-2　联光村航拍

三、特色资源

联光村最为重要的历史遗址便是万安州古城遗址，在联光小学外有一块由万宁市地方志办公室竖立的"万安州旧州城遗址"石碑，注明了遗址的大概位置。

前文已述，万安州是龙朔二年（662 年）增设的，州治设于现旧州村，并修筑了州城。但随着社会的发展以及人口的增多，该地逐渐不适宜作为州治之地了。北宋熙宁七年（1074 年），降万安州为万安军，并领县，隶属琼管安抚司。到了北宋大观元年（1107 年）万安军治所迁于后朗水口（今万城镇），南宋王象之的《舆地纪胜》载："宋末移万安军万安县治此"（万城镇）。由此可知，作为州（军）治的旧州城使用时间大致为 445 年，此后，该城址便在风雨飘摇中历经千年，仅剩遗址了。

相关资料显示，万安州古城南高北低，开南北两门，北门为三格门，南北城墙各长约 300 米，东西城墙各长约 180 米。城北有田洋和坡地，因用于驻扎军队、搭建马棚，后人命名为"军洋"和"马田"。千年之后，现仅存东、西、北三面城墙土基，城门砖 16 块，砖长 70 厘米、宽 16.5 厘米、厚 8.5 厘米，坯质细润。

1999 年 8 月，该遗址被万宁市人民政府列为文物保护单位，2015 年 11 月，入选海南省第三批省级文物保护单位。据《海南省省级以上文物保护单位保护范围和建设控制地带》文件得知，该遗址保护范围为，"东至旧州村四队大道，西至联光小学入村道，南至联光小北墙，北至原军田洋，面积 146.8 亩。""建筑控制地带东至旧州村与旧铺村交界，西至冯氏四队西大道，南至大茂至后安镇县道联关段，北至军田洋，面积452.5亩；环境协调区东至旧铺村东，南至联光村委会办公大楼南墙，北至龙尾湾河（原军田洋段龙尾湾河南岸）。"

考察之日，据村民介绍，村落丛林中隆起的土坡很有可能就是千年之前城墙土基的遗存，在村民带领下，在莽莽的植被中寻找多时，但资料记载的16块城门砖竟难觅其踪，甚为遗憾。

四、自然资源

联光村整体地势平坦，偶有缓坡，村落北面有大片田洋，田洋之北为龙尾河，河流注入距此约5千米处的小海。建筑群落之间生长着茂密的丛林，主要有槟榔树、椰子树、相思树、菠萝蜜树、竹、番木瓜树等乔木，树型巨大，间以滴水观音、蟛蜞菊、露兜以及各类藤蔓等地被植物，形成了自然生长的层次丰富的植被生态群落。

五、人文资源

大茂镇被称为"竹器之乡"，其竹编工艺的主要发源地和现在主要的生产地均在联光旧州村，其历史悠久，明代唐胄的《藤作》长诗序中说："万州藤作名天下……正德初有王氏女，尤妙手工……"相传北宋庆历年间，一对广西年轻男女，擅长于编织竹器，深受远近乡民喜爱，两人日久生情，真心相爱，但却遭到父母反对，两人相约私奔，一路至海南万安军，该地村民友善好客，二人出于感激，编制竹器相送。村民为其搭建房子，两人便定居于此，生育后代，一年瘟疫流行，夫妻俩不幸感染，临终前托付后代于村民，改后代为林姓，孩子长大成人后将竹编技艺传授给村民，自此旧州村的竹器编织业便兴盛起来，成为该地村民农业生产之余的一项重要生计来源。之后编织技术逐渐传授到了旧州村附近的村庄，并一代一代相传，成为当地重要的民间传统工艺，除了旧州村，还有群乐、红石、联民、群庄、群爱、大联等村，也有很多人从事竹器编织业。

据史料记载，旧州村产"白竹"，该竹材适宜加工，在旧州人历代手工艺人的勤劳和智慧下，一代代地积累了丰富的加工技艺，不仅满足了日常生活的需求，也因工艺高超，美观实用，成为一项重要产业。竹材要经过破竹、去节、刮平、划丝、抽匀等多道工序，全部都是手工操作，从而制作出精细的竹丝、竹篾用来编织竹器。大茂竹编的编织主要可分起底、编身、做边三道工序。在编织过程中，以经纬编织法为主。在经纬编织的基础上，还结合了编、插、削、扎、穿等多种技法。大茂竹编在制作过程中全凭手艺人灵巧的双手和一把竹刀进行手工编织，让根根竹丝依次编织成形，所有接头之处都可以做到藏而不露，宛如天然生成、浑然一体。

一直到20世纪60～80年代，大茂竹编仍是大茂地区十分重要的产业，因产品外形美观、工艺精湛、经济实用，获得广泛的欢迎，一度远销新加坡与马来西亚等地，成为外贸产品。但随着现代塑料制品的普及，大茂竹编产业不同程度地受到冲击，但仍有一批中老年人（20多户）在坚持该项手工艺，主要是为海南水果定制果篮，也包括一些米罐、箩筐、果盘、摇篮、插花瓶、笔筒、12生肖动物等竹制生产用品和工艺美术品。作为一种民间工艺文化的载体，其存续状态逐渐受到社会各界的关注，2008年，大茂竹编与后安刀、军坡节、西门舞龙等被列入万宁市第一批"非物质文化遗产"。

该地现代混凝土楼房日渐增多，但还保留着一部分传统制式的建筑，作为海南民居建筑的部类之一，有一定的历史研究价值。传统建筑主要分布在村内茂密的林木之中，尚有居住者的建筑已不多，主要是一些老人仍坚持住在里面。建筑布局为梳式排列，主屋一明两暗三开间，两侧一般带横屋，前有院墙合围成三合院，一侧横屋开门，亦有不带横屋或单侧横屋的布局形式，一般两侧横屋外距离大于正屋宽度，与琼北平齐布局或长横屋制式相异。正屋三开间，挑梁出檐，梁头雕刻草纹龙饰，两侧山墙出檐，不设檐柱，前檐墙立面为一门四窗制式，窗上设切边长方形框，一些置琉璃十字如意花窗，一些绘制彩画，彩画题材大都为花鸟和风景等，技艺较为粗糙。窗户为直棂条水泥预制件，门楣饰简单木刻或无装饰。墙体为红砖砌清水墙面，山墙多开两窗，窗楣饰券拱加灰塑浮雕，山墙外八字带下垂饰卷草纹灰塑浮雕，山尖部位饰多层线脚切边方框，内饰灰塑浮雕，灰塑一般为素色，偶有施彩（群青、赭红为主），题材主要为花鸟，如莲荷、喜（喜鹊）上眉（梅花）梢、松鹤延年等，工艺水平尚可。屋顶为红色盖瓦，日久渐黑，无脊饰。室内大都为清水墙面，很少有装饰，堂屋陈设简单，未见形制复杂的公阁。整体而言，该村传统建筑是海南常见传统建筑制式的一种分异类型，形制较为统一，未见琼北常见的繁缛建筑装饰，风格较为简朴。据村民介绍以及建筑壁画落款，该村现存的传统建筑主要修筑于 20 世纪八九十年代，据年长村民说此前父辈居住的上一代老建筑形制与此基本一致，但相对低矮一些（见图 2-23-3 至图 2-23-6）。

图 2-23-3　联光村传统民居

图 2-23-4　联光村民居小院

图 2-23-5　联光村民居堂屋内部

图 2-23-6　联光村山墙雕饰

六、目的地内部交通状况

县道 X426 东西向贯穿联光村，是该村的主干道，各自然村由 4 米左右宽南北向水泥硬化路面串联起来，形成类似鱼骨架的交通流线，在此基础上每个小聚居地均形成环线交通，建筑排列较为规整，民居之间形成自然巷道，传统老民居附近大多为碎石泥土路，未硬化，另外村内茂密的丛林内道路大都为泥土路面。

七、政府重视及参与程度

从联光村公共设施的建设、传统建筑的保护、历史文脉的挖掘、村容村貌的改善等各方面现状综合来看，当地政府对于联光村的重视处于一种与普通村落无差别的状态，对于入选国家传统村落名目的村落来讲，显然还有很多工作需要做。诚然，该村入选第六批中国传统村落名录时间较短（2023 年 3 月入选），开展行之有效的保护利用还需时日。

八、当地居民意识（状态）或访谈情况

联光村村民以务农为主，对外来人员较为热情，对村落存在的古城遗址有一定的了解，但了解得不是特别清晰，只知道大概情况。

九、公共服务设施状况

联光村村委会驻地内有少量公共设施，如健身器材、公共洗手间、休憩座椅、小型广场、党群服务中心等，自然村落内部除道路系统和遗址石碑外，几乎没有公共设施。

十、目的地商业行为

县道 X426 沿路存在各类小型店面，方便联光村村民购买各类物资。

十一、简要评述

从相关网络资料来看，联光村拥有悠久且曲折的演变历史，但网络资料大都语焉不详，缺少系统、深度的梳理，专业学者的研究成果极难寻觅，如对万安州旧州城遗址的历史面貌、形态演替、现存状态的研究，没有针对性很强的权威文献资料呈现，仅在一些游记或政府文件中偶有提及。对于非物质文化"大茂竹器"的文化脉络、技艺传承的研究，也还没有引起学者关注。传统村落以及传统文化的保护、利用以及赓续的前提是要摸清家底，只有具备清晰的文化历史档案，才能确立科学的保护工作范畴和方法。因此，联光村的历史文脉还需要深度挖掘，无论是村落历史、古城遗址历史和现状勘探、民俗工艺等都需要专业学者进行广

泛研究，可以邀请省内各级社科联、高校、政府文化部门等机构开展立项研究，进行本底普查。

针对该村较为突出的历史文化资源——万安州旧州城遗址，应该组织人员开展考古挖掘，明确历史面貌，并采用数字化技术对历史场景进行复原，使人们对旧城遗址有清晰的认知，而不是只停留在文字石碑标识和数块遗存石砖上面。

传统建筑是传统村落认定的一个重要指标，联光村现存传统建筑规模较大，虽初建历史并不久远，也较为简朴，但与上代建筑保持了文脉的延续，依旧是海南传统村落多元文化的一个重要载体。随着混凝土楼房的普及以及居住老房子人口的减少，联光村大部分传统建筑基本处于摆闲状态。大量实地调研的事实证明，无人居住的建筑，其损毁进度极快，特别是在海南多台风地带。联光村传统建筑的保护、转型再利用还需依据产业的转变而进行适应，使其再次具有功能属性是保护传承的前提。

对于"大茂竹器"之类的传统工艺，应坚持产学研一体化，在海南，黎族织锦的成功是较为重要的经验。大茂竹器应与高校、文化研究机构开展非遗传统技艺研究、文化创新研究，赋予乡土产品更多的文化灵魂和演变的可能性，探索当下民众的生产生活以及精神需求，创造出大家喜闻乐见的新时代工艺产品、文创产品，使传统工艺融入为当代人群服务的大潮流中去。

第二十四节　谭昌村

一、概况

谭昌村隶属澄迈县老城镇，距离海口市区 45 千米，驾车用时约 55 分钟，距离澄迈市区 28 千米，驾车用时约 40 分钟。该村历史悠久，始建于南宋建炎三年（1129 年），肇基始祖罗荣原籍江西南昌，从福州任上渡琼，于澄迈西山立村，即谭昌村，距今已有近 900 年的历史。村落为澄迈地区典型的火山岩古村落，保留有成片分布的火山岩古民居，整体风貌较为完整，有规模较大且装饰精美的学堂、公祠建筑，也有火山岩古村落地域常见的碉楼建筑，是琼北火山岩古民居聚落文化的典型代表。2014 年 11 月，谭昌村被列入第三批中国传统村落名录。

二、环境（规划）状况

谭昌村（见图 2-24-1、图 2-24-2）位于澄迈县和老城镇北部的滨海地域，村落北部为琼州海峡的澄迈湾，西部为马村港，距海不足千米，西北部沿海边分布有中海油、油气化工厂、燃气公司、港务公司等企业单位，各类现代化的化工设施设备排列整齐。村落南部与东部为工业大道和位于澄迈的海口保税区，厂房设施数量颇多，同时，在这个区域也分布着诸多古村落，如同时被列入第三批中国传统村落名录的石石䃜村（村牌坊上"石䃜"为一字），该村与谭昌村相距仅 2千米。多个古村落与工业区的各类企业单位错落交织，传统和现代在此不期而遇，形成颇有意思的人文景观。谭昌村整体分为两大部分，村落北部为新村建设发展区，面积约 8 万平方米，南部为火山岩材料的传统民居区，面积约 4.5 万平方米，村民大多在新址择地再建混凝土现代楼房而放弃南部的旧居，因此传统民居区虽然也在不断修缮维护，但居住者廖廖，部分传统民居已渐损毁。作为文化载体的传统民居建筑群，也分三个区域，主体在中部区域，前为数十亩的池塘和湿地，与琼北传统村落的"面水"布局类似，该区域为不太规整的梳式布局，大致分布有南北向的十列火山石民居，民居间分布四座炮楼。南部区域是规模较小的传统建筑群，分布着数列东西向的火山石民居。村落西部区域有废弃的谭昌小学，以及历史悠久，被列为省级文物保护单位的谭昌学堂（含应标公祠）。古村落内蜿蜒的火山石古道、肆意生长的野生植物以及被植物围绕的古老的火山石古民居，构成了谭昌村寂寥厚重的意象。

图 2-24-1　谭昌村卫星图

图 2-24-2　谭昌村航拍

三、特色资源

澄迈县被誉为"千年福地"，民风淳朴，人文炽盛，分布着众多历史悠久的传统古村落，其中被列入中国传统村落名录的村落多达 15 个，在海南省中仅次于海口地区（16 个），而谭昌村便是澄迈传统村落中较为典型的一个村落，除了成片分布的火山石古建筑群，该村最具特色的人文遗址应是谭昌学堂和谭昌炮楼。

谭昌村先祖以道淑身、以礼正家，后人尊师重教，人才辈出，而谭昌学堂（见图 2-24-3、图 2-24-4）便是该村文风蔚起的见证。学堂建筑坐北朝南，分东西两部分，四合院布局，西院原为大宗祠（亦称始祖祠），始建于明代，东院为应標公祠，始建于清代，后两祠合并为谭昌学堂，成为当地孩童学习四书五经六艺之殿堂。

图 2-24-3　谭昌学堂鸟瞰图

图 2-24-4　谭昌学堂室内木作

东侧院落为学堂主体，南部院墙与内部建筑合围成两进院落，院落通长 37 米，宽 29.5 米，东南角设简朴路门。两进建筑均为五开间，第一栋面宽 14.5 米，进深为 6.7 米；第二栋面宽 14.5 米，进深 9.5 米，后座两侧设置耳房，凸显了其主体地位。两栋建筑之间为厢房，长 3.78 米，宽 11.2 米，合围成面积约 130 平方米的内院。前栋建筑内部为抬梁式粗犷大木作，无装饰，较显简朴。后座主屋内部布局比较有特色，明间屋心墙采用七架抬梁式大木作，但并未做隔断墙，与次间共同形成开阔空间，次间与梢间通过七架插梁式大木作做屋心墙，并做木制隔断，但次间后部通过金柱和后檐墙合围成一个小空间，较为别致。梢间的山墙也用插梁式大木作加火山石砌墙，木作较为粗糙。后座主屋的装饰主要集中在明间和次间的梁架、窗棂、檐影、屋脊等部位，明间七架梁的三层梁的两端梁头均采用抽象龙头纹装饰，各层梁之间采用壶形瓜柱连接，脊瓜柱采用花篮木雕装饰，金柱为石柱，金柱和檐墙之间的抱头梁和梁托为一体的几何形拐子龙造型，后抱头梁下部还设随梁枋，中部饰圆形龙纹，枋端饰卷草纹。次间的六段梁架装饰更为精美，梁架造型是在海南并不常见的月梁，梁的中段微微上拱，主要装饰部位在梁端，为木雕中的"铲阴花"手法的浅浮雕，内容为自由曲卷的花草纹样，纹样大都限制在"}"形纹饰内，这种纹饰在海南建筑木作中较为常见，应该是中原月梁两端鱼鳃纹的变异形态，较长的最下层月梁中部饰圆形麒麟纹、龙纹和凤纹。在中柱和瓜柱与脊梁交接处采用的是镂通雕花草与鸟的组合纹样，深浅不一的木雕形成了丰富的视觉意象。明间往外延伸的外屋檐抱头梁雕饰（见图2-24-5）的是较为抽象的广曲藏蛟纹样，形体较大，梢间延伸出来的抱头梁上装饰宝瓶状梁托。建筑檐影之下绘制许多壁画，内容为人物故事、花鸟山水和拐子龙类的几何纹饰，部分壁画采用形式灵活的圆形折页式构图（见图2-24-6），壁画历经岁月洗礼，部分隐晦难辨，整体而言，壁画的绘制技艺较为粗糙。建筑的石柱、门槛以及石质台阶的石刻装饰也颇具匠心，包括各类造型的石柱础，仿宝瓶状的石柱头以及门槛两侧的石麒麟浮雕等。屋脊的灰塑虽遭破坏，但遗存的部分仍能窥见当时的精美。

图 2-24-5 后抱头梁小木作雕饰　　　　　　图 2-24-6 折页式壁画

　　西侧的應標公祠规模较小，约300平方米，平面为两进院落，南部院墙与门楼合围成的小空间为一进院落，设简单路门，进入后才是规制更高的门楼，门楼为单层硬山顶，屋脊饰精美灰塑，门楣为"應標公祠"石质牌匾，门楣上部和两侧绘制人物壁画，门两侧书楹联，年代久远，部分字迹难辨。内部门楣书"大启文明"四字（见图2-24-7），边框饰龙纹，门楼内八字带饰拐子龙纹和卷草纹灰塑。后座主间为三开间，内部结构（见图2-24-8）与东侧院落的后座主屋类似，大木作结构和小木作雕刻亦非常类似，但更多地注重了各类龙纹的装饰，雕工之精湛，在澄迈全域亦非多见。主屋檐影和窗框部位绘制彩色壁画，内容为人物、山水、花鸟以及各类几何纹样，设色为群青、土黄和赭石等。

图 2-24-7　"大启文明"门楣　　　　　图 2-24-8　應標公祠内部

谭昌学堂两座院落在 2012 年被列为澄迈县重点文物保护单位，2015 年被列为海南省文物保护单位。2018 年 4 月笔者在此地考察时，谭昌学堂建筑整体保持尚好，但局部构件略有损毁，2023 年 12 月考察时，两座院落的修缮工作正在进行之中。部分损毁的构件得以替换，屋顶檩椽和屋瓦得以更换，梁架亦进行了打磨并涂刷了光漆，壁画也进行了清洗，较之原来更为清晰。

炮楼在琼北火山石古村落比较常见，是古时为防御盗贼以求自保而建，但似谭昌村一村拥有四座炮楼（见图 2-24-9）者较为少见，之所以修建这么多炮楼，是该地濒临海边，从前常受海盗侵袭的原因。四座炮楼位于古村落中心位置，处于一条南北线的巷道两侧，北面三座相隔 10 米左右，由北向南的前两座炮楼高度接近，均三层，高约 10 米，第一座上部设方形垛口用于瞭望和射击，四角突出，每层均有狭小的瞭望口，楼身爬满已枯萎的薜荔藤蔓，据说该楼原有门匾，上题"威振楼"。炮楼入口狭小，约 60 厘米宽，炮楼内部的木材已朽坏，剥落的混凝土楼板露出了钢筋结构。第二座炮楼的垛口在方形的基础上增加了圆形构造，并在四角增设瓜棱和莲花宝瓶造型，向东一面的女儿墙甚至装饰了花瓣状垛口，女儿墙面装饰有蝙蝠、折页画卷以及佳果灰塑，虽为防御性工事，但建造者仍不忘进行装饰美化（见图 2-24-10）。第三座炮楼为两层，高 5 米多，方正的造型极为简朴。第四座炮楼与上述三座相距约 30 米，也是较矮的两层楼，一面有圆弧状女儿墙，与另外三座不同的是，该炮楼是硬山屋顶。四座炮楼楼体均为火山岩建造，保存良好。2012 年 11 月谭昌村炮楼被列为澄迈县文物保护单位。

图 2-24-9 谭昌村炮楼

图 2-24-10 炮楼装饰

四、自然资源

谭昌村属于滨海村落，地势平坦，但当下的层层工业构筑物把村落与海隔离开来，因此在村落内部并无滨海特质。谭昌村与大多数琼北火山村大致相同，掩映在苍翠的热带树林之中。入村道路分布有非洲楝、苦楝树、相思树等高大乔木，构成了一种隘口景象。古村落南部为水塘，水塘原被一道人为砌的火山石堤分为两部分，一部分为湿地草坝，现二者已经合为一个整体，水塘中散布着雍菜等水生植物，水岸分布着群落丰富的自然植被。村内分布有椰树、大叶榄仁树、榕树、野生龙眼树、菠萝蜜树、黄花梨树等乔木，在道路及废弃的古建筑周边生长着旺盛的滴水观音、薜荔、乌敛莓、蒌叶、曼陀罗、番荔枝、木薯等藤本或灌木植物。基于火山岩的地貌，该地传统建筑和其间的古道均采用火山石构建，古朴且凝重，是琼北火山岩古村落的普遍特征。

五、人文资源

除了学堂建筑和炮楼，谭昌村还有多达 114 间（一说 97 间）的火山岩古民居，以此构成了风貌独特的火山岩建筑群。建筑群落依据姓氏分为两部分，北面为罗姓宗族聚居地，南面为后迁入的曾姓宗族聚居地。随着原居民迁至北面新址，老村许多老房子处于无人居住的状态，除少部分进行了修复翻新外，相当部分的老宅在风雨飘摇中摇摇欲坠，或被莽莽草木掩盖，令人唏嘘不已。一些老宅虽已破烂不堪，但遗存下来的构架依稀透露着往日的荣光，谭老中路的 15 号宅（见图 2-24-11）便是其中的典型代表之一。该老宅的东侧次间的屋顶已完全坍塌，屋内的滴水观音和对叶榕长势繁茂。明间主梁一侧也坍塌出一个大洞，主梁摇摇欲坠，瓦砾散落一地。但该建筑保留了完整的主间陈设，包括插梁式屋心墙，木材质地良好，做工精良。屋内有完整的公阁和太师壁，除有简单的线脚装饰外，整体上非常简朴，太师壁前的翘头几是屋内装饰的精华所在，案几分两层，上层两侧雕刻对称的博古图案镂雕，内容为宝瓶插画和盘盛佛手瓜，下层为素面抽屉，案脚（见图2-24-12）装饰拐子龙浅浮雕，翘头为云朵纹。整个案几木雕技艺精湛，线条流畅，细节考究，是澄迈古村落中堂家具装饰的精品之作。可惜在日晒雨淋之下，恐难持久。

图2-24-11　15号民宅堂屋　　　　　图2-24-12　15号民宅案脚雕饰

谭昌村村内还有两口古井、六条存世400多年的古村道、古池塘以及其他文化遗存，展现着谭昌村的悠悠古韵。

六、目的地内部交通状况

谭昌村的新村布局较为规则，棋盘式水泥道路较为通达，道路主次分明。老村内部因建筑布局的原因，道路的规整度不比新村，但各处基本可达。老村外围有3～4米宽环村水泥道路，村内部道路基本为火山石铺就的古村道，宽度随建筑多变化，在1～2米左右，主要为用20～40厘米宽的火山石铺成的单列石路，其余路面多为砂石或简易的雨水道，也有纯粹的砂石道路。铺路的火山石大多为不规则的条石，其光滑的表面透露着时间的密码。

七、政府重视及参与程度

作为历史久远、文化遗存较多的古村落，谭昌村是"千年福地"澄迈的典型代表，其成片的古村落建筑群、保存完整的炮楼、装饰精美的谭昌学堂等文化遗存，是澄迈优秀文脉的具体内容，历来受到民众和政府的高度重视。在《澄迈县"十四五"旅游文化广电体育发展规划》（2021年12月）中，明确提出澄迈旅游战略定位包括依托"火山岩古村落文化""中国传统村落"的文化资源，打造"不同主题文化体验区"；在"建造旅文广体发展新格局"中，明确老城镇要依托"谭昌村"等古村落资源，大力发展"……乡村旅游、文化创意等业态"。

在文化宣传方面，由澄迈县旅游和文化广电体育局主办的"千年福地·澄迈讲古"全域研学IP已开展多季，其中2023年10月该活动走进谭昌村，带领青少年参观感悟古村文化，并通过抄写、诵读、绘画等形式让青少年了解古村背后的故事。活动专门制作了谭昌村"讲古"视频，发布在"澄迈旅文"公众号，并将二维码置于该村谭昌学堂之前，方便了公众了解该村文化。

通过现场观察，该村文物建筑的保护牌匾、介绍文字较为齐备，谭昌学堂也正在进行修缮，这些均展现了政府在保护古村落、赓续优秀文脉方面作的各种努力。

2015年11月，谭昌学堂被列为海南省文物保护单位。

八、当地居民意识（状态）或访谈情况

谭昌村历史上尊师重教、勤劳朴素，非常重视文化传承。现今村民主要有罗、曾两姓，其中罗姓多居村北，曾姓多居村南，全村户籍人口800余人，常住人口700多人，村民生活富足，安居乐业。在谭昌学堂修缮施工现场，村方负责人对村落古文化颇为自豪，介绍起来滔滔不绝，并希望更多人来古村参观游玩。

九、公共服务设施状况

谭昌村的公共建筑有学堂、社庙、公祠、小学（已废弃）等，村口有"中国传统村落——谭昌村"牌匾，村内谭昌学堂、炮楼以及村落的文物石牌，安全责任公示牌和木制的文字介绍等都非常齐全。在村内古树下和池塘岸边有休憩座椅和桌案，村民喜到此处休憩喝茶。针对外来游客的相关设施尚未建设。

十、目的地商业行为

除常规的村民生产经营外，谭昌村无其他服务于游憩活动的商业行为，但村外围的工业大道和海口保税区有诸多商业铺面。

十一、已开展或可能开展的游憩活动

虽然谭昌村文化古迹较多，但除极少数游客慕名而来或政府组织的研学活动外，尚未形成规模化的游憩产业。游历此地的游客以古建筑观摩和古文化考察为主。谭昌村前的池塘面积较大，也有许多钓鱼爱好者在此进行垂钓。

十二、简要评述

作为重要的文化资源聚集地，谭昌村诸多建筑遗存，除部分得到了修缮外，大部分已经破败，应充分利用这些建筑遗存，在修缮的基础上部分恢复其功能，进行保护和开发，使之"有用"，此"有用"当然不是恢复到原初的用途，而是结合游憩活动拓展传统建筑的新用途。炮楼是该地十分突出的建筑遗存，基于其原有的军事用途，可以将炮楼和军事游戏（如真人CS）相结合，模拟历史上村民抵御海盗侵袭的场景。而诸多废弃火山石民居可通过特色民宿、餐饮、微型博物馆等空间的再设计利用，使其焕发新的生机。谭昌学堂在历史上是文化荟萃之地，多少莘莘学子在此焚膏继晷、砥志研思，继承和发扬了谭昌村延绵的文化传统。如何让这些文化传统继续得到发扬，是乡村游憩设计时需要重点考虑的问题，除了物质基础的复原（建筑的修缮、学习场景的复原），还可以结合国学、历史、古建技艺等具体内容，以及古典知识在今天的正确运用，开展常规的或者不定期的文化体验和文化展示活动，从而通过充分利用谭昌村现有的文化场所，使其重新成为新时代的"学堂"。另外基于当地的地理条件，还可以规划水上游憩、滨海游憩等活动。

从中观领域来看，该地的人文资源分布颇具特点，即深厚悠久的传统文化与现代先进的工业文化杂糅分布，在古朴黝黑甚至破败的火山岩老建筑天际线之间，矗立着色泽明亮的金属材质的油气工业设施，老村依傍着繁忙的工业港湾，由此形成了鲜明的对比，在此地，人们可以体会到从一个时空界面到另外一个时空界面转换的剧烈变化。因此，在该地域如何将传统文化资源与工业旅游资源相结合，并进行创意转化，是值得探索的课题。"工业旅游是现代旅游产业的重要组成部分，是伴随着人类工业化进程而诞生、发展并不断演进的热门产业。它是以保护和开发工业遗产、整合工业资源、彰显工业文明魅力、提升工业企业综合效益为宗旨，以多样化的工业形态为载体的旅游新产品"（王国华 2019）。[①] 工业旅游可以在基于安全保障、信息设计、特色培育、生产和生活的结合性等几个方面进行思考，在不影响企业生产的前提下，设计出适合游客的游憩活动和路线系统，满足游客对工业生产的好奇心和求知欲。同时如何在传统和现代两个界面之间进行转化和衔接也是设计的重难点，要能让游客感受到时代的强烈变化，也要有一定的逻辑线索作引导，使游客能够产生强烈的感官体验进而引发其审美感悟。

基于该地传统村落的广泛分布，应考虑与周边传统村落形成规划上的联动，如距此地不足 2 千米处的石石䃟村与谭昌村同时入选为第三批中国传统村落，据传该村是被誉为岭南圣母的冼夫人渡琼登岸之地，历史悠久，文化遗存丰富。通过合理的游憩线路设计，可以使周边相近的乡村传统文化资源融为一体，也可以通过叙事性设计，为游客娓娓道来老城镇的传统故事。

第二十五节　美巢村

一、概况

美巢村隶属临高县皇桐镇美香村村委会，地处临高县域东部，距海口市区 80.4 千米，驾车用时约 73 分钟，距离临高县城 21.5 千米，驾车用时约 39 分钟。该村曾名"买愁村"，村史可追溯至元代，海南五公祠纪念的"五公"之一——南宋爱国名臣胡铨被贬谪吉阳军（三亚）时曾途经该地并赋诗，从而使此地为世人所知。2019 年该村被列入第五批中国传统村落名录。

---

① 王国华. 论推进工业旅游产业发展的理念、路径与措施 [J]. 北京联合大学学报（人文社会科学版），2019，17（01）：47-54.

二、环境（规划）状况

美巢村（见图 2-25-1）位于临高县皇桐镇圩西北部，距离 G98 海南环岛高速金牌互通 9.4 千米，经由 X303、S306 以及村道可到达，道路标识明确（见图 2-25-2），一路均有"美巢古村落"文字标牌设置。沿途道路除小部分不平整外，其余均为硬化路面，省、县道路宽约 9 米，村道路宽约 4 米，沿途植有火焰木、橡胶树、桉树等乔木，亦有大片以种植香蕉和蔬菜为主的经济作物用地。村落远离喧嚣器，位于稻田和其他作物林地包围之中，村内各类古木茂密，僻远幽静。村内道路自东北至西南向似"由"字状，建筑均为三开间火山石平屋，横向排列，大多为 20 世纪八九十年代修建，未见现代建筑，无高院大宅，风格质朴。历史上曾有胡铨、汤显祖等历史名人在此留下诗作。村内公共设施较为齐备，但缺乏维护，有损毁现象，整洁度一般。

图 2-25-1　美巢村卫星图　　　图 2-25-2　去往美巢村的沿途

三、特色资源

南宋爱国名臣胡铨因诗得祸，被贬谪吉阳军，从古驿道行经美巢村（买愁村）时，触景生情，写下《贬朱崖行临高道中买愁村古未有对马上口占》。明代戏曲家汤显祖被贬谪徐闻期间曾游历此地，并留下诗作《徐闻送越客临高，寄家雷水二绝》。胡铨为南宋爱国名臣，是海南贬谪文化的典型代表人物；汤显祖被誉为"东方莎士比亚"，二者都是历史上名声显赫的文化名人，二者与美巢村的际遇，赋予了美巢村特殊的历史色彩。

四、自然资源

美巢村东面和北面被水稻田环绕（稻田曾在 2017 年种植荷花），西南种植香蕉、辣椒等经济作物，再往外围基本为橡胶林，该村村民以橡胶种植为主要收入来源。村内大部分为自然生长的热带植被，如榕树、椰树、槟榔树、香蕉树、黄花梨木、菠萝蜜树、竹子等，分布诸多古木，有冠大荫浓的古榕树、150 年树龄的参天见血封喉树、120 年树龄的大叶山楝树等。另外值得注意的是该地虽整体为平原地带，但有诸多水体流过，并产生了一些较为壮观的自然瀑布景观，如在村落东部直线距离约 2 千米的古银瀑布以及 3.8 千米的富理瀑布。

五、人文资源

美巢村建筑均为典型的临高县常见的质朴火山石建筑，建筑低矮，规模偏小，缺少精品之作，除正屋当心间内部装饰的插梁式结构中的柁墩偶有简单花草鸟兽纹样装饰外，绝大部分木构件均"素面朝天"，甚至海南人十分注重的公阁祭祖神龛亦是极其简朴。墙体为海南黑、红砖等构材修筑，或清水墙面，或做简单石灰批荡，无任何装饰（见图 2-25-3）。

图 2-25-3　美巢村民居

因此，该村的人文资源主要还是以历史文化名人在此驻留而产生的非物质文化资源为主，主要涉及三位，即南宋名臣胡铨、明代著名戏曲家汤显祖，以及临高县第一位举人——戴定实。而物质人文资源主要集中在清康熙年间修建的"稼瑞桥"和古驿道中。

据美巢村村中心小广场（见图2-25-4）牌匾文字介绍，胡铨（1102—1180），字邦衡，号澹庵，南宋吉州庐陵（今江西吉安）人，是南宋著名的政治家、文学家、爱国名臣，与李纲、赵鼎、李光并称"南宋四名臣"，也是海口五公祠中的"五公"之一。宋绍兴八年（1138年），秦桧主和，金使南下称诏谕江南，他上疏请斩秦桧，因而被贬谪新州。之后，他因愤懑填《好事近》词一首，末句为"欲贺巾车归去，有豺狼当辙"，以此讽刺秦桧，后被新州太守张棣告发，秦桧为此大怒。1148年胡铨被谪居海南，流放至吉阳军（今三亚市），胡铨从广东的新兴县渡海来到海南，沿着古驿道来到买愁村，触景生情，于是口占了《贬朱崖行临高道中买愁村古未有对马上口占》："北往长思闻喜县，南来怕入买愁村；区区万里天涯路，野草荒烟正断魂"（见图2-25-5），该诗收录在《胡澹庵文集》中。当然，胡铨与临高县的交集不止于此，离开买愁村后胡铨还游历了今临城、新盈等地，与县令谢渥交往，并为全县学子讲学，其中就包括临高第一位举人戴定实，可见在短时间内，胡铨的到来为临高文化的发展带来助力，临高人为纪念胡铨，曾修建"澹庵祠""澹庵书院""澹庵井"，其中"澹庵井"及石碑仍存在于新盈镇头东村（距美巢村40千米）。海南四大才子之一、临高人王佐（明代）曾创作《澹庵井》一诗纪念胡铨。

图2-25-4 美巢村村中心小广场　　　　　　图2-25-5 胡铨诗作

汤显祖（1550—1616），江西临川人，字义仍，号海若、若士、清远道人，是明代戏曲家、文学家，被誉为"中国戏圣"和"东方莎士比亚"。1591年汤显祖在南京礼部祠祭司主事任上，上书了一篇《论辅臣科臣疏》，抨击当时的官僚政治，触怒明神宗，将他贬为徐闻典史。在闲暇的时候，汤显祖从徐闻渡过琼州海峡到他曾经的上司海南定安人王弘诲家中做客，经过古驿道来到买愁村，受到了村中淳朴善良的村民的热情款待，这让他如归故里，故而在此留下诗作《徐闻送越客临高，寄家雷水二绝》："珠崖如困气朝昏，沓磊歌残一断魂；但载绿珠吹笛去，买愁村是莫愁村"（见图2-25-6）。

图 2-25-6　汤显祖诗作

在距村落往东2.4千米处，有一座清康熙年间修建的"稼瑞桥"遗址，该桥长度约10米，宽度约3.5米，从现场来看，桥面已用现代钢筋混凝土重新修筑过，在车辆碾压下，已显破烂，故在此桥旁边修建有高大新桥一座（见图2-25-7），笔者考察时尚未竣工。稼瑞桥的桥墩部分仍是海南黑修筑的旧物，北岸草丛中竖有一石碑，上书"稼瑞桥"（见图2-25-8），从碑文可得知，该桥始建康熙三十一年（1692年），光绪七年（1881年）重修，该碑为重修时所立，草丛中另有一碑为2013年临高县人民政府所立的"不可移动文物——稼瑞桥"。

图 2-25-7　稼瑞桥及新建桥

图 2-25-8　稼瑞桥石碑

戴定实本为新盈镇头东村人，1148年因得到胡铨的教示和万州人士间邱钢的指点，于宋绍兴年间中举，授签幕职，名列吏部仕籍。其对胡铨的指点之恩铭记于心，晚年回乡后，嘱咐其子戴雄飞将胡铨在临高的事迹刻碑留念，并竖"澹庵泉"石碑和《澹庵泉记》一文于另一碑上于胡铨发现甘泉之处。有人认为，戴定实为纪念恩师，将自己葬在恩师诗作中提到过的买愁村，现该墓位于美巢村村落中心位置，墓前修有小广场，为1991年公布的临高县第一批重点保护文物单位。

村落另有古驿道遗址、冯家古墓等。

六、目的地内部交通状况

一条东北至西南方向的主干道直入美巢村内，笔者考察时正在修缮拓宽，围绕村落有环线，内部有东南至西北向通道，道路网络似"由"字，路面基本硬化，较为通达。相对规整的民居建筑之间为1米左右的间隔空间，大多为碎石路，亦可作为交通之用。

七、政府重视及参与程度

因历史名人的缘故，美巢村有一定的知名度，从考察现场和一些资料来看，政府和一些企事业单位对该村建设有较好的支持力度，如村东北部建有"诗词文化长廊"，以及2017年海南省邮政公司产业扶贫项目的实施（种植湘莲子，但已复耕为水稻田）。村内公共设施的完备状况也可以反映政府的支持力度。该村于2019年被列入第五批中国传统村落名录。

八、当地居民意识（状态）或访谈情况

美巢村全村共32户，130人，主要有冯姓和吴姓两个姓氏。虽平日也种植水稻、橡胶及其他经济作物，但大部分村民还是以外出务工为主要生计。村内居民淳朴好客，对外来游客热心介绍村落文化和基本情况（22号屋主为笔者考察时的向导）。

九、公共服务设施状况

美巢村面积不大，但公共设施非常齐全，介绍村内文化的各种宣传栏、文化

石数目较多，充分展示了村落的文化底蕴。另有诗词文化长廊及附属设施，以及设于稻田中的木质栈道，村内有农家书屋、休憩广场、公共厕所等，较为方便。

诗词文化长廊位于村落东北处，濒临稻田，是该村文化园的一部分，长廊设置着雕刻唐诗宋词名篇的木制展示板。文化园内设置着石质座椅和木制栏杆，当年在此种植莲花之时，游客可凭栏观莲，另有一条木栈道延伸至稻田中心，栈道局部已被损毁。文化园的树林中为古驿道遗址，立有介绍其历史的带檐照壁。

村落内部亦有小型休憩广场，处于大榕树之下，立有介绍胡铨和汤显祖的牌匾，以及记录其诗作的文化石。

笔者考察期间，村落很少见人，更无游客，从相关报道知晓的荷塘美景已不复存在，各种公共设施虽多，但既无使用，也未见维护，或破损，或被灰尘覆盖。村内公共卫生一般，农村日常什物堆放凌乱。

十、目的地商业行为与民俗活动

美巢村有一家"邮购乐"，但未见营业。民俗活动有军坡节，军坡节称之为海南人的庙会，是祭神形式的发展，活动包括穿杖、上刀山、祭神、八音等。该村另有临高木偶戏和临剧等传统民俗文化。

十一、已开展或可能开展的游憩活动

从访谈得知，时常有慕名而来的游客，但人数不多，均为瞻仰两位历史文化名人之故，2017 年因产业扶贫建设的荷花景观现已复耕，媒体报道的各种游憩情景已无踪迹。

十二、简要评述

从地理位置来看，美巢村可达性尚可，处于非常幽静的地域，比较适合寻觅静逸体验的游憩行为。该村虽然在文献上（如《临高县志》）有历史文化名人的记录，但现场并无与此相关的历史古迹（古驿道亦是后期铺就）。从村落建筑来看，建筑材料是琼北特有的火山石，但整体而言工艺水准一般，是较为简陋的居住建筑，基本无装饰可观赏。虽然拥有概念上的文化以及较为完善的设施，但整体而言该地游憩资源丰富度不高。

若想要做好该地域的乡村游憩设计，如何更好地利用历史文化名人的效应是值得思考的问题。名人是人们崇敬、膜拜、学习、追求的对象，与之相关的人、事、物都是能够激起人们崇敬之情和强烈探索欲的刺激因素，是人们出游的重要动机之一。一些本不为人知的地方，会因名人的造访或产生关系而具备很高的知名度，因此名人效应可以对游憩目的地起到强有力的推广宣传作用，这是旅游业经常使用的一种宣传手段。美巢村的名人资源应该说是十分突出的，但在以往的开发中，尚属浅层次利用。系统深挖、梳理名人资源，构建与之相适应的历史再造场景，多元叙事性的主题设计是传承和利用历史名人文化资源的必要手段，与之配套的基础设施设计也应展现出形式与内容的统一，从而在整体上烘托出其历史厚度。

第二十六节　透滩村

一、概况

透滩村隶属临高县皇桐镇红专居，始建于南宋开禧元年（1205），已有800多年的历史，是海南四大才子之一王佐的故乡，于2019年被列入第五批中国传统村落名录。该村地处临高县域中东部，距海口市区78.8千米，驾车用时约76分钟，距离临高县城12.1千米，驾车用时约30分钟。

二、环境（规划）状况

透滩村（见图2-26-1）离G98海南环岛高速直线距离仅1.6千米，距文临高速红专互通7.6千米，经由X303及村道可到达，道路较为通达，入村处有规模较大的新建石质村名牌坊。村落居住区面积较大，约40万平方米，村落被一条大致为东西向的道路分割为南北两部分，北部为新建村落，多为两层现代混凝土居室。南部为古村落，古村落外部有环线道路，内部为不规则三横五纵道路布局，民居建筑为火山石三开间平层建筑，较为朴实，部分老建筑为民国时修建，基本呈南北向梳式分布，布局相对规整，少部分民居和公共建筑采用现代建筑材料和形制。大部分公共建筑均在村落南部，如王佐公祠、王佐文化园、礼魁坊、节孝坊、慈训堂，以及各类庙宇。村内部有高大乔木覆盖，少部分地域裸露红壤，外围以橡胶树等经济作物为主（见图2-26-2）。村落南部有一水体流过，遗存一座南宋修建的石桥——"透滩石桥"。

图2-26-1　透滩村卫星图　　　　　　图2-26-2　透滩村村名牌坊及橡胶林

三、特色资源

透滩村是被誉为"海南四大才子"之一的王佐的故里，现有与之相关的部分遗址存世，如透滩石桥、礼魁坊、凯旋门等，为纪念王佐，该村修建了王佐文化园。

四、自然资源

透滩村外围为面积广袤的橡胶林，另有甘蔗、水稻等作物。村内公共场地有高大的榕树覆荫，是村民很好的聚会休憩场所。村内无规律分布着黄花梨树、番木瓜树、龙眼树、香蕉树、菠萝蜜树等热带树种。村落地形平坦，南部有一小河溪流过。

五、人文资源

作为海南十大文化名村和中国传统村落，透滩村除成片分布的火山石传统民居外，还有诸多与王佐相关的历史遗址：王佐公祠（见图2-26-3、图2-26-4）、王佐墓、透滩石桥、礼魁坊、慈训堂等，但大部分在近期进行了重修，部分仅存有地面遗址（如慈训堂）。另有清代修建的与礼魁坊前后排列的节孝坊，村西南角有一简易石坊，被称为凯旋门。

图 2-26-3　王佐公祠　　　　　　　　图 2-26-4　王佐纪念馆

王佐（1428—1512），字汝学，号桐乡，临高县透滩村人，明代海南著名诗人。王佐自幼聪颖，师从母亲娘家名师唐舟与丘浚，明正统十二年（1447 年），王佐弱冠之年乡试夺魁，高中解元，次年春试未及第，后被荐国子监深造，历时 19 年，虽"学冠两监"饮誉京城，但始终未能考取进士，只能向吏部报到，要求铨补，历任广东高州、福建邵武和江西临江三府同知，宦游 20 余载，勤政爱民，深受地方民众爱戴，晚年告老还乡。王佐博学识广，才思敏捷，著有《鸡肋集》《经籍目略》《琼台外纪》《庚申录》《原教篇》《金川玉屑集》《琼崖表录》等，同为海南人的明朝进士户部侍郎唐胄曾评其诗文："其词之中易温雅，气之光明隽伟，当比拟于古诸大家"（《鸡肋集》书摘序），被誉为海南四大才子之一，尤以诗文见长，世称"吟绝"，在海南文化史上占有重要一席。

王佐公祠位于村落西南角落，为三开间平屋建筑，面宽 12 米，进深 10 米，为临高县不可移动文物点，但公祠内部凌乱不堪，似已废弃。

王佐文化园位于村落南部偏东，大致呈南北向中轴布局，纵向长度 220 米，横向最宽处 70 米，面积约 1 万平方米。轴线上由南向北依次布置木牌楼、文化石、廊亭、花园广场、节孝坊、礼魁坊、王佐纪念馆，以及其他附属设施。礼魁坊建于明朝景泰六年（1455 年），是明代宗为表彰王佐这位才华横溢的国子生，敕令监察御史彭烈、广东按察司检事陈廉、琼州府通判米盈、临高知县杨护等到透滩村为学冠"两监"才子王佐建竖"礼魁坊"，以昭示后人。该坊为三开间门楼式重檐石牌坊，重檐部分已佚，为重修之新构件。王佐纪念馆面宽 20 米，进深 10 米，为单檐五开间宫苑式建筑，外檐立四条石质盘龙柱，颇为气派，内部设一案几，方桌与太师椅一套，墙面悬挂"王佐年谱简表"和"桐乡八小景"文字，整体陈设简洁。文化园左下角紧挨透滩小学，内除校舍外，建有"王氏宗祠"和"王佐展览馆"（为同一建筑，见图 2-26-5），建筑内除供奉王氏先人，亦有王佐生平和轶事介绍，还有手捧《鸡肋集》的王佐像。宗祠左侧为慈训堂遗址，是明成化年间临高县令梁俭为纪念王佐母亲唐朝选而立，梁俭是王佐在国子监读书时的同窗好友，到临高任知县后，到透滩村探访，聆听唐母对王佐的教诲趣事，认为王佐能够成才，应归功于唐母的教子有方，唐母逝世后，梁俭亲自主持修建堂舍，并手笔赠匾"慈训堂"，写《慈训堂记》，以志纪念。现慈训堂仅剩遗址（见图 2-26-6），遗址地尚有两个小石龛，一块刻有"高祖之座"及"大明弘治八年岁在乙卯秋八月□立"字样石碑，空地上摆着一堆石柱。

图 2-26-5　王氏宗祠和王佐展览馆图　　　　图 2-26-6　慈训堂遗址

村落西南角有一座造型十分简单的石质门形构筑物，当地人称之为凯旋门（见图 2-26-7），传说这是王佐的一位嫂嫂在王佐参加乡试前许诺，说王佐要是能考中，就在村口建立凯旋门让他走过，于是便就有了这座"凯旋门"。

图 2-26-7　凯旋门

沿凯旋门往南行不足百米处，有一座建于南宋的"透滩石桥"（见图2-26-8），该桥规模较小，单孔，桥面长宽约3～4米，由5块体量很大的巨石搭建在两岸石基之上。该桥为王佐先祖王良选所建，王良选为南宋举人，致仕回乡后见乡民行路不便而建桥，其玄孙王佐致仕回乡曾站在桥上即兴赋诗："浓荫爱好西桥过，影午交枝几树榕；钟秀地形山叠叠，斗声滩势水重重"（《鸡肋集》），流传至今。该桥如今已不再使用，渐被草莽覆盖，玄色圆石尽诉岁月沧桑。

图2-26-8　透滩石桥

节孝坊建于清乾隆八年（1743年），为了纪念廪生王俊极妻子符氏而立。符氏生有二子，长子王一圣，次子王一贤，但在二十三岁时丧夫守寡，历经磨难，送两个儿子进国子监读书。长子中恩贡，次子中拔贡。符氏以忠义节孝誉满京城，为了旌表她的懿德，乾隆御旨敕令太子少保、临高知县等亲临透滩村建坊旌表，以示后人。该坊列于礼魁坊前数米，二者形制相同，均为三开间门楼式重檐石牌坊，从构件的古朴外貌可知，两牌坊均为原物，保存极好（见图2-26-9）。

南部古村落区域的普通民居数量颇多，为典型的琼北三开间火山石民居，配以短横屋，较少围院，布局为非严格规则的梳式，但平面仍可看得出成行成列。建筑大多为民国及20世纪八九十年代修筑（偶有新建民居），形制古朴简单，墙面大多为不规则石材修砌，无批荡，尽显粗糙。屋心墙为插梁式大木作，在年代较老的屋内可见到典型的瓜柱，几无小木作装饰，仅在一间侧屋已坍塌的老房子内看到略有装饰的公阁神龛，但也仅有简单的方胜纹、万字锦、回形纹等几何纹饰，其余大都极其简朴，彰显了临高民居质朴的特质（见图2-26-10）。古民居仅有少部分老人居住，年轻一代大都在村落北部修建新房，旧居弃之不用，久经风雨，部分旧宅已坍塌。

图2-26-9　节孝坊和礼魁坊　　　　　　　　图2-26-10　传统民居室内

六、目的地内部交通状况

透滩村古村落道路较为通达，外围有环线，内部为不规则横纵交错道路，从平面看可隐约看出三横五纵的道路布局，但并不完全畅通。大多数路面已硬化，1～2米宽，另有民居之间不足半米小道可通行，皆为碎石或黄泥路面，间或杂草。笔者考察时村内正修整道路，从放样石灰线看路宽约2米。

七、政府重视及参与程度

基于历史名人的缘故，透滩村具有一定的知名度。2008年透滩村荣获"海南十大文化名村"称呼。王佐公祠、王佐墓、透滩石桥、慈训堂为临高县文物保护单位，礼魁坊和节孝坊为海南省文物保护单位。2019年该村入选第五批中国传统村落名录。从村内修缮的古迹遗址和现代化的公共设施，以及环境整治现状来看，当地政府对该村落的建设颇为重视。

八、当地居民意识（状态）或访谈情况

透滩村规模较大，人口较多，现有280户，1 560多人，人员以务农为主，种植甘蔗、水稻、橡胶等经济作物，兼外出务工。村民对外来游客友善，积极介绍本地文化，并引导参观。

九、公共服务设施状况

透滩村村内基础设施较为全面，东西向主干道旁大榕树下的开阔地带为村民

聚会休憩之地，有休憩座椅、排球场、小卖部等，但除硬化路面外，其余场所均为黄土地面。村落南部分布着多座社庙、土地庙，有规模较大的新建"楞严庙堂"，较为富丽。南部村道依次分布王佐公祠、楞严庙堂、村文化室、王佐文化公园、透滩小学和慈训堂遗址。王佐文化公园公共面积大，设施齐全，有广场、球场、景观廊架、公共厕所、牌坊、王佐纪念馆、景观植栽、标识牌等，维护程度较好，整体整洁。

十、目的地商业行为与民俗活动

透滩村主干道旁坐落数间小卖部，村内有临高透滩萝卜干厂，厂内设施凌乱，似已停业，该厂大门还挂一牌匾"海南庄羲农业开发有限公司、海南庄羲文化旅游发展有限公司"，另有卖早点的移动摊贩。该村的民俗活动有海南军坡节。

十一、已开展或可能开展的游憩活动

从透滩村村民介绍和查阅相关游记得知，来此游历的游客均以文化考察为主，慕王佐名而来，主要是为了考察观赏该村现存的古迹，属小众群体。

十二、简要评述

透滩村相距两条高速不足两千米，可达性强。民居建筑群虽年代不久远（民国）、建筑装饰性一般，但其数量多、成片分布，有一定的规模，其特定的材质（火山石）特征和规律分布很容易形成视觉上的异质观感，其红壤土地和密致黑色玄武岩的自然色彩搭配与海口羊山地区"石头村"的视觉感受有一定的差异度。文化名人的效应在该村较为显著，不仅有很多学者到此进行学术研究，也有很多游客慕名前来参观，同时政府也给予了很大的支持，造就了该村较为齐全的公共设施。但该村在保护传统建筑方面未作过多关注，一些年代较久远且内部饰有雕刻的建筑已然坍塌多半。一些宗教崇拜建筑建设得富丽堂皇，而故居、遗址修缮和文化内涵的挖掘表达还处于初步状态。

章采烈将历史名人定义为"历史上在某一领域崭露头角，在某一方面对国家、对民族、对人民起过重大作用，并对后代有着深远影响的那类历史人物"。[①] 在高

---

① 章采烈 . 论历史名人级差及其效应——中国名人名胜资源的旅游价值 [J]. 旅游学刊，1994，（04）：44-47.

度强调文化自信的中华民族伟大复兴的时代背景下，历史文化名人资源受到广泛的重视，其中蕴含的精神内涵成为鼓舞后人发展的重要动力，是一种独具特色、意义深刻的文化资源类型。对各地域各层级的历史名人文化资源进行挖掘、延续、创新、利用，提高其价值，是传统聚落游憩设计的研究重点。刘禹锡的《陋室铭》曰："山不在高，有仙则名，水不在深，有龙则灵"，普通的山山水水、聚落村庄本无比寻常，但若与历史名人结缘，则在固化的物质基础上有了文化的灵魂、文化的资本。依据文化生产力理论和马克思的"精神生产力"观念，文化产业从一定层面上来说就是发挥"精神生产力"价值的产业，文化资源作为文化生产力的重要载体，其产业开发在当代文化生产力大发展的历史环境下凸显出重要意义，将文化资源与文化市场进行连接，发挥市场所具有的生产、交换、流通、服务等功能，将文化资源转化为文化商品与文化服务，满足人们的文化消费愿望，是乡村文化游憩设计的基本逻辑和重要抓手。

第三章　从幸福论的视角看传统聚落文化游憩的社会意义

对传统聚落游憩规划实践进行一定的哲学思辨是十分必要的，从本体论的角度，要厘清游憩的本质何在，也要厘清其存在的社会意义、价值和定位，以及从何种理论范畴对传统聚落游憩规划进行形而上的指导，如此才能从认识论的角度整体把握客观的游憩资源，从宏观上形成具有"最高的支撑点"的规划设计理念，并找到合目的性且合规律性的规划方法论。

第一节　基本逻辑

旅游是游憩的一种形式，除却居民室内部分的游憩和商务旅游外，旅游等同于游憩，因此暂且将两者等同，旅游理论同样适用于游憩。

人为什么要游憩？这个问题需要回溯到人的基本需求上来，人首先是物质的人，物质的需求是人的基础需求，它们架构起人类生生不息的生命续存的前提，但人的需求又是多元的，马克思认为人除了生存需要，还有享受需要和发展需要，马斯洛需求理论也进一步阐述了人类需求的丰富性和深刻性。在物质需求满足后，人类渴求在精神层面获得满足感，管子说"仓廪实而知礼节"（《管子·牧民》），体现为对理想人格的追求和对幸福的渴望。但这一切在很大程度上是通过游憩达到的，孔子说："兴于诗，立于礼，成于乐"（《论语·泰伯》），何为"成于乐"？孔子自己作了解释："若臧武仲之智，公绰之不欲，卞庄子之勇，冉求之艺，文之以礼乐，亦可以为成人矣。"（《论语·宪问》）可见君子需要通过学习礼乐等游憩活动进行修身，从而使自己具有完善的人格。具备了完善的人格特性，有时会在游憩行为中展现出超越物质需求（超功利、超社会、超生死）的理想人生境界，如"饭疏食饮水，曲肱而枕之，乐亦在其中矣。不义而富且贵，于我如浮云"（《论语·述而》），有时又会获得纯粹自然游憩的"浴乎沂，风乎舞雩，咏而归"（《论语·选进篇》）的快乐。这些游憩行为在很大程度上达到了"内心和谐"的效果，而柏拉图在《理想国》里指出，幸福首先是内心的和谐，"作为整体的心灵遵循其爱智部分的引导，内部没有纷争，那么，每个部分就会是正义的，在其他各方面起作用的同时，享受着它自己特有的快乐"。① 这其实也说明了理想人格和幸福追求之间的辩证关系，也就是达到主观目的和客观规律的协调一致，这与中国儒学所追求的"从心所欲不逾矩"的状态是高度契合的。

何为幸福？幸福由何决定呢？从心理学的角度来看，"幸福通常是指个体依据自定的标准对其生活质量的总体性评价，是个体从整体上对生活感到满意的心理状态，是衡量个体生活质量的重要综合性心理指标"②，"幸福是人的自我意识的一种心理状态，具有很强主观性，因此也被称之为主观幸福感（SWB），其受气质、健康、性别等外部因素，以及文化、工作、收入等外部因素的影响。"③ "伊斯特林悖论"告诉人们，在一定程度内幸福不会因为物质财富的增长而增长；气质的相对稳定性对幸福的影响是也是相对稳定的；性别很难改变（除极少数的变性人）；大量研究证明，由于劳动没有成为人的本质需求，所以其仍然是一种强制性劳动，加上工作中复杂的人际关系，人们想要从工作中获得幸福感的可能性较低。更多的理论认为，文化才是幸福感获得的决定因素。

费尔巴哈曾说："生活和幸福原来就是一个东西。一切的追求，至少一切健全的追求都是对于幸福的追求"④；提勃尔·西托夫斯基（Tibor Scitovsky）论述道："文化构成了生活所能提供的最好、最有价值的东西。……文化活动是最佳的满足之源，无论是从个人的视角还是从社会的视角。"⑤ 首先是在特定的文化背景下，人们对幸福的理解是不一样的，即幸福观决定了幸福感，如在欧美文化背景下以个人成就来定义幸福，而东方文化则以人际关系即"社会取向"来感受幸福，当

---

① 丛晓波. 何以幸福：论幸福感的社会文化性前提 [J]. 东北师大学报（哲学社会科学版），2014，（2）：211-214.

② 同上。

③ 李儒林，张进辅，梁新刚. 影响主观幸福感的相关因素理论 [J]. 中国心理卫生杂志，2003，17（11）：783-785.

④ 王艺. 从经济幸福到文化幸福 [J]. 西南民族大学学报（人文社会科学版），2012，33（6）：65-68.

⑤ 同上。

然，还包括时代文化的变迁也深刻影响着主观幸福感。另外人们在从事文化活动时获得的是精神幸福，这是最高层次的快乐，这种快乐既实现了人的自然性的心理情感，又超越了动物性的快感，积淀了人的智慧，融合了人的德行，是人类心灵自由和独立的过程，实现了主体在智力结构和意志结构的超越，最终达到审美的心理结构。古今中外许多学者都肯定了文化对幸福的积极作用，从孔学的"游于艺""成于乐"的论调，到克里斯托弗·利凯（Christopher Kelly）的"对于幸福感在本质上是由文化定义的"的论述，马克思也曾说："如果音乐很好，听者也懂音乐，那么消费音乐就比消费香槟酒更高级。"[1]

　　既然对幸福的追求是人生永恒的主题，文化又对幸福起决定性作用，那么人们该如何建立起文化和幸福的关系桥梁呢？阿兰·德波顿（Alain de Botton）认为，"如果生活的要义在于追求幸福，除却旅行，很少有别的行为能呈现这一追求过程中的热情和矛盾"[2]。显然，游憩也许是其中行之有效的一种方法，追求幸福是人们进行游憩的根本动机，再具体一点，游憩活动中的文化体验对幸福感的影响更为显著。

　　文化游憩何以能够成为追求幸福的手段呢？除了大自然的美景和游憩者的心情，对于文化的心灵观照是核心因素，游不在远而在景，游不在景而在心。明代理学名家陈献章阐述了游历的三种境界："计程而往为形游；心思之间，不疾而速，不行而至为神游；与道同流，与天地万物同体为天游"[3]，包括儒家的"仁者乐山、智者乐水"的比德之旅，庄子"物我齐一"的"逍遥游"，禅宗"见山不是山，见水不是水"的空灵境界，都说明了游憩本质上是一种超物忘我的心灵审美过程。亢雄从哲学角度阐述了"旅游的本质就是人追求幸福的一种活动，是一种超功利的心灵审美观照，旅游可应对'享乐适应'而产生'生活波浪规则'，提升生活幸福感，同时认为文化是旅游的灵魂。"[4]"广谷大川异制，民生其间者异俗"（《礼记·王制》），除了大自然的美景，人们在旅游过程中更多的是通过分享文化，感

---

①　王艺. 从经济幸福到文化幸福 [J]. 西南民族大学学报（人文社会科学版），2012,33（6）：65-68.

②　徐金海. 文化和旅游关系刍论：幸福的视角 [J]. 旅游学刊，2019, 34（4）：3-5.

③　亢雄. 旅游境界浅说 [J]. 理论导刊，2016（12）：118-121.

④　亢雄，马耀峰. 旅游如何成为人的幸福：兼论幸福的旅游何以可能 [J]. 哲学动态，2010（5）：61-64.

受异质文化和地方风土人情的特色魅力，从而引发心灵的同构和移情，达到审美境界。徐金海也提到同样的观点，认为"人只有置身于具体的文化环境中，才能领悟到生命的意义，具有文化体验和文化内涵的旅游，是推动旅游的幸福走向幸福的旅游的钥匙，是将旅游的幸福本质转化为幸福现实的关键。"①

"诗和远方"——文旅结合也是近期学界和政界关注的一个热点，普遍的观点认为"文"是"诗"，是"旅"的基础和内容，是"旅"的灵魂，是旅游产业外延拓展和内涵挖掘的指引；而"旅"是"远方"，是"文"的载体和媒介，依据中国传统体用哲学范畴，可以称其为"文体旅用"，它们是内容和形式、本质和现象的关系。文旅关系的缘起是因为旅游者想要寻求身份的认同，所以文化成为旅游者的身份符号，具有完成身份转述、表达自我、叙说自我的意义。

综上，文化之于游憩的重要性显而易见、无可置疑，那么什么样的游憩类型更能够彰显文化的意义和魅力呢？本书认为传统聚落在一定意义上来讲就是中国民族文化、聚落文化、传统文化等各部类文化形态的集大成者，因此以文化为依托的传统聚落的游憩开发是值得研究和推广的。

第二节　传统聚落的文化内涵

《汉书·沟洫志》记载："时至而去，则填淤肥美，民耕田之。或久无害，稍筑室宅，遂成聚落。"可见聚落是基于生产生活需要，人们聚集而居的场所。"传统"是历史学范畴的概念，强调文化和文脉从古至今的延续性，"'传统'（tradition）是指历代传承下来的具有本质性的模式、模型和准则的总和。"②杨定海认为，"传统聚落是受'传统'影响而形成的聚落，严格意义上来讲，聚落包括乡村聚落和城市聚落，但从'传统'意义上来讲，现代乡村和城市居民点应该与传统聚落相区别，后者的不同表现在：血缘、地缘关系明晰，宗族、宗法礼制仍然延续，宗教信仰、道德准则、生活模式、意识形态还保留了较多的传统成分，在聚落面貌上仍保留了较多的中国传统民居建筑的特色。"③

---

① 徐金海.文化和旅游关系刍论：幸福的视角 [J].旅游学刊，2019，34（4）：3-5.
② 杨定海.海南岛传统聚落与建筑空间形态研究 [D].广州：华南理工大学，2013.
③ 杨定海.海南岛传统聚落与建筑空间形态研究 [D].广州：华南理工大学，2013.

同时还有一个概念也应并列讨论一下——传统村落，2012 年，《住房城乡建设部 文化部 国家文物局 财政部关于开展传统村落调查的通知》中明确："传统村落是指村落形成较早，拥有较丰富的传统资源，具有一定历史、文化、科学、艺术、社会、经济价值，应予以保护的村落。"同时，"从 2012 年开始，我国开始调查遴选并制订传统村落的保护名录，截至 2023 年，我国现有 8155 个传统村落被列入保护名录，"[1]并且遴选工作还在持续进行。传统村落是国家法定并实施保护的聚落单位，我国幅员辽阔、历史悠久，传统特征显著的村落远不止被评定的"传统村落"之数量，从长期的调研来看，未被列入保护名录的就不一定没有丰富的传统文化资源，甚至还有更灿烂的遗珠亟待被发现，当然，"传统村落"的遴选和保护还在路上。因此，基于研究范畴的广域性，本书采取"传统聚落"的概念。

无论是"传统聚落"还是"传统村落"，其最大的特点就是文化和文脉从古至今的延续性，其具有丰富的历史价值和文化内涵，其主要表现在："其一，传统建筑风貌完整，保持了传统意象和地方特色；其二，村落选址和格局保持了传统特色，蕴含着中国先民的堪舆理念、天人合一生态观、儒学礼制规范等传统文化；其三，非物质文化遗产活态传承，以身口相传作为文化链而得以延续的口头文化、体型文化、造型文化和综合文化等。"[2]另外，笔者在长期的传统聚落调研中发现，依附于传统建筑物上的装饰艺术（雕刻、彩绘等）精彩绝伦，传承于民间的节日庆典仪式规模宏大且气氛热烈，都是极其宝贵的文化部类。为更清晰地了解传统聚落的文化价值，也为更好地理解传统聚落的文化部类和其对应的功能，在此参照勃洛尼斯拉夫·马林诺夫斯基（Bronislaw Malinowski）文化功能理论、弗洛伊德的人格结构理论和马斯洛的需求层次理论，以及以广泛的田野调查为基础，对传统聚落的文化类型和功能的层次递进关系进行了重新梳理，如表 3-2-1 所示。在此需说明的是，传统聚落的文化部类和功能取决于研究者的视角和取向，因此难以周全，但在特定条件下还是有一定的基本趋向的。

① 孙倩，刘沛林，曾灿，等.中国传统村落与乡村旅游重点村的空间关系及形成机理研究 [J].资源开发与市场，2024，40（7）：1077-1084.

② 胡燕，陈晟，曹玮，等.传统村落的概念和文化内涵 [J].城市发展研究，2014，21（1）：10-13.

表 3-2-1　传统聚落的文化类型和功能的层次递进关系

功能类型	释义	范畴
基本生存功能	体现为对自然环境和物产的长期适应，满足人类的生理和繁衍需求	聚落选址布局、经济生产（农耕、渔牧等）、服装、饮食、建筑、器物、交通等
社会组织功能	维系乡村社会稳定的运行机制	习俗、礼制、"熟人社会""差序格局""无讼社会"、对自然资源的合理利用等
"以文化人"功能	精神层面的自我构建	教育、民间艺术（歌舞、美术）、宗教、民俗、游戏等

在此，笔者不排除和否认传统聚落基于乡土地域优质的自然资源而具有的虫鸣鸟啼、阡陌纵横、春华秋实的自然景观的价值，但其作用更多的是带来人的感官愉悦，是李泽厚所说的审美境界的"悦耳悦目"，"因为文化的知性知天、穷神达化，对心灵的陶冶是更为隽永的，带来的快乐也是最大的，也是审美境界的高阶状态——'悦心悦意'和'悦志悦神'。"①

现代化的冲击不断加剧，传统聚落很大程度上是中国物质和非物质文化的重要载体和最后的阵地。从游憩吸引物的角度来看，对于久居都市的市民来讲，传统聚落是突破"享乐适应"和"情感适应"，寻求新的文化认知和新的临时身份的极佳场所，同时也可在此再次确认其社会自我和与某个群体的关系，实现"另一界面"的角色扮演，从而达到消解日常生活中积累的负面情绪的效果，从而促进身心健康。这是游憩本身应该具有的社会效益，但这仅仅是从个人角度来说的，如果拓展到宏观社会视域，会发现，传统聚落的游憩意义远不止于此。

第三节　幸福论视角下的传统聚落文化游憩的社会意义

旅游不仅仅是目的地产业经济的增长引擎，更是关乎着人类对美好生活的向往，梦想和幸福的追求。在 2016 年夏季达沃斯论坛上，李克强同志就明确指出：旅游、文化、体育、健康、养老作为五大幸福产业，拉动并促进了消费增长与升级。旅游处于五大幸福产业之首，让生活更幸福是旅游业的使命和产业发展方向，因此从幸福论的视角来论述传统聚落文化游憩的意义和价值显得尤为重要。让游

---

① 李泽厚. 美学四讲 [M]. 武汉：长江文艺出版社，2019：137-150.

憩者在目的地体验充分的幸福感是传统聚落文化游憩存在的充分且必要条件。传统聚落文化游憩的利益攸关者涉及多个主体，但本书主要从游憩者、目的地居民两个最关键的主体来论述。

一、为了游憩者的幸福

游憩是一种综合感官的审美活动，人们在游历中面对鸟语花香、长河落日的自然造化，面对人文遗址的沧海桑田，或赞美感叹，或发思古之幽情，从浅层次的感官愉悦到深度的人生感悟，无不让人处于一种超越日常生活的积极情感体验。基于心理学角度的主观幸福感理论认为，积极情绪的体验是涉及幸福的主要内容，因此旅游过程中的审美体验将直接作用于游憩者的幸福体验，传统聚落文化游憩的价值意义在于能够满足人们的感官审美、心灵愉悦、积极情绪的幸福体验。

李泽厚在《美学四讲》中谈到人的审美形态时，将审美分为"悦耳悦目""悦心悦意"和"悦志悦神"三个方面，其中"悦耳悦目是基于生理基础又超越生理基础的感官愉悦，悦心悦意是在理解、想象诸功能配置下培育人的情感心意，悦志悦神却是在道德的基础上达到某种超道德的人生感悟境界"[①]。这三种形态也分别对应着幸福感的多维度状态，分别是源于伊壁鸠鲁"快乐主义幸福论"的主观幸福感、源于亚里士多德"实现主义幸福论"的心理幸福感、凯斯（Keyes）提出的社会幸福感；从哲学意义上来讲对应着柏拉图认为的心灵由欲望、激情、理智组成的论述；也耦合了心理学上弗洛伊德关于本我、自我、超我的人格结构理论，如表 3-3-1 所示。这三种形态是一个从感官到情感再到心志的由浅至深、感觉到感悟的幸福体验过程，也是审美体验过程。

表 3-3-1　游憩审美幸福体验的作用关系

游憩审美形态	幸福维度	柏拉图的心灵论述	弗洛伊德人格结构理论	作用范畴
悦耳悦目	主观幸福感	欲望	本我	生理
悦心悦意	心理幸福感	激情	自我	心理
悦志悦神	社会幸福感	理智	超我	伦理

---

① 李泽厚. 美学四讲 [M]. 武汉：长江文艺出版社，2019：137-150.

（一）悦耳悦目

心理适应现象能够让人们在逆境中平复"受挫折"感，但同时也使人们在顺境中"注意力下降"，对周围事物"习以为常"，从而失去新鲜感，长时间的固定环境，会使人们的感官迟钝，"如入芝兰之室，久而不闻其香"（孔子·家语·六本），日复一日的程式化生活工作严重阻碍了城市居民对生活的积极情绪，降低了其幸福感。再加上城市化进程带来的人口拥挤、环境恶化，以及个人生活压力、工作、经济、人际关系等问题，使得城市居民在经济高速发展的背景下，幸福感难以提升。

人非机器，需要休息，人需要使感官摆脱日常生活环境，获得非日常的新鲜体验，为身心注入鲜活的刺激，如此人们才能重新获取积极的情绪、生命延续的动力，而传统聚落的游憩体验恰恰可以为其提供可能。传统聚落从人道和天道和谐相通的自然环境的视觉之美，到丰富多元的传统建筑、民间艺术的感性之美，无不充满了悦耳悦目的"审美之乐"。

传统聚落一般有较长的形成历史，先民在长时间与自然打交道的过程中，树立了天人合一的宇宙哲学，形成了天人和谐的聚落风貌。在选址上，"人之居处，宜以大地山河为主"（《阳宅十书》），先民非常注重风水堪舆，有较为成熟的选址要领，如"地理五诀"（觅龙、察砂、观水、点穴、择向），强调藏风聚气、负阴抱阳的法则，形成了既符合功能性需求的人居环境，又具备优美的视觉效果的田园风光。城市居民置身于这样的青山绿水、碧野田畴中，进入眼帘的尽是春风杨柳、黄昏落日，是对视觉（目）的一次审美熏陶；同时听取莺啼虫啾、鸡鸣犬吠、乳牛唤母、蝉声阵阵的田园天籁，对于厌烦发动机的轰鸣和电气之音的都市人群，无疑是一次充满愉悦的听觉（耳）盛宴。当然，这些全新的审美感受不仅作用于"耳"与"目"，人的一切感觉器官都会在此得到新的刺激和愉悦体验，如可以闻（嗅觉）取乡村的泥土气息和花香，可品尝（味觉）百味水果、农家佳肴，可赤脚踩踏泥土、畅游江河、摘果摸鱼（触觉）。

作为文化游憩载体，传统聚落以其丰富的文化遗产成为游憩者追逐的对象，同时也是感官审美的重要范畴。在现代主义文化和空前城市化浪潮的裹挟下，传统文化续存空间被极度压缩，传统聚落已经成为感受传统文化遗存的最后阵地。传统建筑是传统聚落最具代表性的文化形态，中国基于多元气候、地形地貌、物产等因素，形成了形态各异、美不胜收的建筑部类，如粉墙黛瓦、儒雅淡然的徽派建筑，原始质朴的黎族船形屋建筑，沧桑厚重的西北民间建筑，体量巨大注重防卫的福建土楼，等等，都极具区域特色和美学价值，其上附着的精美雕塑艺术、壁画艺术等有很高的文化价值和审美内涵。加上民间音乐、舞蹈等视听元素，共同构成了传统聚落悦耳悦目的感性之美的壮丽画卷。

这种直接作用于感官的"新、异、奇、特"的审美元素，是对感官欲望需求一次合目的性且合规律性的满足，也是本我的一种生物性冲动，是人对美好事物向往的天然本性，可以给游憩者带来充分的生理上的愉悦，也为其更深层次的审美和幸福体验提供了感性源泉。

（二）悦心悦意

人们不能忽视自然生理的愉悦满足，同时也要意识到内心情感的解放是更高层次的审美体验和幸福感受。通过外界美景的直接刺激所带来的感官愉悦属于"第一信号系统"，那么审美情感的产生和释放则是属于"第二信号系统"，这是人类独有的机能，人类能够通过对外界事物的思考、联想而产生情感心意。在日常生活中，固化的生活节奏和环境使人们的情绪在一定程度上受到制约和压抑，通过游憩活动体验，可以触发这些深层意识的释放和宣泄，得到情绪上的舒展，从而获得身心的平衡与和谐。

怀旧情感是"对过去的渴望与向往"，[1]余润哲等依据地方依恋和刺激 - 机体 - 反应（S-O-R）理论，通过 PLS-SEM 方程模型（一种结构方程模型），得出结论："在乡村旅游中怀旧情感会激发旅游者的积极情绪体验，引发其对旅游目的地的依恋，进而提升幸福感。"[2]传统聚落作为传统文化集大成者，承载着大量历史信息，人们面对从岁月中走来的文化遗存，最容易引发浓郁的怀旧情感。宋代苏轼游历三国文化遗址赤壁，留下千古绝唱——《念奴娇·赤壁怀古》，通过遗址咏怀古人、畅游历史，发出"多情应笑我，早生华发。人生如梦，一尊还酹江月"的人生感悟，抒发了长久以来被贬谪的郁闷之情，和对荣辱穷达的豁达，令人觉

---

① 余润哲，黄震方，鲍佳琪，等 . 怀旧情感下乡村旅游者的主观幸福感与游憩行为意向的影响 [J]. 旅游学刊，2022，37（07）：107-118.

② 余润哲，黄震方，鲍佳琪，等 . 怀旧情感下乡村旅游者的主观幸福感与游憩行为意向的影响 [J]. 旅游学刊，2022，37（7）：107-118.

得纵横恣肆、酣畅淋漓。"审美愉悦是多种心理功能共同活动的结果"①，人们在游历传统聚落，沉浸于某种文化氛围中时，想象和情感是产生审美愉悦的重要中介，通过对传统文化的理解和再次重构，与自身的心境、愿欲、心境同频共振，并通过想象的翅膀，跟随客观对象或喜、或悲、或紧张、或愉快、或惆怅、或释怀，"观古今于须臾，抚四海于一瞬"（陆机《文赋》），主客体交汇融合，无我和一，把有限的个体生命融入无限的历史中，"吾生也有涯"（《庄子》）但"碣石潇湘无限路"（《张若虚《春江花月夜》》），在有限和无限的激烈冲突中引发对人生价值意义的思考，完成对现实世界、对自我、对生命的巨大超越。马斯洛认为"强烈的神秘体验是一些巨大强度的体验，在其中有自我消失或者自我超越，这些体验包括，以问题为中心、高度集中精力，献身行为，强烈的感官体验，对音乐或艺术的忘我、投入的欣赏。"②这种完全沉浸于某项活动中，达到忘我的沉浸状态即积极心理学奠基人米哈里·齐克森米哈里（Mihaly Csikszentmihalyi）所提出的"心流体验"。张圆刚等运用 SEM（结构方程模型）分析方法进行研究后认为，"在乡村旅游中，心流体验对休闲效益具有正向显著影响，且休闲效益对幸福感具有正向显著影响，通过心流体验的产生能提高休闲效益，获得幸福感。"③

休闲效益指"个体在休闲过程中将环境、时间、活动和态度等融合，产生了生理、心理、社会、经济和环境上的影响，经个体价值和主观判断后产生的知觉效益，这种知觉效益包括生理、心理、社交、教育、放松及美学方面的效益。"④由此我们也认为，传统聚落文化游憩所带来的情感体验的"悦心悦意"不仅体现在心流体验的审美心理高潮，同时也体现在其他诸方面。主要体现在良好人际关系的构建、乐生和健康，虽然传统聚落的文化游憩不直接作用于这三方面，但在宏观效益上是一致的，均属于心理幸福感的维度。与西方注重个人主义的文化不同，中国人具有很强的集体主义意识，个人的幸福也在很大程度上依托于家庭、朋友、集体等社会关系，中国传统的幸福观认为"幸福不仅是个人基本物欲的满

---

① 李泽厚. 美学四讲 [M]. 武汉：长江文艺出版社，2019：128.

② 亢雄. 基于伦理与心理视角的旅游者幸福研究 [D]. 西安：陕西师范大学，2011.

③ 张圆刚，黄业坚，程静静，等. 城市居民压力源对幸福感的影响研究：基于乡村旅游休闲参与的角度 [J]. 地理研究，2019，38（4）：971-987.

④ 同上。

足，更是通过与他人、与社会、与自然的和谐相处而获得的心灵的安宁。"[①]从现实情况来看，游憩活动大多为家庭亲子、三五好友或单位团建，在投身有别于日常的新鲜环境中时，人们将处于一种非功利的交往空间和最符合人性的世界，有利于人们放松心情敞开心扉，接纳更多他人的关注和关心，从而进一步确认自身对社会的存在价值和意义，构建彼此依赖、彼此信任、包容的人际环境，而且人们在相互帮助中同时也会实现个体幸福感的提升。乐生主要体现在对生活的乐观态度，以及对人生意义的肯定。亢雄认为"旅游是一种乐生的活动，首先体现在旅游是在物质基础满足之上的高层次需要，是人发展的重要标志，使个体的生活更有意义更有质量，其次是旅游的非功利性，可以从'去人格化'工作环境中解脱出来，再次，旅游是社会质量提高的证明，也是提高社会质量的手段。"[②]健康是影响幸福的首要因素和基本条件，世界卫生组织对健康的定义是健康不仅是没有疾病或不虚弱，而是身体上、精神上和社会适应方面的完满状态。在乡村游憩中爬山涉水固然可以锻炼身体的机能，但游憩中更重要的是对心理健康的意义。江光荣等通过全国抽样调查，结果显示，"我国成年公众的心理健康素养总体处于中偏低水平，并认为在实践策略上，宜以提升心理疾病应对的素养作为当前的工作重点和突破口。"[③]2019年国务院发布的《国务院关于实施健康中国行动的意见》明确提出了实施心理健康促进行动的要求和目标。谭家伦以乡村旅游的游客为研究对象，通过 SEM 实证研究表明，"休闲调适策略具有缓冲生活压力对健康的影响，并以改善情绪式休闲及友伴式休闲的休闲调适策略效果最为显著。"[④]

因此，传统聚落游憩的价值意义在于通过审美活动，产生心灵的共情，激发潜藏在内心深处的无意识的本能、冲动、愿望和情绪，让它们通过一种心理的形式结构被表露和召唤出来，这种情感和情绪是超生物需要和享受的审美体验，特别是在达到物我两忘的心流体验境界时，会感受到一种压抑的解放、本能的宣泄

① 曾红，郭斯萍. "乐"：中国人的主观幸福感与传统文化中的幸福观 [J]. 心理学报，2012，44（7）：986-994.

② 亢雄. 基于伦理与心理视角的旅游者幸福研究 [D]. 西安：陕西师范大学，2011.

③ 江光荣，李丹阳，任志洪，等. 中国国民心理健康素养的现状与特点 [J]. 心理学报，2021，53（2）：182-201.

④ 谭家伦，汤幸芬，宋金平. 乡村旅游游客生活压力知觉、休闲调适策略与健康之关系 [J]. 旅游学刊，2010，25（2）：66-71.

以及心意的满足和愉悦，从而释放在工作生活中累积的各种心理压力，在全新的环境中达到心灵的和谐、平静、幸福，即"悦心悦意"。

（三）悦志悦神

李泽厚认为"悦志悦神"是在道德的基础上达到某种超道德的人生感性境界，是人类最高等级的审美能力和形态。① 所谓"悦志"，是对某种合目的性的道德观念的追求和满足，是对人的意志、毅力、志气的陶冶和培育；所谓"悦神"则是投向本体存在的某种融合，是超道德而与无限相统一的精神感受。美是道德的象征，具体到传统聚落文化游憩审美中的悦志悦神，与建立正确的幸福观、追求持久的幸福感，以及理想人格的塑造相关，在乡村文化游憩中，其文化价值、伦理价值和教育价值可以起到推动作用。

无论是依照孟子的性善论还是荀子的性恶论来看，人的本能欲望与现实社会的要求总是有一定的差距，人们必须接受一定的秩序规则和礼法纲纪的约束，因此孟子强调道德的先验性，仁义礼智是人区别于动物的先天属性，要求人们从内心无条件接受这个"绝对命令"。荀子则大讲"刑政"，强调外在的社会规则对个体的强制要求，但无论是孟子注重主观意识内省修养的"内圣"，还是荀子归结于现实的人为改造，都体现出对理想人格的塑造，即"修身"。前文已述，中国传统聚落是中华优秀传统文化的集中代表，蕴含着中国儒学礼制规范等传统文化，对于塑造游憩者理想的人格有着重要的作用。如传统聚落中普遍存在的祠庙建筑和礼俗活动，以及源于儒家以血缘亲情为基础的孝悌文化，人们在游历过程中通过对物象的观照和民俗活动的体验，潜移默化地感悟着"家"的意义，增强内心对家的情感联系和对家庭的奉献精神，即"齐家"。在传统村落调研中，注重儒家诗礼传家的古训在诸多的建筑装饰上屡见不鲜，除了宣扬孝悌仁爱、注重文教、建功立业之精神，也有表达建造者对淡泊名利心灵境界的追求的。如儋州南丰镇武教村海雅林氏围屋檐影装饰文字"松柏桃梅杨柳枝，江河泗海满流池，进退通达游远近，诵读惊语讲咏诗"，照壁饰"乐处耕云兼钓月，适情载酒且携琴"（见图3-3-1）；文昌松树下村符家宅横屋墙面饰有"得其所哉"（见图3-3-2）；文昌富宅村韩家宅饰有"天朗气清，崇山峻岭"文字（见图3-3-3）；三亚保平村张家

---

① 李泽厚.美学四讲[M].武汉：长江文艺出版社，2019：146.

宅檐廊上栏板饰"堂堂乎"（见图 3-3-4）；等等。这些对传统伦理道德的外在展现，以及在千百年历史中源远流长的言传身教，是给予游憩者的塑造理想人格的极佳场所。人只有具备了崇高的人格品质，才能具备"先天下之忧而忧，后天下之乐而乐"（范仲淹《岳阳楼记》）和"治国平天下"的社会责任感与担当意识，从而努力实现人生抱负和理想，为社会作出应有的贡献。正是对人格完善的追求，让人们更注重学习和教育，"物格而后知至，知至而后意诚，意诚而后心正，心正而后身修"（《礼记·大学》），而后"修身治国平天下"，积极参与到社会建设的大潮中，贡献自身的力量。这也正是凯斯提出的社会幸福感，社会幸福感强调了个体对社会的贡献和社会关系的重要性，是对幸福感社会性的重要补充。

图 3-3-1 儋州海雅林氏围屋照壁

图 3-3-2 符家宅横屋绘饰的"得其所哉"

图 3-3-3 韩家宅的"天朗气清，崇山峻岭"

图3-3-4 三亚保平村张家宅的"堂堂乎"

"生年不满百，常怀千岁忧"（《生年不满百》），短时间的感官愉悦和情感宣泄不足以形成持久的幸福心理，人生总是要回归平淡的，内心的欲望经常被现实制约，根据心理适应理论，快乐幸福和苦涩艰辛似乎总是暂时的，物质条件水平的提升并不总是和幸福感的提升呈正相关，人生有如钟摆往复于痛苦与厌倦之间，那人们何以幸福？这里便涉及幸福观的建立，这是从形而上的角度来审视何为幸福。中国传统文化其实已经给予了人们非常明确的答案，历史上，国人即使面对严酷的社会现实、朝荣夕悴的无常命运，仍是"为乐当及时"，时刻保持着积极追求快乐人生的精神，李泽厚认为这是中国人的"乐感文化"，是中华民族的文化性格和心理结构，也是中国传统幸福观的体现。在传统聚落中，这种乐感文化得以最为充分地展现与传承。

《尚书·洪范》中说："五福，一曰寿、二曰富、三曰康宁、四曰攸好德、五曰考终命。"这是中国古代对幸福的一种认知，表达了人们的生活理想和生活目标，这些目标和理想在一般情况下是很难全部实现的，但人们创造性地在日常的艺术中表达了这种向往，续存了心中的念想和对这种人生理想的追求，即使一生难企，却使内心达到了一种平和与宁静。在广泛的传统聚落田野调查中，大量的民间美术、音乐、舞蹈、民俗仪式等都充分地表达了这种幸福观。如民间美术对"五福"的表达，人们通常采用雕刻、壁画、书法、剪纸等艺术形式对其进行展现，通过象征、寓意、谐音、表号、文字形式以及镇物转化等手法将对美好生活的向往蕴含其中，在使人们对客观物象进行艺术审美的同时，也会令人对何为幸福进行深刻思考。如通过"聚宝盆""刘海戏金蟾""财神像"等意象含蓄表达了对财富的追求；通过"瓜瓞绵绵""麒麟送子""观音送子"等图案表达了对多子多福的祈祷（见图 3-3-5）；通过"松鹤延年""麻姑献寿""寿比南山"等表达了对长者长寿的祝福（见图 3-3-6）；通过"冠带流传""三狮图""五子夺魁"等表达了对官禄的渴望；通过放置在案几上的掸瓶和明镜组合，表达了"一生平静"的康宁愿望。

图 3-3-5　文昌美宝村老家具"瓜瓞绵绵"雕饰　　图 3-3-6　文昌仕头村老宅壁画"福禄寿"

　　这些传统聚落的文化给予了游憩者在意识形态方面对幸福观进行深刻思考的契机。传统聚落的发展历程不是一帆风顺的，恰恰更多时候是充满冲突、苦难、斗争，甚至是残酷的，人们能够筚路蓝缕，从严酷的历史中走到现在，除了在于"天行健，君子以自强不息；地势坤，君子以厚德载物"（《周易》）的正面昂扬艰苦奋斗的生命力量，也在于敢于面对和坦然面对残酷现实的乐感文化性格，其中有"克己复礼""见利思义""义然后取"这类把个体欲求限制在社会规则之内的隐忍，也有"一箪食，一瓢饮"这种追求内在精神的"孔颜乐处"的淡泊名利，然而最重要的是在长时间的演变中形成的一种稳固的心理平衡机制，其既有注重现实的乐观进取的实践精神，也有"发乎情止乎礼"的对欲望的自我约束，在顺境中保持必要的冷静，在逆境中不屈不挠，注重世界的宁静和谐，精神层面的悦乐安适。在传统聚落中，有这么一群人，他们从战乱中出生，走过动乱岁月，曾经衣不遮体、食不果腹，含辛茹苦生儿育女，经历了社会大变迁的年代，而后又看护留守孙辈，如今这些身形佝偻、风烛残年的古稀老人依旧守护着摇摇欲坠的老房子，干枯粗糙的双手仍不停劳作。这些历经人间沧桑的劳作者，是什么样的力量使他们能够在物质财富匮乏的生活环境中仍保持着豁达和勤劳，执着地守护着他们的爱情、家庭，为田地里微薄的收成而满足，为儿孙的成就而欣慰，延续着恬淡的生活，且平和地静待生命尽头的到来。这能够使物质富裕、科技发达却依然孤独焦虑的现代城市人群感到心灵的震撼，也能够提供理解幸福的另一种视角。面对这样的场景，人们会认真思考自己究竟在追逐什么？为什么焦虑？自己存在的意义何在？脱离了喧闹的都市，在纯净的生活场景中，人们的灵魂深处容易产生如此思考，思考后，内心变得平静，重新定义人生目标和理想，去超越物欲，将有限的生命投入无限的时空中，实现自己的社会价值，达成"悦志悦神"的人生境界，从而建立更完善的幸福观。

二、为了目的地居民的幸福

目的地居民是指传统聚落的常住居民，他们是传统聚落的真正主人，既是传统聚落文化的创造者，也是传统文化的守护者，其本身也是传统文化的载体，他们对幸福感的体验对于传统聚落的文化保护与游憩事业的发展有着重要的内在动力价值。在诸多研究文献中，研究者们更多地关注游憩人群的游憩效益和幸福感的满足，但目的地居民也是传统聚落游憩事业的参与主体，他们的幸福感受同样非常重要。《可持续旅游发展宪章》指出："所有可供选择的旅游发展方案都必须有助于提高人民的生活水平；有助于加强与社会文化之间的相互联系，并产生积极的影响"，"必须考虑旅游对当地文化遗产、传统习惯和社会活动的影响"[①]；《全球旅游伦理规范》指出："旅游政策的实施应当有利于提高到访区域人民的生活水平和满足他们的需求"[②]；《马尼拉世界旅游宣言》提出："为人们提供广泛的参与经济和社会活动的机会，从而改善人们的生活水平……旅游发展规划要确保旅游目的地的考古遗产及其完整性，尊重社会和文化规范。"[③]

随着现代社会的大发展大变迁，对传统文化以及传统聚落的生活秩序产生了巨大的冲击，坚守传统越来越艰难，当人们感受到城市与传统聚落巨大的经济和文化差异时，人们对文化的自信意识会被严重削弱，传统聚落的处境越来越式微，生活在其中的民众的幸福感也同样受到影响。传统聚落作为中华文化的重要载体，对其进行保护与传承是社会大众的责任，同时传统聚落也是中国文化自信的重要依据，其赓续需要多方面的力量参与，而发展游憩产业显然是行之有效的手段之

---

① 欧阳润平，覃雪.目的地居民旅游影响感知量表研究 [J].湖南大学学报（社会科学版），2010，24（3）：47-52.

② 张广瑞.全球旅游伦理规范 [J].旅游学刊，2000（3）：71-74.

③ 同①。

一，其效益也是多方面的，除了物化的方面，对于提升目的地居民的幸福感的作用也是显而易见的。针对旅游目的地居民的幸福影响因素，学者进行了相关研究，如表 3-3-2 所示。

表 3-3-2　相关学者对旅游目的地居民幸福感影响因素的研究

研究者	目的地居民幸福感影响因素	研究方法
刘海青等	旅游参与程度、社区归属感、正面旅游影响感知、负面旅游影响感知	熵权法评价
高园	经济、社会、生态、文化、政治	层次分析法
张彩迪	经济、社会文化、环境	调研数据分析
高倩	旅游业发展程度、旅游季节性、居住区域、人口学特征、旅游参与程度、接触旅游者程度、社区归属感、旅游感知态度	实证及定量分析法
喻珍	人口学特征、自我发展因素、工作质量因素、旅游参与因素、政策制度因素、生活娱乐因素	统计分析法
李有军	经济、生活文化、自然环境	统计分析法
黎志逸等	物质指数（满足感）、人际指数（价值感）、精神指数（愉悦感）	描述性研究
胡林	社区归属感、社区公共设施改善、社会人口特征、社区扮演的角色、社区环境的美化、对旅游经济的依赖程度、高质量生活，增加就业机会、商户收入	统计分析法
欧阳润平等	经济影响、社会文化影响、环境影响、综合影响	量表统计分析
李东等	社区归属感、社区环境、经济状况	统计分析法
胡亮梓	人口学、旅游影响感知（经济因素影响、社会因素影响、环境因素影响、文化因素影响等）、居民类型、旅游参与度	定性研究与定量分析相结合
高璐璐	外部因素（居民人口属性、旅游参与程度、居民归宿感）、内部因素（经济影响感知、社会影响感知、自然环境影响感知）	实证分析法
刘兆隆等	经济、社会、文化、环境	实证分析法
杨玉兰	人口学特征、个人发展、物质保障、精神修养、公共服务、生态环境、旅游参与	定性研究与定量分析相结合

从上表可以看出，学者们更多地关注客观外在因素对目的地居民的幸福感的影响，较少关注居民主观层面的幸福影响因素。因此，结合其他学者既往研究成

果和传统聚落田野调查实践，本书认为，传统聚落游憩事业对于目的地居民幸福感的价值意义（正向影响）需要体现主客观两个维度，包括客观层面的经济幸福、环境幸福和人际关系幸福；主观层面的文化自信幸福、文化认知幸福和社区归属幸福。

（一）经济幸福

发展乡村旅游业对目的地居民的经济幸福感的提升主要体现在经济收入的增加、产业结构的优化和升级、就业机会的增加。

传统聚落游憩开发可以给目的地居民带来诸多方面的效益，但从大量文献研究结果以及实地调研访谈得知，目的地居民最关心的还是游憩产业能够给自己和村集体带来多少经济利益。虽然"伊斯特林悖论"表明在一定的临界点，收入的增长和幸福感的提升并不同步，但我国居民特别是广大农村居民，整体收入仍处于中低层次的状态，收入增加对幸福感的提升作用十分明显。董梦颖基于 CGSS（中国综合社会调查）2017 年数据进行实证分析研究，认为，"绝对收入状况与我国农民主观幸福感有正向影响，相对收入对农民幸福感有十分显著的正向影响。"[1] 张彤进[2]、谢超凡[3]、刘海青[4] 等均表达了同样的观点。

经济条件因素包括家庭经济收入和公共财政的投入。家庭经济收入主要是指在传统聚落游憩产业发展过程中，当地民众所获得的经济收益，因中国传统"家本位"思想和家庭经济共享互利的实际情况，在此将个人收入一并纳入家庭经济收入。基于历史的原因，中国大多数传统聚落因交通闭塞，以自给自足的小农经济为主要经济形态，长期与外界多元经济的发展难以同步，虽然在客观上保留了聚落物质形态和社会生活秩序的原生态（吸引游客的重要条件），但其生活条件和经济的落后也是传统聚落的现实问题。依据《中华人民共和国 2023 年国民经济和社会发展统计公报》数据，"2023 年全年全国居民人均可支配收入 39 218 元，其中城镇居民人均可支配收入 51 821 元，农村居民人均可支配收入 21 691

① 董梦颖. 我国农民收入状况及对主观幸福感的影响分析 [D]. 长春：吉林大学，2022.

② 张彤进，万广华. 我国农村居民主观幸福感的影响因素及地区差异 [J]. 江苏社会科学，2020（3）：111-120.

③ 谢超凡. 乡村振兴战略视域下农民幸福感研究 [D]. 杭州：杭州师范大学，2019.

④ 刘海青，李向明. 旅游地社区居民主观幸福感研究：以井冈山茨坪镇为例 [J]. 南昌工程学院学报，2017，36（1）：90-96.

元，其中低收入组人均可支配收入 9 215 元，可以看出城乡居民的收入差异仍然较大。"① 传统村落是传统聚落的典型代表，许建和等针对我国五批共 6 819 个传统村落的空间分布特征进行了研究，"保存得较为完整的中国传统村落多数位于经济较为落后的地区，主要原因是山地环境使得其交通条件和经济发展相对滞后，同时也阻碍了其受外界文化变迁的影响。"② 传统聚落基于历史的原因，居民经济收入仍处于较低水平，在这个前提下，提升该地区居民经济收入将极大地提升其幸福感。大量研究表明，乡村旅游对促进目的地居民的经济收入效果显著。杨敏以昆明市团结乡③、王龙以广西壮族自治区桂林市龙胜县④、唐代剑等以浙江省三个村落（安吉县余村、奉化市腾头村、兰溪市诸葛八卦村）⑤、张遵东以贵州西江苗寨⑥、郑永君以天津下营镇乡村振兴示范区⑦、杨柳以海南省什寒村为研究对象⑧，通过大量的数据分析，得出乡村旅游对目的地居民增加经济收入的作用十分突出。"从宏观数据来看，据农业农村部发布的数据，2019 年我国乡村休闲旅游业接待游客 33 亿人次，营业收入超过 8 500 亿元（2020 之后因新冠疫情有所下降），占旅游收入 14.2%。"⑨ 而在以旅游作为支柱产业的海南省，"2019 年地区生产总值 5

① 中华人民共和国 2023 年国民经济和社会发展统计公报 [J].中国统计，2024（3）：4-21.

② 许建和，柳肃，毛洲，等.中国传统村落的空间分布特征与保护系统方案 [J].湖南大学学报（社会科学版），2021，35（2）：152-160.

③ 杨敏，白廷斌.乡村旅游对农村产业结构调整和优化的影响 [J].云南民族大学学报（哲学社会科学版），2006（2）：89-92.

④ 王龙，武邦涛.乡村旅游业对增加农民收入的效应分析 [J].安徽农业科学，2006（19）：5106-5107.

⑤ 唐代剑，黎彦.乡村旅游对农民增收、就业实证研究 [J].改革与战略，2009，25（12）：122-125.

⑥ 张遵东，章立峰.贵州民族地区乡村旅游扶贫对农民收入的影响研究：以雷山县西江苗寨为例 [J].贵州民族研究，2011，32（6）：66-71.

⑦ 郑永君，李春雨，刘海颖.旅游驱动的三产融合型乡村振兴模式研究：基于共享发展理论视角的案例分析 [J].农业经济问题，2023（6）：97-110.

⑧ 杨柳.海南省乡村旅游扶贫绩效及实证研究 [J].中国农业资源与区划，2017，38（5）：217-221.

⑨ 中华人民共和国中央人民政府.2019 年我国乡村休闲旅游业营业收入超 8500 亿元 [EB/OL].（2020-12-05）[2024-04-09].https：//www.gov.cn/xinwen/2020/12/05/content_5567227.htm.

308.94 亿元，而旅游总收入达 1 057.80 亿元"[①]，"2019 年海南乡村旅游接待游客将近 1 100 万人次"[②]，是其中的生力军。可见乡村旅游已经成为当地政府和居民收入的重要来源，是目的地居民福祉的物质保障之一。

同时，由于传统聚落较高的传统文化保护价值和独特的游憩资源禀赋，也带来了公共财政和社会资金的投入，增加了当地居民的集体收入。2020 年 10 月 22 日，住房和城乡建设部在对十三届全国人大三次会议第 9715 号建议的意见中指出："2014 年起，中央财政支持列入国家名录的传统村落保护发展，每个村落给予 300 万元补助，累计已支持 4 350 个村落、补助资金 131 亿元。主要用于传统村落基础设施和公共环境改善防灾安全保障、历史环境要素修复等方面，其中很大一部分是少数民族村落。[①] 另据《财政部办公厅住房和城乡建设部办公厅关于组织申报 2022 年传统村落集中连片保护利用示范的通知》文件：2022 年，在全国范围选择 40 个左右传统村落集中的县开展传统村落集中连片保护利用示范，示范期 2 年。中央财政对示范县予以定额奖补，其中东、中、西部示范县补助基准分别为 3 000 万元、4 000 万元、5 000 万元；同时根据示范县拥有中国传统村落数量情况赋予相应奖补系数，拥有 5～9 个、10～19 个、20 个及以上中国传统村落的示范县补助系数分别为 1，1.25，1.5。[④] 另外在实地调研中，亦有大量企事业单位共建、军民共建、扶贫资金、社会捐赠等资金注入，在极大程度上改善了聚落的公共环境、公共设施设备，提升了居民生活质量和幸福感。

长期以来，我国农村地区存在产业结构单一、农业产业化结构不均衡、产业化水平较低等问题，资源利用率低，阻碍了农村的经济发展。产业兴旺，是解决农村一切问题的前提，是乡村振兴的必由之路。

---

① 海南省统计局.2020 年统计年鉴 [EB/OL].（2020-10-13）[2024-04-09].https：//stats. hainan.gov.cn/tjj/tjsu/ndsj/2020/.

② 海南省旅游和文化广电体育厅：阳光海南网.海南乡村旅游年接待游客超千万 6 月 18 日"乡遇"琼岛 感受不一样的海南 [EB/OL].（2020-6-17）[2024-04-09].https：//lwt.hainan.gov.cn/ywdt/zwdt/202006/t20200617_2805394.html.

① 中华人民共和国住房和城乡建设部.对十三届全国人大三次会议第 9715 号建议的意见 [EB/OL].（2020-10-22）[2024-04-09].https://www.mohurd.gov.cn/gongkai/fdzdgknr/jyta/gkzhudongjianyi/2020/art_18371_248334.html.

④ 住房城乡建设部 财政部.住房和城乡建设部 财政部关于做好 2022 年传统村落集中连片保护利用示范工作的通知 [EB/OL].（2022-4-19）[2024-04-09].https://www.gov.cn/zhengce/zhengceku/2022-04/19/content_5686166.htm.

赵承华认为乡村旅游通过推动农村产业间的社会再生产结构、需求结构、投资结构、就业结构、技术结构以及区域配置关系来推动农村产业结构优化，其作用体现在促进农村相关产业协调发展、转移剩余劳动力发展并提高劳动者素质、增加农民收入、促进可持续发展等方面。[①]钟漪萍通过对全国 2010—2017 年地级市数据分析，认为在全国层面，农旅融合有利于促进农村产业结构优化升级；在区域层面，农旅融合对农村产业结构合理化有显著的促进作用。[②]杨敏认为发展乡村旅游可以有效利用农村各类资源、发挥地域优势和特色、较好地适应市场需求的变化，主要表现在扩大了非农产业领域、实现农村剩余劳动力转移、农民收入增加。[③]

产业结构的优化与升级，带来餐饮、交通、酒店住宿、休闲娱乐等产业的发展，最直接的效益是产生了新的就业岗位，增加了目的地居民的就业机会，职业的成功能够给人带来自信和心理满足，进而获得幸福感。同时在旅游业的带动下，一些传统产业可能会被动进行功能转换，通过另外一种形态再利用，如云南纳西族地区传统村落常年有使用滇马进行劳作的传统，而今在农业机械化的背景下，滇马骑乘成为乡村旅游中一个地方特色，继续给当地居民带来经济收入。在现代技术变革中，已经失去功能价值的诸多传统手工业等非物质文化遗产，却成为游客体验异质文化的重要载体，其文化和经济价值被重新审视，一批传承人重操旧业，带来产业和文化的双赢，进一步增强其幸福感。

（二）环境幸福

出于吸引游客的目的，也因公共财政或社会投资的注入，旅游目的地的公共环境得到了改善，环境是公共的，目的地居民能与游客共享优质的环境空间，因此在这个层面目的地居民是显然的受益者。居民幸福感与良好的环境相关联，很多学者证明了社区环境的改善对目的地居民的主观幸福感有显著的正向作用。[④]环境幸福主要体现在生态环境、村容村貌及公共设施的完善。

---

① 赵承华．乡村旅游及其推动农村产业结构优化研究 [D]．武汉：武汉理工大学，2009.

② 钟漪萍，唐林仁，胡平波．农旅融合促进农村产业结构优化升级的机理与实证分析：以全国休闲农业与乡村旅游示范县为例 [J]．中国农村经济，2020（7）：80-98.

③ 杨敏，白廷斌．乡村旅游对农村产业结构调整和优化的影响 [J]．云南民族大学学报（哲学社会科学版），2006（2）：89-92.

④ 李东，王玉清，陈玥彤，等．社区嵌入式目的地居民主观幸福感探测与亲旅游行为研究：正、负影响感知的调节效应 [J]．地域研究与开发，2020，39（4）：109-114.

2005 年，习近平总书记提出了"绿水青山就是金山银山"，2021 年习近平总书记在《生物多样性公约》第十五次缔约方大会领导人峰会上进一步强调："良好生态环境既是自然财富，也是经济财富，关系经济社会发展潜力和后劲。"习近平总书记对生态环境和经济发展的辩证论断，说明了优质的生态环境对于乡村游憩事业的重要性。传统聚落在长时间的发展过程中，小农经济深刻依赖自然环境而存在，人们在对待关乎生存的天赋环境时，秉承朴素的自然观，强调人、天、地和谐共存的"天人合一"生态观，善待自然，对资源有节制地利用，不涸泽而渔，不焚林而猎，长时间里形成了平衡协调、世代相承的和谐生态环境。但随着时代的大变化，工业产品的普及，乡村环境受到不同程度的影响，塑料垃圾、重金属污染、农药残留、建筑垃圾等，使乡村原本优质的生态环境受到严重威胁，在一定程度影响了居民健康和幸福感。山清水秀的生态环境是乡村旅游的重要吸引物，从调查的现实情况以及实证文献来看，一些乡村旅游发展较好的乡村旅游目的地将生态建设摆在第一位，在动植物保护、污染治理、自然资源合理利用方面采取了积极有效的措施，取得了生态和经济发展的双赢。如习近平总书记在浙江省安吉县视察时提出著名的"绿水青山就是金山银山"后，该县在生态建设方面下大力气，将原本工业污染严重的环境成功打造成现在的绿水青山，该县的乡村旅游也成为全国乡村旅游的典范——"安吉模式"。而优良的生态环境也给目的地居民带来良好的幸福感知，杨玉兰通过问卷调查和实证分析得知，在安吉县乡村旅游目的地居民幸福度感知中，生态环境与居民幸福感呈正相关。[1] 李有军对陆巷古村的实证研究也表明：传统村落旅游发展带来的正面环境影响越明显，村民的主观幸福感越强。[2]

村容村貌主要指向传统聚落的居住环境的美化、卫生状况以及公共设施的完善，无论是基于吸引游客的目的，还是公共财政支持的必然结果，传统村落乡村旅游事业发展的过程中，村容村貌在客观上都得到了极大改善。依据对海南传统村落多年的田野调查观察，从横向空间来看，一些乡村旅游发展较为成熟的目的地，无论从公共设施完善程度、乡村文化景观美化度、街巷卫生整洁度还是日常环境卫生的维持制度等来看，都远比未开发游憩事业的传统村落更加优良，典型

---

① 杨玉兰 . 乡村旅游目的地居民幸福度感知及影响因素研究 [D]. 杭州：浙江工商大学，2017.
② 李有军 . 旅游发展对传统村落居民主观幸福感的影响研究 [D]. 南京：东南大学，2015.

代表如冯塘村（见图3-3-7）、罗驿村、什寒村等（见图3-3-8）。但一些村落，如澄迈的美墩村、美傲村、秀灵村（见图3-3-9）、那雅村（见图3-3-10）等，虽已经入选国家传统村落名目，但村容村貌状况堪忧，传统建筑破败不堪，无人维修看管，甚至作为家禽家畜的畜养地，卫生状况堪忧，而且村内各类垃圾成堆，道路虽古朴但破旧，除一些较为陈旧的祠庙建筑外，几乎没有任何公共设施。从纵向时间上来看，基于笔者多年对传统村落的关注，可以看到一些传统村落在社会资金注入后，一步一步地改善了村容村貌，比较典型的案例有琼海留客村、三亚保平村、澄迈美榔村、东方白查村、昌江洪水村等。如昌江黎族传统村落洪水村，2018年笔者在此地考察时，村民离开8年之久的金字形茅草屋普遍坍塌损毁，现场满目疮痍、凌乱不堪，宛若末日景象，令人唏嘘（见图3-3-11），但2023年笔者再次考察时，云画（海南）文旅开发管理有限公司已入驻该地，投资开发了黎奢·时光里民宿，拆除了破烂不堪的旧居，对民宿区环境进行了大幅度的改善，包括标识系统、停车场、景观雕塑、公共洗手间、游客服务中心、观景长廊、游憩栈道、小型乡村生活展示馆、多媒体声光电及交互设备等，村民居住区除村委会的篮球场、文化中心（亦改造成民宿）、卫生室外，亦有公共洗手间、栈道、公共栅栏、墙体彩绘等，虽原汁原味的黎族金字形茅草屋已经不复存在，但仿建的茅草屋多多少少遗存了些黎族传统建筑的意象。村民居住环境确实得到了显著改善，变得更加规整、清洁、美丽、便捷（见图3-3-12）。通过对村民的访谈可明显地感觉到，村民对环境的前后对比感触良多，对现有的优质村容村貌以及完善的公共设施赞不绝口，幸福之情溢于言表。

图3-3-7 冯塘村改造后的国学馆　　　　　**图3-3-8 什寒村**

图 3-3-9　澄迈秀灵村火山石民居　　　　图 3-3-10　澄迈那雅村年久失修的传统民居

图 3-3-11　2018 年的洪水村　　　　　　图 3-3-12　2023 年的洪水村

　　许多文献对环境卫生以及公共设施对居民幸福感的影响做了研究，其研究结果也验证了田野调查中所观察到的现象，高璐璐通过对碛口镇乡村旅游目的地的调研与实证研究，认为目的地居民对环境的感知与幸福感呈正相关，高于社会感知和经济感知；[①] 聂建亮通过对湖北农村老人的问卷调查研究发现：农村老人认为当地的环境卫生状况越好，那么其幸福感越高；[②] 高园通过对海南国际旅游岛的调查认为：旅游业发展带来的基础设施改善极大方便了当地居民的生活和交通，能够提高居民的生活质量，从而提升其幸福感；[③] 李东认为：旅游目的地居民能够与

　　① 高璐璐. 乡村旅游地居民主观幸福感研究 [D]. 武汉：华中师范大学，2020.
　　② 聂建亮，钟涨宝. 环境卫生、社会治安与农村老人幸福感：基于对湖北省农村老人的问卷调查 [J]. 华中农业大学学报（社会科学版），2017（2）：60-68；132-133.
　　③ 高园. 旅游目的地居民主观幸福感的外在影响因素研究：基于海南国际旅游岛的实证调查 [J]. 生态经济，2012（11）：86-90.

游客共享各种娱乐、休闲、购物和服务设施，大大提高了当地居民的主观幸福感。[①]

（三）人际关系幸福

荀子曾指出，人的生存不能离开社会组织："而能不能兼技，人不能兼官，离居不相待则穷"（《荀子·富国》）；马克思认为"人的本质是一切社会关系的总和"[②]，说明了人在一定的社会关系中才有自身存在的意义，人是不能够离开社会而独立存在的；马斯洛在人的需求理论中也提到人有社交和尊重的需要。从幸福论的角度看，亚里士多德和弗洛姆都曾指出幸福本源的社会性，即幸福反映了个体自我与其所处社会文化价值间的某种互动。良好融洽和谐的人际关系会从情感层面影响居民的主观幸福感，特别是在以集体主义的相互依存为自我观的东方文化背景下，人们的幸福感以人际关系来定义，对于大多数人来说，家庭幸福、邻里和睦、朋友亲善是最大的幸福。

传统聚落游憩目的地居民的人际关系幸福主要体现在与游客的关系、与邻里的关系，以及家庭关系的改善（体现在家人团聚）等方面。

从传统聚落居民和游客的关系来看，在传统聚落的田野调查中，笔者所接触的居民虽有内向腼腆不善于言谈的，但大多数善良淳朴，对外来游客抱有十分宽容与友善的态度，乐于分享自己村落的文化和故事；在与游客的交往中，他们感受到了外人对其的尊重和关注，感受到自身和聚落存在的价值。而游客在游憩过程中，最容易忘却生活与工作中的消极情绪和功利思想，以积极和愉悦的心情来面对旅途中的一切，在与目的地居民交往时，其情感交流质量远远高于日常人际交流的质量。高倩对婺源乡村旅游目的地居民的调查研究结果表明：当地居民的主观幸福感与旅游者接触的程度存在明显的关联性，与旅游者接触的居民总体生活满意度和 D-T 均值高于不接触者。另外从经济收益角度来讲，旅游者给当地居民带来就业机会和收入的增加，从物质层面也促进了目的地居民和旅游者的融洽关系，进一步增强了当地居民幸福感。[③]

① 李东，王玉清，陈玥彤，等.社区嵌入式目的地居民主观幸福感探测与亲旅游行为研究：正、负影响感知的调节效应 [J].地域研究与开发，2020，39（4）：109-114.

② 中共中央马克思恩格斯列宁斯大林著作编译局.马克思恩格斯选集（第一卷）[M].北京：人民出版社，2012：139.

③ 高倩.乡村旅游地居民主观幸福感研究 [D].南京：南京大学，2011.

数千年来，中国以农耕为基础的社会形成了极其稳定的乡村社会结构，费孝通认为种地人搬不动地，直接靠地谋生的人是粘在土地上的。① 这种不流动性虽然导致村与村之间是相对孤立和隔绝的，但在一定的范围内（单位村落里），人们生于斯、死于斯，每个人都是处于如此"有机的团结"的"礼俗社会"、熟人社会中，每个人在此都会得到一种从心所欲不逾矩的自由，以及一种彼此熟悉、信任的可靠幸福感。但随着时代的大变迁，人口大量流动，流入城市的农村人口迅速"原子化"，乡村留守人员主要为老弱妇孺，农耕产业也随之衰退，生产上互助的消失，使得邻里之间交往弱化，加之各种娱乐媒体的强力介入，那种靠频繁接触、互通有无的亲密感觉逐渐消失，熟人社会的幸福感也日渐消退。结合诸多学者研究成果和作者调研，认为开展乡村游憩能够促进邻里关系的改善，提升幸福感，主要体现在公共设施的改善，人口的回归以及产业的互助。

笔者来自湖南的一个普通乡村，经历了 20 世纪 80 年代费孝通所描述的"乡土社会"，其社会秩序稳定，"差序格局"显著。自 20 世纪 90 年代开始，同样经历了社会"大流动"时代，乡村社会迅速原子化，年轻一代无人继续祖辈的农耕生产，均在外地务工，仅春节回家几天，人际关系趋于陌生，隔代邻居几乎不认识。但自 2017 年村民集资修建文化广场，增设公共设施后，虽然仍然是只在春节回乡几天，但大部分归乡人员和留守人员有了活动场所，乐于聚在一起并开展各种有益身心健康的文体活动，如球赛、广场舞、春节文娱晚会等游憩活动。从现实效果来看，这些活动极大地促进了邻里之间的关系融洽和凝聚力，特别是隔代邻居得以充分接触并彼此熟络；人们较以往更热心于公共活动和公益事业，体现了乡村文化的进步，有效地冲淡了乡村原子化的人际关系。再从笔者多年来对海南乡村的田野调查来看也证明了这一点，一些公共设施齐全的传统聚落，人际交往频繁。各类文体活动、民俗活动的开展很大程度上凝聚了邻里之间的关系，在游憩产业开展较好的乡村这种情况尤其明显。"乡土中国"之所以会变成"离土中国"，根源上是农耕产业的凋敝，而游憩产业的发展和村民创业就业机会的增加，势必带来人员的回流，游憩产业的分工合作、产业互助，使原住民重新形成一个"有机的团结"的社会，重新找回彼此熟悉、信任的可靠幸福感。大量的研究成果表明，良好的邻里关系是居民幸福感的重要影响因素，李有军通过对陆

---

① 费孝通. 乡土中国 [M]. 北京：作家出版社，2019：8.

巷古村居民的主观幸福感因素的问卷调查和分析，认为在社会文化领域，当地几乎所有居民都认为邻里关系状况的好坏对他们的主观幸福感是最重要的。[①] 刘兆隆在对四川甘孜柏秧坪村乡村旅游扶贫效益展开实证研究时发现该村在乡村旅游精准扶贫后，邻里之间的关系日益融洽，并没有因为旅游竞争等因素产生矛盾，社会幸福感不减反增。[②]

家庭关系的和睦对中国人幸福感的影响毋庸赘言。李泽厚在分析孔子"仁"的结构时，便将"血缘基础"定为影响了中国人思维模式两千年，以及构建了中国人文化心理结构的仁学第一因素；[③] 费孝通在定义"差序格局"时，认为亲属关系是这个同心圆波纹的核心和最重要的关系。[④] 但在社会大流动时代，乡村人员为了生计背井离乡，进入城市成为产业工人，父母子女之间的天伦之乐成为极度稀缺的事物，聚少离多的现状导致亲人之间的感情淡漠，特别是留守儿童，因父母陪伴的缺失而引起的心理隔阂和性格缺陷，以一种不可逆的态势严重影响了当下农村家庭的幸福，甚至已经成为一种社会问题。

张兴祥基于 Lasso 的筛选方法，对国民幸福的指标体系和影响因素进行了显著性检验。在 9 个维度中，家庭生活满意度对幸福感影响最为显著，并认为要提高国民幸福感应着力构建温馨和谐的"家文化"。[⑤] 前文已述，乡村游憩产业的发展，势必带来人员的回流，恢复的不仅是邻里关系，更重要的是使得"儿孙满堂膝间绕"成为现实。随着乡村振兴战略的提出，以及"双重脱嵌"的新一代农民工的出现和增加，农村转移劳动力返乡回流正逐渐成为一种新的趋势，而且是呈现了情缘、地缘因子为主导的近距离转移。而乡村游憩产业的发展为返乡农民工提供了体面工作，很多学者认为乡村旅游具有转移农村劳动力的诸多优势，特别是就地转移，能实现农村转移劳动力体面劳动感知，增强其幸福指数和生活质

① 李有军. 旅游发展对传统村落居民主观幸福感的影响研究 [D]. 南京：东南大学，2015.
② 刘兆隆，范雪白，杨清灵，等. 乡村旅游对精准扶贫的效益研究：基于居民幸福感视角 [J]. 中国商论，2017（12）：29-36.
③ 李泽厚. 中国古代思想史论 [M]. 北京：人民文学出版社，2021：9.
④ 费孝通. 乡土中国 [M]. 北京：作家出版社，2019：28.
⑤ 张兴祥，钟威，洪永淼. 国民幸福感的指标体系构建与影响因素分析：基于 LASSO 的筛选方法 [J]. 统计研究，2018，35（11）：3-13.

量。[①]杨丽梅在对贵州、广西多个少数民族乡村旅游微型企业的创业动机研究中，发现家庭因素是重要动机之一，人们创业是为了在增加经济收入提高家庭生活水平的同时也能够照顾老人和孩子。[②]高璐璐通过对山西省吕梁市碛口镇乡村旅游产业的调研发现，乡村旅游产业的发展，带来了大量就业岗位，使得人们不必远离故土，可就地就业，免除了家人分离之苦，促进了乡村居民幸福指数的提升。[③]可见，乡村游憩产业带来的人员回流，在一定程度上防止了家庭关系的异化，家庭生活的回归与稳固促进了家庭成员之间的亲情养成，进而提升了家庭幸福感。

（四）文化自信幸福

文化自信是村民对自己所拥有的文化自觉、自知、自豪，是对自身文化价值的充分肯定和坚定信念，同时也是认同自我价值和身份的一种体现。文化自信是人民幸福的重大保障，来源于源远流长的民族记忆，文化自信是幸福不可缺少的内涵。[④]

改革开放以及 20 世纪 90 年代以来社会大流动时代的到来，乡村文化遭到严重的解构，包括强势的城市文化、自身文化的滞后性以及多元文化价值的渗透等因素。[⑤]进而带来的是农民价值观的异化、精神层面的迷茫和幸福感的缺失。

乡村游憩产业的发展，可以使村民重新认知和审视自身文化价值，利于传统文化的复兴，从而实现村民对传统文化的自豪、自信和自觉，重新构建村民的文化心理结构，使村民具有稳定的内在幸福感。其逻辑关系主要体现在游客的到来，传统物质和非物质文化载体的修复，因文化产业带来的生活条件的改善，以及内心坚定信念的树立等方面。

传统聚落因拥有丰富的异于他域的物质和民俗文化而为世人关注，是中国传统文化的重要组成部分和根脉，在很大程度上保留了中华文化的原真性，是珍

① 林茂，杨振之，蔡克信.乡村旅游景区农村转移劳动力体面劳动感知的机理分析、实证研究及启示 [J].农村经济，2023（6）：136-144.

② 杨丽梅，叶建，李星群.民族地区乡村旅游微型企业创业动机研究 [J].桂林航天工业学院学报，2017，22（3）：242-249.

③ 高璐璐.乡村旅游地居民主观幸福感研究 [D].武汉：华中师范大学，2020.

④ 徐金海.文化和旅游关系刍论：幸福的视角 [J].旅游学刊，2019，34（4）：3-5.

⑤ 倪国良，张世定.乡村振兴中乡村文化自信的重建 [J].新疆社会科学，2018，（3）：131-137.

贵的文化基因，也是中华民族文化自信的根源之一。虽然本地居民久居其间，早已产生心理适应性，但对外来游客而言，却有着极大的"非日常性"，"群籁虽参差，适我无非新"（王羲之《兰亭诗》），游客会因不同的文化而产生强烈的新鲜感、兴奋感，在全新的地域来进行自我表达、身份认同和自我叙说，重新构架自我的社会心理意义，从而产生愉悦、快乐和幸福。这种幸福感自然会传递给当地居民，令其再度评估其所拥有的文化部类的意义价值，从而确立文化自信。另外，在发展乡村游憩产业的传统聚落，其文化遗产的属性已悄然发生了变化，虽然其工具性价值在历史的选择中似乎已经不合时宜，但其作为文化遗产的非工具价值却显得尤为重要了，特别是在现代化、全球化、城市化的大趋势之下，一定地域的小众传统文化已然成为人们追逐文化新奇、满足文化消费需求的重要资源。简言之，传统聚落的文化载体实现了旅游产品性质的转变。

旅游产品的营利性质也使得传统文化的价值得以重新确立，原来破烂不堪的残垣断壁和被村民认为迂腐落后的习俗现在可能成为吸引游客纷至沓来的旅游资源，村民主动维护、修缮、挖掘、赓续传统文化的信心倍增。另外，也因游憩产业发展的需要，随着社会、政府或村民自筹资金的注入，诸多物质文化遗产会被修缮，如民居建筑。民居建筑是传统聚落最重要的文化遗产和文化载体，在国家传统村落遴选中，建筑是否连排成片是重要的指标参数。在实际调研中，村民之所以会纷纷拆掉历史悠久、承载众多文化信息的老民居，一方面是因为房屋老旧，确实不再适合人居住；另一方面，是因为一些村民哪怕有心按旧样式重建或修缮，也负担不起其成本。笔者在海南诸多传统村落通过调研访谈中得知，一般情况下，使用原材料、原工艺重修旧居，其造价费用是修建混凝土现代民居的三倍左右，这在一定程度上限制了村民保护传统民居的意愿。但由于各类资金的注入，村民修缮旧居的经济压力减少，而修缮后的民居建筑窗明几净，重新恢复了宜居性质，使村民乐于居住（见图 3-3-13）。另外，将部分传统建筑改造成特色民宿也是很多游憩产业的常规做法，在很大程度对保护和传继传统文化起到了很大作用。除了物质文化，非物质文化的保留、赓续也因游憩产业的需要重新被重视起来，各类资金的注入，使得各类民族民间风俗、宗教仪式等被发扬光大。如海南五指山市的"祭祀袍隆扣大典"（见图 3-3-14）是海南黎族同胞的一次盛大典礼和聚会，自 2014 伊始，每年的"三月三"，政府主导、民众参与的盛大祭祀典礼在水满乡黎峒文化园举办，其场景之恢宏、影响之广大，令人震撼，在延承文化传统的同时，使原本地处深山幽谷、偏乡僻壤的水满乡实现了产业的飞跃，成为海南人及外来游客旅游打卡的热门地，更是树立了海南岛黎族民众的文化自豪和文化自信。从种种现实案例来看，传统聚落游憩产业的开展对提升当地居民文化自豪、自觉、自信是正向相关、良性循环的，而且随着游憩地知名度的提高，能增强当地居民的文化归属感，进而会让他们体验到一种别样的幸福。在强大的文化自信支持下，目的地居民重新构建文化心理结构，树立坚定的文化信念和精神支柱，从而也为夯实内心幸福体验创造了条件。

图 3-3-13　改造后的海口冯塘村火山石传统民居　图 3-3-14　2024 年袍隆扣祭祀大典的舞台搭建

（五）文化认知幸福

　　文化自信除了对自身文化的自豪、自知和自觉，还有对外来文化的包容和兼收并蓄，爱德华·沃第尔·萨义德（Edward Wadie Said）指出："每一种文化的发展和维护都需要一种与其异质并且与其相竞争的另一个自我的存在。自我身份的建构牵涉到与自己相反的'他者'身份的建构，而且总是牵涉到对与'我们'不同的特质的不断阐释和再阐释"。[①]　"苟日新，日日新，又日新"（《礼记·大学》），这句话告知人们，事物本来就是要不断创新、发展的，文化发展同样也应遵循这个客观规律，传统文化发展过程中必然要与其他各民族异质文化和时代文化交融碰撞。任何文化的发展都不可能是孤立的，关键是文化"我者"如何坚定自身的文化信念，以包容的心态学习和借鉴外来文化的精髓，如同费孝通先生的"各美

---

　　① 刘林涛.文化自信的概念、本质特征及其当代价值[J].思想教育研究，2016，（4）：21-24.

其美、美人之美、美美与共、天下大同"设想，不仅要欣赏本民族的文化，还要发自内心地去欣赏异民族的文化，[①] 从而在不断学习中发展自身文化。

管云波提出"文化认知是在批判传统认知范式基础上对认知活动的重新界定，可以为合理解释文化自信的生成与发展提供一种令人信服的解释模式和分析视角。"区别于传统认知范式的预设性，认知科学注重外来文化环境因素（情景、社会、文化维度）对认知的重要影响和规范作用，认知领域的变迁呈现着认知的文化理念，并且独立于文化之外的人，认为文化认知是文化自信的逻辑起点、不竭动力和重要组成部分，对于增强文化自信有重要意义。[②]

同时幸福感知和人的认知密切相关，杨珍妮认为人类意识发展规律以知、情、信、意、行的形式表达着幸福主体由"无知"到"知其然"再到"知其所以然"的认识和实现过程，其意识经历着自发—自觉—自由的三个层次。[③]

上述逻辑具体到传统聚落文化游憩发展事业中，其实涉及聚落居民文化自信幸福带来的文化认知幸福。首先是传统聚落居民对自身文化的再认知和认知转向。文旅结合是传统聚落游憩产业发展的基本范式，在游憩规划和设计的过程中，对文化的深度挖掘和系统整理是必要功课，这既可以为游憩整体规划和游憩产品的设计提供深刻的文化底蕴支持，也有利于文化载体的保护传承。其实在大量的调研中可以发现，聚落居民对于自身文化传统的认知存在一定的局限和误区，在现代化大背景下，很多文化传统已然式微，如传统农耕技艺、传统建筑技术、民间工艺、方言、节庆仪式等物态的和非物质的文化形态，特别是双重脱嵌时代回流的聚落居民，对于千百年流传下来的祖辈文化非常陌生，因此通过再度认知，可重新完善自身文化体系，构建和重拾文化自信。这一辈在外接触了现代文明和不同文化类型而难以构建自身身份认同的青年一代，在祖辈的辉煌历史中找到了自己的精神支柱和存在价值，在自文化和"异"文化的交流、比较中更加肯定了自身文化的生命力，他们有着更高的视角和更清晰的系统化的主动认知权益，这是文化认知幸福的第一层面。

游憩产业发展良好的传统聚落文化认知幸福的第二层面主要来自外来游客的催化作用。游客的到来使得沉寂的聚落备受瞩目，聚落居民从游客赞许的眼中认

① 费孝通. 中国文化的重建 [M]. 上海：华东师范大学出版社，2014：279.

② 管云波. 文化认知视域下文化自信的生成机制研究 [J]. 中州学刊，2023（8）：83-89.

③ 杨珍妮. 生态幸福观教育研究 [D]. 武汉：华中师范大学，2015.

知到了自身文化的价值和意义（不仅仅是经济上的效益），对自身文化倍感骄傲，愈加珍惜。同时游客也会带来不同的文化信息，同样使聚落居民在对不同文化的认知中洞悉自身文化的竞争力，并潜移默化地接受"异"文化的影响，通过与外界的接触，拓展了聚落居民的眼界与文化格局，这为传统文化的发展创造了条件。高圆认为旅游活动促进了不同文化的交流互动，开阔了聚落居民的视野和境界，在一些欠发达地区尤为明显，一些先进的理念和现代化意识被游客带入，使聚落居民重新认识幸福，从而影响其幸福感的提升。[①]另外，游憩产业的经营，带来了现代化的管理理念和团队协作意识，聚落居民在集体协作和对新事物、新文化的学习认知中，提升了自身的文化素质、文明素养、职业技能、职业态度，这使得聚落居民的生活方式被重新塑造，从而提升了聚落居民对生活的信心。

简言之，文化认知幸福在于改造聚落居民的世界观和幸福观，幸福观是个体对幸福的理解和认知，包括对幸福的理解认知、衡量幸福的标准和如何获得幸福。[②]因此，在一定程度上对幸福的文化认知决定着幸福观的确立、幸福感的获得，在传统聚落游憩产业中，无论是自身的传统文化意志还是外来文化和游客的催化作用，都在很大程度上影响着聚落居民的文化认知和幸福观念，与其整体的幸福感知呈正相关。

文化自信带来文化认知的进步，文化认知又进一步强化了文化自信，使得传统聚落在能够保持自身文化核心竞争力的情况下，兼容并蓄，持续地增强文化创新能力和产业竞争力。"在当前的时代背景下，要真正提升文化认知水平，形成并增强文化自信，不能仅专注于大脑内部的计算表征，对人们进行术语、概念、理论等静态文化知识的传递和灌输，还要注重外在文化情境对认知的深化和推动，强调在实践情境中对文化观念的深度把握和理解，致力于通过'外在的'文化力量将关于文化的知识体系、价值观念以及精神内涵等进行'内化'，使其入脑入心。"[③]

---

① 高圆. 旅游目的地居民主观幸福感的外在影响因素研究：基于海南国际旅游岛的实证调查 [J]. 生态经济，2012（11）：86-90.

② 姚新华. 幸福心理结构模型建构及其跨群体研究 [D]. 长春：吉林大学，2017.

③ 管云波. 文化认知视域下文化自信的生成机制研究 [J]. 中州学刊，2023（8）：83-89.

（六）社区归属感

游憩产业兴旺的传统聚落外在人际关系幸福表象，其实关系着深层次的社区归属感的幸福。归属感作为一种基本的心理需求，表现为既对他人关注，也在意他人对自己关注，社区归属感是人们在虚拟社群中的一种连接和依恋的感觉。[①]李东等通过定量研究得出结论：社区归属感作为目的地居民幸福感的一个极其重要的变量，对居民的主观幸福感有显著影响，较高的社区归属感会使居民有较高的主观幸福感。[②]

社区归属感主要体现为社区事业的参与感、传统文化复兴背景下社区团结力和凝聚力的增强，这使得居民个体在社区群体中被需要、被尊重，有利于实现社区政治、经济、文化的基本诉求。

社区事业的参与感表现为对社区事业发展规划的参与度、话语权和决策权，体现了当家作主的意愿和责任担当，只有保障人民的选举权、知情权、参与权、监督权、自由权和平等权，人们才会有生活的幸福感。[③]目的地居民新生群体在异地他乡打拼时，处于居住的边缘化和政治权利"悬空"状态，难以参与异地的公共事务处理，疏离于权利结构，难以行使话语权，又因远离家乡，对家乡事务参与度也不高，表现为制度和传统的双重脱嵌。与双重脱嵌的尴尬不同，回乡从事游憩产业的年轻一代在创业过程中重新参与社区管理和事业发展决策，在共同文化身份和集团利益的驱动下，目的地居民能够而且乐于对家乡文化、经济事业发展献计献策，强化了其归属感和幸福感。有意思的一点是，诸多学者研究认为目的地居民对游憩事业发展的参与程度显著影响着居民幸福感。高圆针对海南省旅游目的地的调查，发现目的地居民有强烈的旅游业事业参与意愿，且参与程度越高，居民获利愈多，幸福感也愈强。[④]高倩研究认为婺源旅游地居民主观幸福感与参与旅游业程度存在明显相关，从事旅游相关工作的居民主观幸福感高于不

---

① 吴慧，肖廷.基于归属感及价值感视角的用户参与影响研究：以在线旅游社区为例 [J].人文地理，2017，32（4）：155-160.
② 李东，王玉清，陈玥彤，等.社区嵌入式目的地居民主观幸福感探测与亲旅游行为研究：正、负影响感知的调节效应 [J].地域研究与开发，2020，39（4）：109-114.
③ 俞可平.善治与幸福 [J].马克思主义与现实，2011（2）：1-3.
④ 高圆.旅游目的地居民主观幸福感的外在影响因素研究：基于海南国际旅游岛的实证调查 [J].生态经济，2012（11）：86-90.

从事旅游业的居民。① 胡亮梓研究得知，社区居民旅游参与度对社区居民幸福感有显著影响，走访中，近九成受访者认为参与旅游产业后，物质和精神生活双丰收，对外来文化和环境充满兴趣，较之以前幸福度更高。② 高璐璐对山西碛口镇乡村旅游产业的调查结果显示，较之未参与旅游业的居民而言，参与旅游业的居民因与游客持续接触，接收了更多新鲜文化信息，拓宽了眼界，并形成一定的文化流和信息流，幸福感持续升温。③ 因此，可以认为，除却常规的政治、社会事业权利，在传统聚落游憩地，参与游憩产业的居民强化了经济效益的获得感和社区文化的归属感，从而获得更强的幸福体验。

基于游憩者对原真性的需求，传统的文化习俗迎来复兴契机，由于目的地人群的回归，传统的生活秩序得以维护，社会生活文化的复兴与完善使得社区团结力和凝聚力增强，使原本拥有共同文化背景、共同信仰和价值观的原生群体进一步感受到文化身份的认同与重视。

虽然有学者认为从事乡村旅游行业促进了非农产业的发展，促进了劳动力从多部门经济（农业、林业、渔业、服务业）向单部门经济（服务业）转变，④ 但也有相当一部分学者认为，从事乡村旅游工作的农民还大都保留了农林渔劳动（也还有外出打工），且因旅游产业的季节性，多出的闲暇时间为从事农林渔产业提供了可能，让其可以深挖农林渔产业的潜力。⑤ 在实际调研中，基于乡村原生态风貌的保持和旅游吸引物的构建，农林渔文化也在曾经消退的情况下出现了复兴态势。农耕文化本来是支撑乡村文化的基本盘，也是同质文化背景下相同文化身份的居民的重要集体记忆和情感认同，但在城市文明的强力冲击下，一度遭到解构。而传统农耕文化的复兴和创新性农耕文化的发展（服务于旅游产业）在一定程度上重新构建了乡村集体记忆、生活方式、生活态度，重新树立起乡村生活意义的价值，以及为"出入相友，守望相助"（孟子·滕文公上）的民风创造了基础条件，也是乡村社区归属感的基本物质条件和重要纽带。

---

① 高倩. 乡村旅游地居民主观幸福感研究 [D]. 南京：南京大学，2011.

② 胡亮梓. 生态旅游区居民幸福感影响因素研究 [D]. 长沙：中南林业科技大学，2014.

③ 高璐璐. 乡村旅游地居民主观幸福感研究 [D]. 武汉：华中师范大学，2020.

④ 陈志钢，保继刚. 城市边缘区乡村旅游化效应及其意义：以山东日照王家皂村为例 [J]. 地域研究与开发，2007（3）：65-70.

⑤ 黎洁，高岚. 乡村旅游对农户农林业生产和外出务工影响研究：基于陕西22个旅游扶贫村农户调查数据 [J]. 人文地理，2019，34（4）：143-151.

　　构建在农耕文化基础之上的民俗文化是聚落居民精神世界的上层建筑，如民间信仰、宗教崇拜、祭祀、传统节日庆典、婚嫁、丧葬、民间游戏、民间艺术等，这些祖辈文化具有独特的民族情怀和精神气质，体现了血脉亲情、族群的人文关怀与终极认同，对于相同文化身份的人来说具有强大的凝聚力和群体意识，是聚落居民的精神皈依和情感归宿，对于增强社区归属感有重要意义和现实价值。这些文化习俗在城市化过程中受到城市文化的强势冲击，但传统聚落游憩产业使得这些文化传统得以恢复并发扬光大。在外来游客对异域文化的追逐下，一些传统民俗得以延续，如许多乡村游憩地将日常生活提炼，重新编排演绎或通过产业创新形成了文化创意旅游产品，这既有利于传统文化的赓续守正又能使传统文化在创新中传承，从而延展传统文化的生命力。如在海南岛流传十分广泛的传统节日庆典军坡节，其举办之时的盛况，极大地增强了一定地域内的族群凝聚力和社区归属感，使那种血缘亲情纽带体现得淋漓尽致。笔者曾多次在传统聚落考察时参与海南军坡节，如 2023 年 2 月 5 日（农历癸卯年正月十五日）考察澄迈县永发镇博厚村，该村是一个拥有独特火山风貌、文化内涵丰富的古村落，由返乡大学生带领村民创业打造共享农庄，发展乡村游憩产业。考察当日恰逢该村举办军坡节，在村社庙内举办盛大的祭祀仪式，敬神祭祖，表演神秘而惊险的"穿杖"等仪式，同村及附近村民和游客蜂拥而至，场面恢宏热切，特别是参与仪式组织和表演的大都为青壮年，敲锣打鼓奏乐的均为十岁左右的少年，可见该民俗的参与度极高，具有强大的生命力和延续性，且在游憩产业的推动下，产生了更广泛的文化影响力。另外在 2023 年 4 月 8 日（农历癸卯年二月十八日）考察文昌东路镇美德村，也恰逢该村举行祭拜海南开基始祖"冯宝公、冼夫人"祭祖大典，来自海南各县市的冯姓后代（通过问询至少包括琼海、澄迈、乐东、万宁、海口、临高等地），在冯氏祖祠内举办盛大的仪式，超千平方米的祖祠内聚集了来自岛内的千余人，祠内几无驻足之地，而后在该村广场设宴款待各方同族来宾（见图 3-3-15）。海南军坡节是为纪念冼夫人而设立的，体现的是对历史人物的崇敬和对和平生活的向往。在举办过程中，基于祭拜对象和宗教信仰的一致性，以及姓氏的同源性，虽然在迁琼始祖开疆辟土数代后，家族开枝散叶居处各地，但仍能够在每年的固定时间和地点聚会，举办盛大的祭祖仪式，一代一代绝不间断，这种民俗活动展现出了强大的文化力量，对于一次又一次的强化和确认族群的联系纽带具有重要且无可替代的作用，特别是在当下农村生活方式、信仰系统发生重大改变的大背景下，这些传统文化的文化价值尤为珍贵，其维护着乡村的传统道德观念、伦常秩序，延续和重建着村民的精神家园以及栖居的皈依感。在实地调研中，这些民俗活动的开展与游憩产业的发展互为帮衬，一些因游憩产业而归乡的青壮年重新回归民俗，一些几近断代的民俗活动又重新焕发生命力，一方面是因为人员的回归，另一方面是游憩产业文化产品的需求所致，无论原因如何，其促进传统聚落居民的社区归属感的效果是显著的，同样也推进了居民主观幸福感的提升。同时，这些文化的熏陶和体验，使得传统聚落游憩者对家国情怀和传统文化有了更进一步的深刻感悟，世人的关注也在一定程度上助推了传统文化的保护和延续。

图 3-3-15　文昌美德村祭祖日宴席

而中国梦的基本内涵就是实现国家富强、民族振兴、人民幸福，实施乡村振兴战略是实现中华民族伟大复兴中国梦的必然要求，而传统聚落的游憩产业是实现乡村振兴战略目标，实现人民幸福的重要抓手之一。从游憩者角度来看，传统聚落以其优美的生态环境和悠长深厚的文化底蕴，实现了游憩者"悦耳悦目"的主观幸福感、"悦心悦意"的心理幸福感、"悦志悦神"的社会幸福感，由感官愉悦到情感寄托再到人格塑造，实现了游憩者幸福生活的深刻体验。而作为游憩产业之下的传统聚落居民，不仅能够在创业中收获经济幸福，更重要的是通过特色乡村文化游憩产业的发展，实现了乡村环境的改善、人际关系的再构建、文化自信和文化认知的提升，实现了最终的社区皈依感，感知到了乡村社会的聚落文化的向心力，从而夯实了内心的幸福体验。

作为"幸福产业"的游憩产业，既为游憩者带来了幸福体验，也使创业者和目的地居民的幸福指数得到提升，这是传统聚落游憩产业发展的逻辑起点和内在驱动力，也是传统聚落游憩规划设计实践上的一个"最高的支撑点"；但在游憩规划设计实践中，更应该注重文化的挖掘与创新，深刻理解文化产业对人民幸福的深远影响，而不能仅停留在浅表层次的感官幸福和短期的经济幸福上。

第四章　基于文化功能理论的传统聚落游憩规划设计研究

　　传统聚落最大的特点是文化和文脉的延续性，其具有丰富的传统意象和地方特色。"文化"是传统聚落游憩设计的核心内容，文化在乡村游憩设计、乡村社会发展、居民游憩需求方面有着重要的功能价值。因此，需要厘清传统聚落的文化功能，以及居民在进行乡村游憩时的需求和动机，二者互为乡村游憩的供给侧和需求侧，如何在游憩设计中契合二者关系，实现供需平衡，是乡村游憩设计要着重协调的关系。本书基于长期田野考察的基础，运用马林诺夫斯基文化功能理论、弗洛伊德的人格结构理论和马斯洛的需求层次理论，分析了传统聚落的文化功能和其在乡村游憩中的供给侧贡献，以及居民在进行乡村游憩时的文化需求和动机，明确了在传统聚落进行游憩规划和设计的三个文化层级：物质的基本需求、运行机制的社会衍生需要和精神层面的整合需求，并讨论了传统聚落游憩规划设计在每个层级中具体的实施方略。

第一节　传统聚落的文化功能

　　虽然中国城市化水平截至 2021 年已经达到了 64.72%（数据来源：中国统计年鉴 2023），但从宏观历史的角度来看，中国传统社会仍是根植于乡村的，费孝通在《乡土中国》中开篇即表述："从基层上看去，中国社会是乡土性的"，乡土社会在一定程度上代表着中国文化的性格。

　　对于"文化"的内涵，诸多学者从不同的视角进行了定义，美国人类学家艾尔弗雷德·克罗伯（Alfred Louis Kroeber）和克莱德·克拉克洪（Clyde Kay Maben Kluckhohn）曾在《文化：概念和定义批判分析》一书中作过统计，仅在 1871 年至 1951 年的 80 年期间，各种文化定义就多达 164 种，而据法国人类学家摩尔统计，则更是超过 250 种。① 这体现了文化定义呈多元化，因此本书不再对文化的定义进行辨析。马林诺夫斯基认为："文化是指那一群传统的器物、货品、技术、思想、习惯及价值，这概念实包容着及调节着一切社会科学"，② 马林诺夫斯基的文化概念包括物质设备、精神方面之文化、语言和社会组织四个方面。"功能"与"需要"是马林诺夫斯基文化功能理论的两个核心范畴，认为文化功能的存在就是为了满足人的需求，个体特定的需求对应特定的文化功能回应。从宏观上来讲，人的文化需求分三个层次：基本需求，是人生存的基本生物需求，包括新陈代谢、安全、成长、娱乐、性等范畴；社会衍生需要，包括教育、经济、法律等范畴；整合需要，这是一种基于促进群体交往的"世界观"的诸如宗教、艺术等精神方面的需求。

"功能"指功效、效能、作用，这里指文化之于个人与社会所发挥的有利作用。人们经常把功能和价值放在一起讨论，二者既有联系也有区别，价值高低取决于功能的大小。在此应明确传统聚落文化的价值体现在于其功能的"有用性"发挥和利用，反言之，传统聚落的某些文化功能可能并不适合当下的社会发展，而失去了效能，也就失去了价值，这是在游憩设计应思考的。

加芬芬论述了中国乡村传统文化的三个维度功能，即在时间维度上有文化传承、演变、创新的功能，在空间维度上有地域文化存储和横向支撑功能，在结构维度上有行为规范、共同体整合、与国家相互支撑的功能。③ 赵霞认为乡村传统文化的重要价值体现在对社会秩序的规范价值，包括"天人合一"的和谐生态智慧、礼制秩序的道德交往空间、自发秩序的非制度性的社会规范。④ 陆益龙认为乡村文化里蕴含着华夏文化的"基因"，是传统文化的根脉和重要构成之一，有历史记忆价值、社会整合价值、维持社会文化多样性价值、经济价值。⑤ 王艳萍在文化振兴视角下阐述了乡村文化具有愉悦、教育、强根铸魂、人文环境营造、

① 宋瑞. 如何真正实现文化与旅游的融合发展 [J]. 人民论坛·学术前沿, 2019, (11)：24-35.

② 马凌诺斯基. 文化论 [M]. 费孝通, 译. 北京：华夏出版社, 2001：12.

③ 加芬芬. 传统文化复兴与村庄文化功能优化 [J]. 探索, 2019 (2)：181-192.

④ 赵霞. 传统乡村文化的秩序危机与价值重建 [J]. 中国农村观察, 2011 (3)：80-86.

⑤ 陆益龙. 乡村文化的再发现 [J]. 中国人民大学学报, 2020, 34 (4)：91-99.

人才培养、遗产保护、文化发展等功能。① 陈锡文认为乡村的功能主要表现在保障国家粮食安全和农产品供给、提供生态屏障环境保护和绿色产品、传统文化的传承三个方面。② 李繁荣论述了乡村振兴背景下乡村文化功能转化包括生产功能、生活功能、生态功能、文化传承功能、组织功能等方面。③ 另外，一些学者也从乡村局部元素梳理了其功能，如平慧论述了乡村口头文学具有认知、教育、审美功能；④ 林敏霞等分析了村落传统建筑遗址的功能（仪式空间、家族认同、政治、经济、娱乐）。⑤ 郭勤华通过具体的传统村落案例，阐述了其军事、通商、建筑风貌遗存等功能，认为其有科学研究、艺术审美、社会文化传承、旅游等价值。⑥ 传统聚落一般保存着大量的历史文化遗产，是传统文化的重要载体，具有多种功能和价值。鲍展斌认为历史文化遗产的功能是指遗产有效作用的特性和能力，包括文化产业、游览、精神家园、生态、科学研究、宣传教育功能，而遗产的价值是指遗产的属性、性能是否满足人类需要以及满足的程度，包括历史文化、经济、艺术、精神、科学、独特的存在价值，并指出唯有认识遗产的综合功能，才能充分体现其价值，也唯有注重遗产的整体价值，才能有效发挥其功能。⑦

综上可见，传统聚落的文化功能取决于研究者的视角和取向，难以周全，但有一定的基本趋向。本书通过广泛的田野调查和基于游憩设计的视角，以及人类对文化功能需求的层次递进关系，对传统聚落的文化功能进行了重新梳理，如表4-1-1所示。

---

① 王艳萍，房彬，和卫鹏. 乡村文化振兴的功能阐释与策略研究 [J]. 安徽农业大学学报（社会科学版），2019，28（4）：23-28.

② 陈锡文. 充分发挥乡村功能是实施乡村振兴战略的核心 [J]. 中国乡村发现，2019（1）：1-15.

③ 李繁荣. 中国乡村振兴与乡村功能优化转型 [J]. 地理科学，2021，41（12）：2158-2167.

④ 平慧. 传统村落中口头文学的社会功能 [J]. 文艺评论，2018（2）：123-128.

⑤ 林敏霞，颜玲云. 从宗祠到文化礼堂：村落传统建筑遗产功能研究 [J]. 民族论坛，2016（12）：65-71.

⑥ 郭勤华. 从宁夏隆德县梁堡村、红崖村看传统村落的功能及价值 [J]. 宁夏社会科学，2017（4）：220-224.

⑦ 鲍展斌. 历史文化遗产之功能和价值探讨 [J]. 绍兴文理学院学报（哲学社会科学版），2002（3）：92-95.

表 4-1-1　传统聚落的文化功能

功能类型	释义	范畴
基本生存功能	体现为对自然环境和物产的长期适应，满足人类的生理和繁衍需求	聚落选址布局、经济生产（农耕、渔牧等）、服装、饮食、建筑、器物、交通等
社会组织功能	维系乡村社会稳定的运行机制	习俗、礼制、"熟人社会""差序格局""无讼社会"、对自然资源的合理利用等
"以文化人"功能	精神层面的自我构建	教育、民间艺术（歌舞、美术）、宗教、民俗、游戏等

表 5-1-1 对乡村文化功能的梳理延续了诸多学者秉承的文化层级理念，即文化由物质的、制度的、心理的（精神的）三个不同层次的结构构成。

第一层级为乡村聚落的基本生存功能，既是最基本的也是最重要的，人不能离开物质条件谈理想，即马克思所说的："为了生活，首先就需要吃喝住穿以及其他一些东西。"[①] 人类从最初的"逐水而居"到"因天材，就地利"的堪舆选址，都体现着人类对自然环境的适应，体现出对聚落的选址布局的重视，从本质上来讲还是基于人类安全生存的物质选择。当然，在自然环境的选择基础上，进一步发展出相应的经济生产、饮食、建筑、交通等维系生存的系列行为，也会有基于气候、物产的器物和服装文化等。

第二层级为社会组织功能，人的生存离不开社会组织，《荀子·富国》篇里说："故百技所成，所以养一人也。而能不能兼技，人不能兼官，离居不相待则穷"，并强调"人能群"，为什么人能群，靠的就是维系社会组织稳定运行的机制。中国文明延续数千年，虽也历经战乱、朝代更迭，但乡村社会却较大程度上维持着稳定的状态，基本延续着生于斯、死于斯，以及终老是乡的生活常态。这种稳定的原因是值得人深思的，除了中国传统乡村人群对土地等生产资源的依赖，还有就是围绕资源分配而衍生出来的一套相关运行机制，包括各地特殊但本地域共同遵循的习俗，是维系身份认同和构建凝聚力的纽带，"风俗——一种依传统力量而使社区分子遵守的标准化的行为方式，是能作用的或能发生功能的"；[②] 而以血缘亲情为基础的乡村孝、悌、忠、信的礼制和道德要素是维系乡村社会稳定

---

① 任帅军.《1844 年经济学哲学手稿》与《神圣家族》中的生活思想 [J].上海理工大学学报（社会科学版），2020，42（1）：59-66.

② 马凌诺斯基.文化论 [M].费孝通，译.北京：华夏出版社，2001：12.

的文化心理结构；费孝通也在《乡土中国》里系统描述了中国乡村里的"熟人社会""差序格局""无讼社会""无为政治""长老统治"等一系列乡村内在机制，这些机制是中国传统乡村社会基本的社会组织功能的体现。另外，对自然资源的合理利用的生态智慧也是农耕社会维持稳定的重要因素，在很大程度上维系了资源的可持续利用，世代相传，平衡稳定。

第三层级是乡村的"以文化人"功能，这是乡村民众在精神层面的自我构建。长期以来在乡村民众话语权缺失的客观事实下，一些乡土文化被以现代性为基础的对比分类的基本预设进行了重新界定，被转述为"迷信"或愚昧，在城市文明支配下的语境中，也将乡村主体定位为"土里土气"的代言人。因此人们应跳出固有的认知桎梏，重新审视乡村文化在这一层面的功能价值，从历史客观和大量田野调查来看，乡村文化在人的精神层面的自我构建方面表现出极为深刻的内涵。以海南乡村为例，在数百个乡村样本田野调查中，发现相当部分自然村落都有遗存的古代书院、学宫等教育场所，体现了乡村传统文化中对教育的重视，在一些建筑装饰的文字表述中也充分展现了村民对教育和人格塑造的重视，如文昌白石村某宅在镜面墙饰有"莫忘家训，丕振书声"，其临近古宅饰有"门耀书锦，诗颂国风"字样，中台村吴氏宗祠的"中庸理道伦常大，台阁文章身价高"，等等。民间艺术也是村民在娱乐自我的同时进行人格完善的重要手段，在传统歌舞中，透露着村民对生活的热爱和眷念，传统建筑的雕梁画栋，或雅致隽永、或奔放热烈、或意味深长，都在潜移默化地影响、培养村民的内在品质，这些贯穿在生活始终的艺术是村民自我构建的重要媒介。马林诺夫斯基在《文化论》中说："宗教信仰在于将精神上的冲突中的积极方面变成传统的标准化。……宗教信仰及仪式使人生重要举动和社会契约公开化、传统的标准化，并加以超自然的裁定，于是增强了人类团结中的维系力。"[①]乡村宗教对于维系乡村社会稳定和村民精神世界的构建是具有巨大效能的。在海南乡村中，每一个村都有社庙、土地庙等宗教场所，甚至一个自然村里的大大小小的庙宇数量达十数个，从一个侧面反映了宗教在村民生活中的重要性。民众在进行宗教仪式或祭拜时，在某种程度上来说是一个追求精神净化的过程。钟敬文先生认为，民俗文化是社会生活中普遍存在而又隐藏不露的一种社会规范，是一种与所有人生活最贴近、感情最亲近、行为最切

---

① 马凌诺斯基. 文化论 [M]. 费孝通，译. 北京：华夏出版社，2001：12.

近的特殊教育方式。①民俗活动以区域民众最喜闻乐见的方式呈现，在娱乐大众的同时，促进了民众的情感交流，凝聚了社会团体的向心力，华丽热切的仪式场景满足了民众对审美的需求，从"悦耳悦目""悦心悦意"最终到达"悦志悦神"的美感境界，超越个体生命的有限，到达超感性、超道德的本体永恒。人类在自然的存在并不一定都是和和美美、温情脉脉的，其中的艰辛苦涩或许才是主调式，因此在艰苦的环境中，保持乐观进取的精神状态十分重要。

从笔者的现实生活经历来看，乡村游戏总是伴随孩童左右，跳房子、跳皮筋、捉迷藏、转铁环、打陀螺，操练了儿童的四肢和团队协作能力。不仅是孩童，成人之间的游戏也是丰富多彩的，如公开游艺、体育比赛、乐舞、棋牌等。游戏调剂了被劳身职业所束缚的人的生活，使其也能获得心身精力新的源泉和创造力，马林诺夫斯基认为："成年人的游戏的主要功能是娱乐。可是此外，它对于艺术、技巧、知识和发明的发展，对于礼仪的伦理规律、自尊心理及幽默意识的培养，也都有很大的贡献。"②特别是在物质生活水平极大提升了的时代，乡村游戏娱乐活动的物质基础得到大幅度改善，为乡村游戏的开展提供了更大的舞台，由此也挖掘和新生了许多民众喜闻乐见且影响广泛的乡村游戏新形态，如 2022 年火爆的"村 BA"篮球联赛。

乡村传统文化丰富多彩、缤纷灿烂，远非一表格所能概全，且随着时代的发展，文化始终在进行着变异和进化，对此还需要人们重新审视和挖掘。三个层级文化的划分也非机械的，每个层级虽有所不同，但更多的是交融在一起共同发挥着功效，包括每个层级的每个范畴，一起构成了乡村传统文化的绚烂篇章。

第二节　游客游憩需求和动机分析

人的行为总是伴随着相应的动机前提，内部驱力和外部诱因都可以激发动机，且在行动过程中为达到行为目的，总是需要一定的条件支持。关于游客游憩的需求和动机，基于个体不同的年龄、性别、性格、职业、民族、学历背景等有一定

---

① 钟敬文.民俗学概论 [M].上海：上海文艺出版社出版，1998.27-32.

② 马凌诺斯基.文化论 [M].费孝通，译.北京：华夏出版社，2001：12.

的差异，但在一定程度上具有很大的趋同性。学者们采用各种研究方法，从各个角度进行了全面的分析论述。

王佳欣等通过问卷统计和层次分析法论证了旅游公共服务是旅游活动顺利完成的重要因素，其类型包括：交通、公共信息、惠民便民、安全保障和行政服务五个方面，且各类服务的重要程度有所差异。[①] 赵雪祥认为游客进行乡村旅游的动机有提高文化修养、增加见识、对乡村特色好奇、对服务水平的认可、出游成本合理、体验新生活、怀旧、体验乡村民俗生活、缓解压力、田园风光等因子。[②] 胡绿俊等从缓解工作生活压力、享受自然、体验户外、精神放松、休闲、增进感情、康体健身、感受乡村自然环境、民俗风情、了解乡村文化、休息、乡村采风、怀旧、访亲探友等因子进行了乡村旅游动机分析，并由主到次归结为缓解压力、交际、求知、怀旧四大类，指出把握乡村旅游动机可以细化乡村旅游产品和完善其服务体系。[③] 鄢志武等从手段 - 目的链理论（MEC）角度构建了"属性 - 结果 - 价值"关联矩阵和层级价值图，得出 8 个属性动机：自然景观、慢节奏的生活、娱乐设施及演出、特有的民俗文化、特色饮食、清新的空气、乡土气息、口碑好，11 个结果动机：放松休闲及愉悦、挑战自己、猎奇、工作更有成效、增长知识和见闻、教育下一代、促进感情、身体健康、他人同游、亲切的感觉、游玩值得，6 个价值动机：享受生活、自我实现、自我提升、满足感、家庭幸福、家乡情怀。[④] 美国学者丹恩（Dann）的"推拉理论"认为旅游动机有内在的"推力"需求，也有外在因素的"拉力"，许多学者基于此理论研究了乡村游客的动机和需求。郑文俊通过对柳州市乡村旅游动机进行实证研究，认为该地区乡村旅游的主要推力因素为"乡村休闲放松""怀旧与新鲜感"和"商务需要"等旅游需求；主要拉力因素为"乡村自然与生活""乡村人文景观"和"农事活动体验"等旅游吸引力。[⑤]

---

① 王佳欣，张再生. 基于游客需求视角的旅游公共服务供给次序研究 [J]. 贵州社会科学，2017（7）：128-133.

② 赵雪祥，骆培聪. 乡村旅游目的地游客旅游动机对重游意愿的影响：交往意愿的中介作用 [J]. 福建师范大学学报（自然科学版），2019，35（6）：108-116.

③ 胡绿俊，文军. 乡村旅游者旅游动机研究 [J]. 商业研究，2009（2）：153-157.

④ 鄢志武，刘玲，王艺卓，等. 基于 MEC 理论的乡村旅游动机研究 [J]. 国土资源科技管理，2020，37（3）：62-73.

⑤ 郑文俊. 基于推拉理论的柳州市乡村旅游动机实证分析 [J]. 南方农业学报，2012，43（10）：1606-1610.

另外也有学者对特殊人群进行旅游动机分析，如高璟等对知青的怀旧旅游情感与行为的关系进行了研究，认为怀旧旅游已经悄然兴起，越来越多的旧事物成为热门旅游资源。[①]2020年突如其来的新冠疫情给世界范围内的各个领域带来了极大的冲击，对旅游产业的影响更是突出，来一场说走就走的长途旅游已经成为奢侈品，学者也开始关注和研究后疫情时代的旅游业态变化。新冠疫情在一定程度改变了许多人的旅游需求，从"远程低频"转变为"近程高频"，"低密度、亲自然、短距离"的环城乡村游憩越来越成为市民的重要选择，也给乡村游憩产业带来新的发展机遇。

综上所述，学者对旅游者的动机和需求研究结果有一定的趋同性，是进行乡村聚落游憩设计的重要参考依据，由于本书重点关注具有悠久文化传统和物质遗存的传统聚落的游憩设计，因此在这里需要特别关注几点。其一，游憩行为本身是一种文化行为，特别是传统乡村聚落的游憩活动。依据文化功能理论，文化功能的存在就是为了满足人的需求，游客的旅游动机和需求应对应着不同的文化存在，反之亦是，传统聚落的文化功能对应着游客不同的游憩需求和动机。学者普遍认为文化包含着诸多不同的层级，因此，揭示了游客游憩需求也包含着不同的层级，且人的游憩需求满足对应着相应的文化回应，如"新陈代谢"的基本需求对应着"营养供给"的文化回应，"舒适"对应"居所"，"安全"对应"保护"，依次类推。这也是笔者着重分析乡村文化功能以及人的文化游憩需求和动机的目的，即在进行传统聚落游憩规划设计时，要充分利用传统聚落不同层面的文化功能去对应满足人们的文化需求和游憩动机，从而构建出层次丰富、温润熨帖、丝丝入扣的游憩设计内容。

其二，在田野调查和文献案例中，乡村游憩的开发主体、设计师和学者们更多的是从"吃、住、行、游、购、娱"的传统旅游要素到"商、养、学、闲、情、奇"的所谓"新旅游要素"，去构架乡村游憩的设计内容，相对被动地去满足游客的不同层级需求。游客有基础服务需求，有差异文化的体验等游憩需求，但其中，学者却较少关注乡村游憩中的伦理教育、审美需求、人格培养等更高层面的自我实现、自我构建需求的研究和探索。设计者要站在更高的，解决社会文化异

---

① 高璟，李梦娇，吴必虎．知青怀旧旅游情感与行为的关系研究 [J]．地域研究与开发，2017，36（2）：61-67.

化（如社会原子化、文化审美异化、社会关系工具化、差序格局理性化等）问题的层面来思考。从中国源远流长的传统文化以及传统聚落稳定的社会结构来看，其中有太多值得挖掘的哲学，对于破解物质条件极度丰裕情况下人们精神世界反而空虚和焦虑的窘境有很强大的文化功能价值，可修正人们的社会观、价值观，包括对思维方式、道德情操、审美意趣等进行重塑，在构建完善人格方面有重要的社会文化效能。这是传统聚落文化游憩的主动型文化功能，对应着整体社会的文化需求。

其三，怀旧的文化需求得到重点关注。传统聚落承载着丰富多彩的文化遗存，保留着已经在城市和全球化浪潮中完成"当代化"的乡村中不复存在的生活习惯，人们的"怀旧"游憩需求在传统聚落中显得十分突出。我国正经历着快速的大规模城市化历程，短期内有大量的"村民"变"市民"，我国现有城市化率为 64.72 %（2021 年），但在 2000 年，我国城市化率为 36.22 %，再上溯到 1990 年的 26.41 %（数据来源：中国统计年鉴 2023），在这 30 多年间有数亿人口脱离了原来的乡村居住环境，成为城市居民，但对故土的眷念和对孩童时期乡村生活的深刻印记，使得他们对于生养自己的乡村有着极为特殊的直接情感和"地方依恋"，加之下一辈受其言传身教形成的间接怀旧情结，使这一群体数量更是庞大。怀旧游憩已经成为游憩市场的重要组成部分，丹恩说："如今，人们花费大量的时间和精力来探索过去。我们所寻求的就是找到过去，因为根据媒体的描述，过去要远优越于我们动荡不定的今天和令人感到担忧的未来"。冯骥才说："怀旧，是对过往生活的一种留恋，一种对记忆的追溯与享受，一种对人生落花的捡拾"[①]。熊剑锋等认为："怀旧旅游的终极动机在于对传统文化及人本主义'家园'的追寻，怀旧旅游的本质，在时间维度上表现为主体的自我认同，在空间维度上表现为对'家园'的追寻，在哲学维度上则是对主体生命线条的完善。"[②] 因此，要注重在传统聚落游憩设计中建立怀旧纽带，营造怀旧情结和甜蜜家园，使游客在严重同质化的现代主义浪潮中找寻"本土本乡"及其所代表的"我"的文化的怀念。

---

① 熊剑峰，王峰，明庆忠.怀旧旅游解析 [J].旅游科学，2012，26（05）：30-37.
② 熊剑峰，王峰，明庆忠.怀旧旅游解析 [J].旅游科学，2012，26（5）：30-37.

第三节 基于文化功能理论的传统聚落游憩规划设计的实施方略

前文已述，以马林诺夫斯基为代表的文化功能理论学派认为，文化功能的存在就是为了满足人的需求，个体特定的需求对应特定的文化功能回应，人的文化需求包括基本需求、社会衍生需要、整合需要三个方面。另外，弗洛伊德人格结构理论在心理学层面对人的需求也有影响广泛的论述，弗洛伊德的"三部人格结构"包括本我、自我、超我，其中本我是人格形成的基础，由天生本能和基本欲望组成，如饥、渴、性等，代表"原始的人"层面；自我是在现实的需要与本我的非理性需要之间起调节作用的结构的部分，是人在理性思维支配下的可控需求的体现，属于"现实的人"层面；超我按"至善原则"活动，追求完美，是人格中最道德部分，限制本我，指导自我，处于最高层面的"道德的人"，使人向理想努力，达到完善的人格。[①] 弗洛伊德人格结构理论影响深远，对马林诺夫斯基的文化功能理论和马斯洛的需求层次理论都产生了深刻影响。马斯洛的需求层次理论认为人的需求由低到高包含五个层面，即生理需要、安全需要、社会需要、尊重需要和自我实现需要。可以看出，弗洛伊德的人格结构理论、马林诺夫斯基的文化需求理论和马斯洛的需求层次理论在一定程度互相对应着，对传统聚落游憩设计内容、范畴以及设计方略有较强的指导作用。

本书从文化功能理论的基本框架出发，综合学者在乡村文化功能和居民游憩需求动机上的研究成果，进一步梳理了传统聚落游憩规划设计的文化层级、游客文化游憩的需求动机、传统聚落的文化功能供给，明确了乡村游憩规划设计的内容，如表 4-3-1 所示。

---

① 王光荣.弗洛伊德人格结构理论的演变及其影响 [J].西北师大学报（社会科学版），1994（3）：64-67.

表 4-3-1　传统聚落游憩规划设计的文化层级及内容

传统聚落游憩规划设计的文化层级	游客文化游憩需求动机	传统聚落的文化功能供给	乡村游憩规划设计的内容
基本需求	出行交通、住宿、生理需求、新陈代谢、康体、安全、户外自然环境、公共信息、便捷服务等	聚落选址布局、经济生产（农耕、渔牧等）、服装、饮食、建筑、器物、交通等	服务设施（入口、游客中心、停车、导视系统、旅游公厕、住宿、餐饮、购物、管理用房等）、安全及防灾规划、公共工程设施设计（水、电）、生态环境保护、环境卫生、地形设计、道路设计、植物设计等
社会衍生需要	休闲放松、异域文化体验、知识学习、乡土田园风光欣赏、娱乐设施、农事体验、商务需要等	习俗、礼制、"熟人社会""差序格局""无讼社会"、对自然资源的合理利用等	发展管理规划（保障与监督）、信息规划等、游憩活动设施设计、乡村物质遗产保护设计、非物质文化遗产和民俗设计、乡村公共艺术设计等
整合需要	家乡情怀、怀旧、身份认同、审美、社会关系的建立、增进家人朋友感情、道德教育、人格培养、自我实现的提升等	教育、民间艺术（歌舞、美术）、宗教、民俗、游戏等	乡村游憩活动设计、游憩路线整合设计、文化意象的挖掘、宗教新体验、民间艺术新体验、伦理设计、文化传播设计等

表 4-3-1 借鉴文化功能层级分类的基本依据，从物质的基本需求到运行机制的社会衍生需要再到精神层面的整合需求，产生了一个相对递进的层级关系，有利于人们准确理解游客的游憩意愿，以及传统聚落能够提供怎样的文化功能，明确了需求侧和供给侧的基本层级，以此确定了传统聚落游憩规划和设计的内容与范畴，这样的梳理有利于人们在纷繁复杂的文化需求和供给现象中找到规律，在传统聚落的游憩规划和设计中有的放矢、思路明朗。

基本需求是作为生物的人生存下去的基本保障，是人的首要需求，更多体现为物质层面的保障。在这个层面，游客在进行乡村游憩时，需要的是出行前的信息全面、准确；出行中的交通便利；在游憩过程中的基本需求有保障，包括吃、住、行等；以及贯穿始终的安全保障等。传统聚落绝大部分是原本从事农林渔牧生产的物质空间，在客观上为聚落居民提供了必要的生存空间，但并不天然存在为外来游客提供生活基础条件的功能，因此，除了部分可以利用的原生空间，需要设计师研究游客需求，设计出与游客需求相对应的内容，其中包括服务设施（入口、游客中心、停车、导视系统、旅游公厕、住宿、餐饮、购物、管理用房等）、安全及防灾规划、公共工程设施设计（水、电）、生态环境保护、环境卫生、地形设计、道路设计、植物设计等。传统聚落居民在长时间的生产生活历程中，秉承"天人合一"理念，逐渐形成了趋于和谐的自然和人文物质环境，本身是十分宝贵的生态系统，因此，设计师如何在这个生态系统中和谐地、嵌入式地完成满足游客基础物质需求的保障系统设计，是十分有挑战性的任务。

如同计算机硬件需要软件来进行驱动和发挥功能一样，游憩设计的物质基础奠定后，如何让传统聚落的环境和文化在游憩中发挥其功效，并保证乡村游憩管理的运行和可持续发展，游客行为的安全舒畅，其中的"软件"的驱动和制衡十分重要，这便是游憩规划和设计的第二个层级：运行机制的社会衍生需要，即"分工合作、共处秩序、文化传承、政治威权的需求"，体现的是一种组织功能。其中保障运行的内容有发展管理规划（保障与监督）、信息规划、乡村形象视觉传达系统设计、智能设计等；发挥传统聚落文化特质的有游憩活动设施设计、乡村物质遗存保护设计、非物质文化遗产和民俗设计、乡村公共艺术设计等。进行这些设计时除了要运用现代旅游管理知识，也应该深入了解传统聚落本身的运行机制，可以借鉴千百年来传统乡村稳定持续发展的运转奥妙，同时也要深刻融入和结合乡村本身运行机制的规律，保持乡村活的生态环境和游憩开发之间的平衡和谐关系，既不能产生破坏原生态的"飞地"行为，也不能因噎废食，拒游人于千里之外。这一层级满足的是游客休闲放松、异域文化体验、知识学习、乡土田园风光欣赏、农事体验、商务需要等游憩需求。

第三个游憩规划设计的文化层级是精神层面的整合需要，这是游憩规划中最"形而上"的层面，是触及人类灵魂层面的文化层级。马林诺夫斯基认为这是人对"知识、信仰、文娱、艺术"的需求，与此对应的文化回应为"巫术、宗教、知识及艺术"等精神层面的文化要素；与此相近的是弗洛伊德的超我层面人格中的"至善原则"和"道德的人"，抑制本我，诱导自我，使人向理想努力，追求完善的人格；也对应着马斯洛人的需求层次中的尊重和自我实现需要，包括对自尊心、自信心、名誉和声望的需要，使自己成为想要成为的人，使自己趋于完美。

在这个环节，"本底精读"十分重要，设计师应对传统聚落的文化意象进行深刻的田野调研，这里的田野调研不是去呼吸新鲜空气，而是掌握一套科学的理论来指导现场的观察，即马林诺夫斯基提倡的"文化表格"。不仅如此，还需要设计师对当代的社会文化问题有深刻的认知，对人们内心的精神状态和渴望有相当程度的研究，以问题为导向来完成乡村游憩活动设计的创意，用以冲淡、消解甚至解决存在于社会和人们内心的精神困惑和空虚。通过合理的游憩路线和项目组织设计，增进家人和其他社会关系的情感交流，冲淡社会关系原子化带来的人际关系的冷漠，使人们在游憩过程中感受到被需要、被尊重；通过新宗教体验和民间文化艺术的新体验，重塑道德世界的秩序，重新发现什么是真，什么是善，又什么是美，感受传统文化中人文精神。

中国传统文化中对个体人格完善的追求是非常重要的伦理思想，从孔子的"克己复礼为仁"（《论语·颜渊》）到孟子的"四端"（仁、义、礼、智），再到荀子的物欲相持的"礼"，以及宋明理学的"心性之学"，以孔门仁学为主的儒家人格道德体系，在中国数千年的社会发展中，通过传播熏陶，逐步弥散在中国社会的方方面面，形成了一种无意识的集体原型现象和文化心理结构，使人们在欲望和理性、个人和社会关系之间获得了平衡，维护了社会的稳定和延续。作为一种文化遗产，该人格道德体系虽然有着一定的历史性和变异性，但在人格塑造方面却有其独到的意义，特别是在当下经济社会严重冲击着人的道德本体的情况之下，人们需要回过头来，重新审视自己的道德境界，在中国传统文化中汲取精神价值。传统聚落的耕读文化延续了儒家文化的传统，在历史上作为中国传统乡村实际"话事人"的乡绅阶层，本是饱读圣贤书的文化阶层，在历史上既是协助皇权管理村民的权力阶层，也承担着文化教导、伦理指引的重要角色，因此，在某种程度上，传统聚落对于儒家的道德传承可以说是非常显著和明确的，大量的田野调查也验证了这一点。因此，如何挖掘积淀和凝冻在传统聚落中的传统伦理道德文化基因，采用喜闻乐见的形式将其渗入乡村游憩活动，是设计师需要重点关注和实践的伦理设计和文化传播设计。如前文已述，这是站在社会学的高度来做"设计"，而不仅仅是设计本身。

明确游憩的文化层级，目的是在构建乡村游憩规划和设计范畴时能够做到层次分明、思路清晰，不仅要体现在游憩设计活动本身上，更要体现在设计前期分析和设计后的可持续发展上，这可以使当代游憩设计有更强的社会责任意识。当然，本书应用马林诺夫斯基的文化功能理论、弗洛伊德的人格结构理论和马斯洛的需求层次理论来分析居民的游憩需求和传统聚落的文化功能供给，以及构建传统聚落文化游憩规划和设计的层级，还没办法做到理论与设计上的丝丝入扣，部分理论与设计的对应关系可能还有些牵强，但作为一种方法论，或许对于更清晰地认知和把握传统聚落游憩规划设计有一定的裨益。

参考文献

[1] 李泽厚．美学四讲 [M]．武汉：长江文艺出版社，2019．

[2] 费孝通．乡土中国 [M]．北京：作家出版社，2019．

[3] 李泽厚．中国古代思想史论 [M]．北京：人民文学出版社，2021．

[4] 费孝通．中国文化的重建 [M]．上海：华东师范大学出版社，2014．

[5] 中共中央马克思恩格斯列宁斯大林著作编译局．马克思恩格斯选集（第一卷）
　　[M]．北京：人民出版社，2012．

[6] 马凌诺斯基．文化论 [M]．费孝通，译．北京：华夏出版社，2001．

[7] 张凌浩．江南地区传统工艺与文创设计 [M]．北京：中国建筑工业出版社，
　　2019．

[8] 冯骥才．冯骥才随笔精选 [M]．武汉：长江文艺出版社，2016．

[9] 钟敬文．民俗学概论 [M]．上海：上海文艺出版社出版，1998．

[10] 常直杨．乡村旅游目的地开发：理论与实践 [M]．北京：中国广播影视出版
　　社，2024．

[11] 丛晓波．何以幸福：论幸福感的社会文化性前提 [J]．东北师大学报（哲学社
　　会科学版），2014，（2）：211-214．

[12] 李儒林，张进辅，梁新刚．影响主观幸福感的相关因素理论 [J]．中国心理卫
　　生杂志，2003，（11）：783-785．

[13] 王艺．从经济幸福到文化幸福 [J]．西南民族大学学报（人文社会科学版），
　　2012，33（6）：65-68．

[14] 徐金海．文化和旅游关系刍论：幸福的视角 [J]．旅游学刊，2019，34（4）：
　　3-5．

[15] 亢雄．旅游境界浅说 [J]．理论导刊，2016，（12）：118-121．

[16] 亢雄，马耀峰．旅游如何成为人的幸福——兼论幸福的旅游何以可能 [J]．哲
　　学动态，2010，（5）：61-64．

[17] 熊剑峰，王峰，明庆忠．怀旧旅游解析 [J]. 旅游科学，2012，26（5）：30-37.

[18] 胡燕，陈晟，曹玮，等．传统村落的概念和文化内涵 [J]. 城市发展研究，2014，21（1）：10-13.

[19] 余润哲，黄震方，鲍佳琪，等．怀旧情感下乡村旅游者的主观幸福感与游憩行为意向的影响 [J]. 旅游学刊，2022，37（7）：107-118.

[20] 曾红，郭斯萍．"乐"——中国人的主观幸福感与传统文化中的幸福观 [J]. 心理学报，2012，44（7）：986-994.

[21] 亢雄．基于伦理与心理视角的旅游者幸福研究 [D]. 西安：陕西师范大学，2011.

[22] 董梦颖．我国农民收入状况及对主观幸福感的影响分析 [D]. 长春：吉林大学，2022.

[23] 谢超凡．乡村振兴战略视域下农民幸福感研究 [D]. 杭州：杭州师范大学，2019.

[24] 杨玉兰．乡村旅游目的地居民幸福度感知及影响因素研究 [D]. 杭州：浙江工商大学，2017.

[25] 李有军．旅游发展对传统村落居民主观幸福感的影响研究 [D]. 南京：东南大学，2015.

[26] 高璐璐．乡村旅游地居民主观幸福感研究 [D]. 武汉：华中师范大学，2020.

[27] 高倩．乡村旅游地居民主观幸福感研究 [D]. 南京：南京大学，2011.

[28] 杨珍妮．生态幸福观教育研究 [D]. 武汉：华中师范大学，2015.

[29] 姚新华．幸福心理结构模型建构及其跨群体研究 [D]. 长春：吉林大学，2017.

[30] 赵承华．乡村旅游及其推动农村产业结构优化研究 [D]. 武汉：武汉理工大学，2009.